한국문화의
설날·두레공동체·농악·아리랑

한국문화의
설날·두레공동체·농악·아리랑

신용하 지음

경인문화사

책머리말

이 책은 저자가 그동안 한국 민족문화에 대해 쓴 글 가운데서 설날·두레·농악·아리랑에 대해 쓴 글을 모아 한 책으로 엮은 것입니다.

한 민족의 민족됨은 언어와 민족문화에 의하여 일차적으로 틀지어집니다. 그러므로 동서고금을 통해서 민족에 관심을 가진 사람들은 민족문화에 깊은 관심을 갖기 마련입니다. 저자도 민족과 민족문화에 관심을 갖고 전공과목에 포함하여 항상 자료를 모으며 관찰과 사색을 되풀이해 왔습니다. 저자의 생각을 국내 일간지에 10회씩 두 차례나 연재해서 독자와 의견을 나누기도 하였습니다.

이 책의 '설날'에 대한 논설은 『한국민족문화대백과사전』에 '낯설은 날'로 잘못 풀이되어 있었으므로, 백과사전의 매우 큰 영향력을 고려하여, 평소의 저자의 관찰과 사색의 결과를 간단히 글로 쓴 것입니다. 한국 민족문화의 언어표현은 '시작하다'의 뜻 표현을 '서다'와 '세우다'로 쓰는 경우가 많습니다. '봄의 시작'을 '입춘'(立春)으로 표현하는 것과 같은 것입니다. '설날'은 '시작하는 날'의 뜻으로 '입신세'(立新歲)와 같은 뜻입니다. 새해의 '시작하는 날'의 뜻입니다. 한국민족문화에서는 이 날을 매우 중시하여 크게 경축하고 전통적으로 매우 많은 독특한 민속이 있었음을 간단히 소개하였습니다.

'두레'에 대해서는 한국민족의 매우 아름답고 독특한 민속이고 민족문화이므로 저자는 오랫동안 자료를 모으면서 큰 논문을 쓰려고 벼러왔습니다. 그러나 자료가 모이지 않았습니다. 기층 민중들의 민속이어서 조선왕조시대 양반 지식인들이 기록을 남기지 않았기 때문이었습니다. 일제강점기에도 제대로 된 논문은 강정택 선생의 두레의 공동노동을 경제학적으로 논의한 한 편 뿐이었습니다. 그러나 저자는 소년기를 농촌에서 성장했기 때문에 두레의 남아있는 부분을 조금 관찰도 했고, 공동노동 뿐만 아니라 농촌사회와 농민문화에 남아있는 '두레' 문화의 아름다움과 따뜻함을 알고 있었습니다. 더 기다려야 더 이상의 자료가 모이지 않을 것이라고 판단되어 그동안의 모인 자료로 1984년에 「두레공동체와 농악의 사회사」라는 사회학적 학술 논문을 발표하였습니다. 뜻밖에 반응이 매우 컸습니다. 사회학도들과 독자 시민들은 한국민족의 역사와 사회에 이렇게 아름답고 협동적인 문화와 제도가 있음을 광복 후 처음 밝혀낸 것이라고 큰 격려를 보내주었습니다.

놀라운 것은 당시 일부 학생들의 반응이었습니다. 농과대학 학생들이 연구실에 찾아와서 '두레' 보다는 '농악'에 관심을 표시하더니 학생들의 농악대를 써클로 만들었습니다. 그 이후 '두레'는 시내 간판들에 가끔 보일 뿐이었지만, '농악'은 대학생들의 동아리로 널리 퍼졌다는 이야기를 들었습니다. 학생들이 졸라서 할 수 없이 두레와 농악에 대한 강연도 여러 차례 나가지 않을 수 없었습니다. 학생들은 '농악'에 대한 풍부한 강연을 기대했지만, 저자는 '농악'의 잘 모르는 음악 측면이 아니라 농악의 기원이 '두레'에 있음을 설명하고, 농악과 두레를 묶어서 한국민족과 농민사회의 문화적 지혜와 아름다운 전통의 창조를 강조했던 기억을 갖고 있습니다. 「두레 공동체와 농악의 사회사」는 저자의 『한국근대사회사연구』(일지사)에 한번 수록했는데, 출판사가 영구히 문을 닫게 되고 이 책도 영구 절판되었습니다. 이번에 두레의 모든 논문을 포함하는 한 책을 엮으면서 이 절판된 첫 논문을 뺄 수가 없어서 이 책에 다시 수록하였습니다. 독자들의 너그러운 양해를 구하는 바입니다.

「두레 공동체와 농민문화」는 최홍기 교수님의 회갑을 기념하여 쓴 논문입니다. 최교수님은 저자보다 10년 선배로 저자가 존경하는 사회학자이신데, 저자의 서울대학교 연구실의 바로 옆 연구실에 계시면서, 저자의 수많은 한국근대사회사와 민족운동사관계연구 논문들을 약간 역사학적 논문이라고 평가하시는 한편, 「두레 공동체와 농악의 사회사」를 참으로 사회학 논문이라 평가해주시고 칭찬하셨습니다. 최교수님의 회갑을 맞아 당연히 기념논문을 청탁받게 되자 「두레공동체와 농민문화」를 썼습니다. 두레의 공동체적 성격과 농민들의 두레 활동이 다수의 새로운 농민문화를 창조한 측면에 무게중심을 두어 집필하였습니다. 그러나 한 책으로 엮어 놓으니 이전 논문과 몇 군데 중복 설명이 있게 되는 것이 불가피하였습니다. 독자들의 너그러운 양해를 바랍니다.

「아리랑과 한국인의 사랑」은 일간지에 발표한 논설입니다. '아리랑'은 한국인의 대표적 민요입니다. 그럼에도 불구하고 저자는 '아리랑 아리랑 아라리요' '아리 아리랑 쓰리 쓰리랑 아라리가 났네' '아리랑 고개로 나를 넘겨 주소'의 후렴 뜻을 알지 못해서 오랫동안 헤메었습니다. 저자뿐만 아니라 아무리 뒤져보았지만 누구도 그 뜻을 알지 못하였습니다. 기가 막힌 일이었습니다. 오랫동안 탐색 끝에 그 뜻을 밝히는 논설을 일간지에 '새로 쓰는 한국 문화' 연재 기회에 발표하였습니다. 그 요지는 '아리랑'의 '아리'는 ① '고운' '아릿다운'의 뜻과 ② 가슴이 '아리'도록 '사무치게 그리운'의 뜻이 중첩되어 담긴 옛말이고, '랑'은 '님'으로서 삼국시대 한자가 처음 보급되기 시작할 때 '랑'(郎, 娘)으로 이국적 멋을 내어 호칭어로 사용되었음을 밝히었습니다. '아라리'는 '가슴앓이' '상사병'의 옛말이며, '쓰리랑'은 '아리랑'의 둘째 뜻임을 밝혔습니다. 많은 곳에서 커다란 환영을 받았습니다. '아리랑'이 민족의 대표적 민요이고 일종의 민족민요의 상징이어서, 정치적 당파성을 초월한 것이므로, 북한이 저자의 '아리랑' 뜻 해석을 정설로 채택한 것을 언론 매체를 통하여 알게 되었습니다. 한국도 국가기록원을 비롯하여 다수 기관과 전문가들이 저자의 '아리랑' 뜻 해석을 유력한 학설의 하나로 채택 중임을 또한 알게 되었습니다. 그리고 2012년에는 대한민국이 '아리랑'을 유네스코 인류무형문화유산으로 등재하였고, 2014년에는 북한도 '아리랑'을 인류무형문화유산으로 역시 만장일치로 등재하였습니다. 2014년에는 한국 '농악'도 유네스코 인류무형문화유산으로 등재되었습니다.

저자는 동포들과 함께 기쁨 속에서 '아리랑'의 뜻풀이가 너무 짧은 논설인 것을 죄송스럽게 생각해 왔습니다. 이번에 이에 대한 뜻풀이를 좀 더 설명하고, '아리랑'이 연가에서 민족가요로 발전하는 사회문화사를 더한 학술논문을 새로 집필하여 이 책의 끝에 넣은 것이 「민족가요 '아리랑' 변증설」입니다.

이 책에는 일간지에 게재한 짧은 논설 4편과 긴 학술논문 3편이 함께 묶여 있습니다. 2003년에 쓴 「아리랑과 한국인의 사랑」은 짧은 논설이지만 남·북에서 모두 이 짧은 논문의 '아리랑' 뜻 해석을 정설로 채택해가고 있는 중이고, 짧은 논설에 대한 보충 설명이 필요하게 되었습니다. 맨 끝의 학술논문 「민족가요 아리랑 변증설」은 긴 학술논문이지만 시간과 역할에서 전자를 보충 설명하는 성격을 갖게 되었으므로, 짧은 논설과 긴 학술논문을 함께 묶지 않을 수 없었습니다. 독자들의 양해를 구하는 바입니다.

최근 출판 환경이 어려운 속에서도 이 책의 출판을 맡아주신 경인문화사 한정희 사장님과 이 책의 편집 및 교정에 정성을 기울여 주신 편집부 여러분께도 깊이 감사드립니다. 그리고 이 책 원고의 타자와 교정에 정성을 기울여 준 서울대학교 사회학과 대학원 전경모 조교에게도 깊이 감사하는 바입니다.

이 작은 책이 독자들에게 한국문화의 설날·두레 공동체·농악·아리랑에 대한 이해에 조금이라도 도움이 되기를 간절히 바랍니다.

2021년 8월
광복절을 맞으며
저자 신용하 삼가 씀

목 차

1장
'설'날의 의미와 세시풍속

<그림 1> 설날의 민속(국립민속박물관)

1. 설날의 의미

새해 첫날인 '설'날의 의미에 대해 한국 언론 매체들은 국민들에게 해마다 틀린 해설을 내보내 왔다. 해설의 표준으로 사용한 민족문화 '사전'의 설명이 잘못되어 있는데 여기에 의존해 왔기 때문이다.

『한국민족문화대백과사전』(한국정신문화연구원 편)은 '설'이란 말은 '설다' '낯설다'의 '설'이라는 어근에서 나왔다고 설명하고 있다. '새해에 대한 낯설음' '새해라는 문화적인 시간인식 주기에 익숙하지 못한 속성을 가장 강하게 띠는 날이 바로 설날'이기 때문에 새해라는 문화적 충격이 강해서 '설다'는 의미, '설은 날'의 의미로 '설날'이라고 말하게 되었다는 것이다. 잘못된 해설이라고 본다.

필자는 '설날'의 '설'은 '서다'(立)를 어근으로 하여 (새해에) '들어서다' '서다' '시작하다' '처음이다'의 의미를 가진 용어라고 본다. 고대 한국과 동아시아에서는 '처음 시작하다'를 '서다'(立), '들어서다'로 표현하는 옛부터의 관습이 있었다. 예컨대 '봄에 들어서다' '봄이 시작되다'를 '입춘'(立春), '여름에 들어서다' '여름이 시작되다'를 '입하'(立夏)로 표현하는 것과 같은 것이다. 또 예컨대, 명사화하면 '입추'(立秋)는 '가을에 (들어)서는 날', '입동'(立冬)은 '겨울에 (들어)서는 날'과 같은 것이다.

그러므로 '설날'은 '새해에 (들어)서는 날' '시작하는 날' '첫날'의 뜻이며, 구태여 '입춘'식 표현으로는 '입신년'(立新年) '입원단'(立元旦) '입신세'(立新歲)의 뜻이다.

'선날'(과거형)이라고 하지 않고 '설날'이라고 '미래형' 표현을 취한 것은 '설날'이 미래 1년의 생활을 설계하여 '세우고' 다짐하는 '미래를 세우는 날'이기 때문이다.

전통시대의 한국인들은 비단 시간뿐만 아니라 인생과 공부에서도 처음 시작하는 것을 '세우는 것' '뜻을 세우는 것'으로 표현하는 경우가 많았다. 예컨대 율곡 이이(李珥)선생의 초학도를 위한 저서 『격몽요결』(擊蒙要訣, 1557)에서는 본문 내용을 10개장으로 나누면서 제1장을 '입지'(立志)라고 이름붙였다. 초학도는 인생과 공부의 목표를 세우고 '뜻을 세우는' 일부터 시작해야 한다는 뜻으로 해석된다.

2. 설날의 세시풍속(歲時風俗)

한국전통사회의 세시풍속에서는 정월달의 '설날'과 '대보름'(음력 정월 15일)의 민속이 문화적으로 정형화되어 있었다. '설날'은 묵은 해를 보내고 새해에 들어서는 첫날이므로 묵은 해 섣달 그믐께는 온집안의 청결과 대청소가 필수적으로 선행되었다. 새해를 새롭게 깨끗하게 맞기 위한 준비였다. 또한 새해 풍년과 집안의 복을 기원하는 풍습으로 '복조리'를 사서 매달아 새해를 맞는 풍습이 있었다.

'설날'의 가장 중시된 풍속은 새해인사였다. 조상에 대한 새해인사가 '차례'(茶禮)였고, 생존한 집안 어른들과 마을공동체 어른들에 대한 새해인사가 '세배'(歲拜)였다. 세배는 이웃마을 친척어른과 친지들에 대한 경우에는 '설날' 이후에도 '대보름'까지 계속되는 것이 관행이었다. 이 필수적인 '세배'의 민속은 한국민족이 전통적으로 매우 예절바른 민족임을 나타내는 관습이라고 볼 수 있다.

설날의 세시풍속의 독특한 것이 설음식, 설옷, 설그림, 설놀이 등이었다.

설음식이 핵심이 되는 것이 '떡'이었다. 이것은 '대보름 음식'의 핵심이 '잡곡밥'인 것과 대조적이었다.

떡은 '흰떡'과 '찰떡'을 대종으로 하여, 각색으로 응용분화시켰는데, 흰떡 응용의 대표적 설음식이 '떡국'이었다. 설음식에서 설탕이 없던 한국전통사회에서 단(甘)음식·음료로 발명한 것이 엿, 물엿, 조청, 시설(枾雪) 등이었다. 엿으로는 강정·약과·각종 한과 등 과자를 만들었다. 또 단 음료로 수정과·식혜·감주 등을 만들었다. 모두 한국문화의 독특한 항목들이다. 궁중이나 부호들은 '곶감'을 말렸을 때 피어나 결정된 하얀 '단 가루'를 털어 모아서 '시설'(枾雪, 감의 단 눈이라는 뜻)이라고 하여 떡을 찍어 먹었다. 감 고장의 궁중에 바치는 진상물(進上物) 규정에 '시설(枾雪) 1석'… 등으로 기록되어 있는 것이 이것이다.

설옷은 '설빔'이라고 불렸는데, 설날은 어린이와 젊은 여성들의 옷 잔치날이었다. 대체로 남자 어린이들은 색동저고리에 풍차바지, 남색쾌자를 입고, 어린이 굴레모자를 썼다. 여자 어린이들은 색동저고리에 다홍치마가 전형이었으나, 저고리 색깔은 연두색, 연분홍, 노랑색 … 등 어떠한 화려한 색깔도 자유롭게 사용하여 한껏 멋을 내었다.

특히 젊은 여성들의 설빔은 화려하였다. 저고리 뿐만 아니라 치마까지도 온갖 화려한 색깔을 자유로이 사용하였다.

설그림은 대체로 벽장과 미닫이 문에 붙였는데 십장생(十長生), 범과 까치, 닭, 대나무, 난초 등을 그린 것이었다. 십장생 그림은 한국과 중국 사이에 상당한 차이가 있었다. 거북·학·바위·물·소나무·대나무·불로초 외에 한국 십장생 그림에는 해(태양)·구름·범(호랑이)·사슴을 즐겨 그려 넣었다. 해(태양)는 기원적으로 한국민족의 공통의 숭배 대상이었으며, 태양과 구름을 합쳐 '아침' '조선'을 나타냈고, 범은 예(濊)족, 사슴은 부여(夫餘)왕족의 토템이었다. 또한 닭은 기원적으로 신라의 토템이기도 하였다.

설놀이는 윷놀이, 널뛰기, 연날리기, 썰매타기와 팽이치기가 대표적인 것들이었다.

윷놀이는 고조선·부여시대부터 오늘날까지 가족 설놀이로서 널리 행해져왔다. 윷놀이에 쓰이는 말들은 고대 부여(夫餘)의 관직 이름과 직결되어 있다. 부여에서는 최고관직을 마가(馬加), 우가(牛加), 구가(拘加), 저가(猪加) 등으로 불렀다. 여기서 '가'(加)는 대관(大官), 족장(族長)의 뜻이었다. 윷놀이에서 '도'는 돼지로서 '저가'에 해당한다. 윷놀이의 '개'는 '구가'에 해당한다. '윷'은 소의 고대어이며 '우가'에 해당한다. '모'는 말의 고대어 '물' '무르'에서 나온 것이며 '마가'에 해당한다. '걸'은 '양'의 옛말이다. 윷놀이에서의 윷말의 건너뛰기 속도 배정은 말·소·양(숫양)·개·돼지의 순으로 당시 부여사람들의 가축에 대한 가치(또는 값)평가 순서에 의거한 것으로 생각된다.

널뛰기는 여성들의 설놀이었다. 여성들은 설빔을 모처럼 화려하게 차려 입었으므로 이를 자랑하지 않을 수 없었다. 널뛰기 때에는 반드시 화려한 설빔 차림으로 뛰는 것이 설빔과 널뛰기의 관계를 알려준다. 형형색색의 화려한 치마·저고리를 차려입은 처녀아이들은 번갈아 하늘높이 뛰어날아 오르면서 화려한 설빔을 한껏 부풀려 아름다움을 뽐내고 과시하였다.

조선왕조시대 사대부 집 남성어른들은 자기집안 처녀아이들의 화려한 널뛰기에 불필요한 걱정을 했었던 것 같다. 조선시대에 "처녀시절 널뛰기를 많이 해야 시집가서 아들을 잘 낳는다"는 민담·속담이 보급되어 있었던 것은 부당한 간섭을 막기 위한 당시 여성들의 지혜의 항변이 아니었을까. 조선왕조시대에는 여성들, 특히 처녀들의 바깥출입 활동과 운동을 매우 크게 속박했으므로, 널뛰기는 구속당해온 조선여성들이 신체운동 뿐만 아니라 정신적으로도 자유의 도약을 상징적으로 표출한 즐거운 놀이가 되기도 하였다.

한편 연날리기는 남자 어린이들의 설놀이었다. 연의 형상은 매우 다양하였다. 연날리기 재주는 높이띄우기, 재주부리기, 연싸움이 대종이었다. 연날리기놀이는 삼국시대에도 매우 성행하였다. 신라와 고려에서 '연'을 군사작전에까지 사용했다는 기록이 있다.

한국전통사회에서 '설날'부터 정월 대보름(음력 1월 15일)까지는 온 민족(특히 농민)의 축제의 기간이었다.

설날의 세배가 끝날 무렵에 마을 '두레패'들은 날을 잡아 '집돌이' 풍물(농악)을 치고 때로는 '마당놀이'를 하였다. '집돌이 풍물'은 두레패들이 마을 부농과 사전 교섭하여 날을 잡아서 그 집의 마당, 부엌, 우물, 장독대 등 집안 구석구석에 악귀를 쫓고 새해 복을 비는 풍물을 쳐주고, '마당놀이'를 벌리는 것이었다. '마당놀이'에서는 풍물, 무용, 합창, 연극, 재담 등 5차원의 놀이가 연출되고, 마을사람들이 구경하면서 즐거움이 온 마을에 넘쳐 울리는 민족문화가 창출되었다. 부농은 술, 음식을 제공하고, 때로는 농악기의 구입비, 수리비를 기증하기도 하였다.

　한국은 1896년 1월 1일부터 '태양력'을 채택했는데, 그후 '설날'은 '양력설'과 '음력설'이 병존하게 되었다. 그러나 이것은 역법(曆法) 채택의 문제이고, 어떤 역법을 채택하든지 간에 채택된 역법의 새해 첫날이 '설날'인 것이다. 음력설을 택했을 경우 12간지에 따라 매해를 해당 동물로 표사하는 관습이 있었다. 2003년은 癸未년이며 양의 해로서, 이 해에 태어난 사람은 "양띠"라고 규정을 내리는 것과 같은 것이다.

　'설날'은 '낯설은 날'이 아니라 한국인들이 묵은 해를 보내고 새해에 즐겁게 들어 '서는 날', 새해 보람찬 삶의 설계를 '세우는 날' '시작하는 날'이며, 새해의 삶을 희망차게 아름답고 즐겁게 시작하는 약속의 '새날'이었다.

(『동아일보』 2002년 12월 31일 게재)

3. 추기(追記)

　이 글을 발표한 후 이 글에 나오는 '윷놀이'의 '걸'의 설명에서 "'걸'은 '양'의 옛말이다"라는 필자의 설명에 이의를 제기해 온 독자가 있었다. 그러나 '걸'은 고조선과 부여 시대에 '양'을 가리킨 '갈'이 변음되어 '걸'로 전해진 것으로 판단된다. 『훈몽자회』(訓蒙字會)에서 '羯'자의 훈독을 '숫양 갈'이라고 풀이한 곳에서 그 흔적을 확인할 수 있다.

2장

두레와 공동부조의 전통

〈그림 2〉 두레의 공동 작업을 하는 농민들(문화재청)

1. 한국문화의 '두레' 공동체와 공동부조(共同扶助) 양식

한국문화에는 '두레'라고 하는 공동부조(共同扶助)의 작업공동체가 존속해 왔다. 고대에는 모든 작업에 두레를 적용했는데, 조선왕조 후기부터는 주로 논농사의 보치기, 모심기, 김매기 등을 두레로 실행하였다.

조선왕조 말기의 논농사 두레를 예로 들면, 한 마을의 16세 이상 55세까지의 성인 남자는 한 가족에게 1인이 있거나 2~5인이 있거나 차별없이 모두 의무적으로 두레에 가입하였다. 그들은 모내기철이 시작되기 전 모두 마을 농청에 모여 '호미모둠'이라는 발대의식을 열고, 두레 역원 선출과 공동작업 순서를 결정한 다음 간단한 축제를 벌였다.

두레의 작업 농경지는 그 마을 공유지와 사유경작지 '전체' 농지를 모두 자기마을 1단위 경작지로 간주하여 공동노동으로 작업해 주었다. 마을의 과부와 병약자 가족 등 두레꾼을 내지 못한 노동력 결핍가족의 농경지에 대해서도 물론 전혀 차별없이 공동노동을 제공해서 모내기·김매기 등을 완결해 주었다.

따라서 과부, 병약자 등 불우한 처지의 마을성원들이 두레로부터 가장 큰 혜택을 받았다. 두레는 가장 불행한 처지의 마을성원들에게 매우 따뜻하고 실질적인 '공동부조'의 일을 해주는 제도였다.

또한 두레는 두레꾼을 낸 성원들의 농경지에서는 '상호부조'의 성격을 가진 제도였다. 이 경우 한 농민가족이 몇명의 두레꾼을 내었는지 계산하지 않고, 차별없이 상호부조의 공동노동을 해주었다. 오직 지주의 경작지에 대해서만 정확한 보수를 계산해 받았으나, 이 수입은 두레꾼에게 분배하지 않고, 농악기 구입·수리 등의 공동비용으로 사용하였다.

두레의 공동노동은 '실기(失期)'를 해서는 안되는 논농사에서 과부·병약자 등 노동력 결핍가족의 경작지도 '실기' 하지 않고 효율적 농업경작을 하게 보장해주었다. 이것은 과부·병약자 등 노동력 결핍 마을성원들을 '공동부조'할 뿐 아니라, 마을 전체의 농업총생산량도 증가시켰다.

두레꾼들이 이른 새벽 농악 신호에 따라 농청에 집합해서 대오를 지어 작업장에 나갈 때는 두레의 상징으로서 맨 앞에 '농기'가 나가고 이어서 '영기'가 따랐으며, 그 뒤에 '상쇠'의 선도로 '길군악'이라는 강렬하고 장쾌한 가락의 행진곡을 치면서 두레꾼이 뒤따랐다. 그 가락이 우렁차고 전투적이어서 두레꾼들은 마치 승리가 담보된 전투에 나가는 전사들처럼 흥에 겨워 보무당당하게 농악에 발 맞추어 어깨를 흔들면서 씩씩하게 작업장으로 행진하였다.

〈그림 3〉 노래하면서 노동하는 두레(문정원/우리소리박물관)

 작업장에 도착하면 농기와 영기를 논두둑이나 근처 공지에 높이 세워놓
고 작업에 들어갔다. 그러나 이 때에도 보통 북이나 꽹과리잡이 하나를 선
발하여 논두둑과 두레꾼들의 뒤에 서게 하였다. 두레꾼들은 매우 빠른 속도
로 공동노동을 하다가 자기도 모르게 뒤처지면 쇠잡이가 뒤처진 두레꾼의
꽁무니에 다가가서 힘차게 꽹가리를 쳐댔다. 동시에 뒤처진 두레꾼은 자기
가 뒤처진 것을 깨닫고 더욱 빠르게 동료 두레꾼들과 보조를 맞추었다.
 두레꾼들은 쉬는 시간과 점심시간에도 공동식사를 하며 공동오락으로
장쾌한 가락의 농악을 쳤다.
 두레의 하루 공동노동이 끝나고 농청으로 돌아올 때는 새벽 출역할 때
와 마찬가지의 순서로 농기를 앞세우고 즐겁게 농악을 울리면서 피로도
잊은채 씩씩하게 돌아왔다. 두레의 공동노동으로 농사를 짓는 것이 개별노
동의 합계보다 노동생산능률이 더 높았다.

세벌 김매기를 모두 끝낸 뒤에는 '호미씻이'라는 성대한 축제를 열었다.

한국민족은 이 '두레'제도를 발명하여 농업생산성을 높였을 뿐 아니라, '고통스러운 농업노동'을 '즐거운 노동'으로 전환시키는 문화를 창조발전시킨 것이었다.

여성들도 '길쌈두레'를 발전시켜 즐거운 방직노동을 하였다.

2. 두레에 관한 문헌 기록

두레에 대한 기록은 삼한·삼국시대에 대한 고문헌에도 나온다. 신라에서는 길쌈두레가 성행하여 한가위날에는 경연대회도 열었다. 『삼국지』위서(魏書)는 삼한의 풍속으로 "그들은 서로 부르기를 모두 徒(도)라고 한다"(相呼皆爲徒)라는 구절이 있는데, 이병도 교수는 이 '徒'를 '두레'의 음과 뜻을 합친 번역이라고 정곡을 찔러 해석하였다.

이병도 교수는 또 『가락국기』에 나타나는 가라 9干(간) 중에 '아도간(我刀干)·여도간(汝刀干)·피도간(彼刀干)·오도간(五刀干)'의 刀(도)도 두레의 음역이라고 해석했으며, 탐라국(제주도)의 高(고)을나(乙那), 良(양)을나, 부(夫)을나가 거주지를 정한 一徒(일도)·二徒(이도)·三徒(삼도)의 '도(徒)'가 '두레'의 차음(借音)이라고 설명하였다. 참으로 탁월한 해석이라고 본다. '아도간'은 '우리 두레의 대장'의 뜻이고, 일도(一徒)는 '제1두레'의 뜻이다. 이동할 때 두레(共同隊)를 편성하여 이동 정착한 것이었다.

세종대왕이 1434년경 김종서 장군을 지금 함경도에 파견하여 6진(鎭)을 개척한 후 사민(徙民)정책을 실시해서 남부지방으로부터 함경도 지방에 백성을 옮길 때에도 '두레'를 편성하여 사민시켰다는 흔적이 남아있다. 조선왕조시대에는 '두레'를 '社(사)'로 표시도 했는데, 다른 도에서는 면(面)으로 부르는 행정단위를 함경도에서만 '社'로 호칭하는 것은 '두레'를 편성하여 사민해서 두레별로 정착시킨 것을 나타내는 흔적인 것이다.

다산 정약용 선생이 18세기말에 여전제(閭田制) 토지개혁을 구상한 것도 당시 '두레'의 공동노동의 실재에 기초를 둔 것이었다.

운양(雲養) 김윤식(金允植)은 1891년에 충청도 면양(沔陽)에 귀양갔다가 농민들이 '두레'와 '농악'으로 즐겁게 농사짓는 것을 보고 아름다운 풍속에 감탄하였다.

오지영의『동학사』초고본에는 1894년 동학농민혁명운동 때 동학농민 집강소에서 토지개혁을 추진하여 폐정개혁 12개요강의 제11조에 "토지는 평균 분작으로 할 사"와 제12조에 "농군의 두레법은 장려할 사"라는 조항이 있다. 동학농민군은 다산 정약용 선생의『경세유표』정전제 토지개혁안을 실현시키려고 사전(私田) 8구(區)는 두레의 상호부조로 협력하여 경작하고 공전(公田) 1구는 두레 방법으로 공동노동, 공동경작하여 그 수확물로 공세(公稅)를 납부하도록 구상했었다.

백범 김구(金九)선생도『백범일지』에서 1898년에 전라도 김제 만경에서 모내기를 모두 '두레'로 매우 즐겁게 하고 있는 광경을 보고 경탄해서 기록하였다.

한국문화에는 과부·병약자 등 불우한 이웃을 공동부조, 상호부조로 도우면서도 농업생산성을 높이고, 고통스러운 노동을 즐거운 노동으로 전화시키는 지혜로운 '두레'라는 제도와 풍습이 있었다.

이 '두레'는 일반 문화와 가치에도 확산되고 침전되어 한국인들은 동포들이 자연재해나 불운에 부딪힐 때에 온 사회성원이 공동부조와 상호부조로 돕는 아름다운 문화전통을 생활 각 부분에서 성립 발전시켜 왔다.

이 두레의 방법은 한국민족이 미래에도 지키고 시대에 맞게 발전시켜 나가야 할 귀중한 한국문화의 전통 유산의 하나라고 생각한다.

(『동아일보』2003년 3월 26일자 게재)

3장

농악(풍물)의 성립과 발전

〈그림 4〉 두레에서 발생한 농악(인천광역시)

1. 농악(풍물)의 기원과 구성

한국 민족 농민예술의 하나로 농악(풍물)이 있다. 농악은 지방에 따라 풍물·풍장·걸궁·매굿·농고·상두라고도 불렀다. 외국인들은 농악을 한국 민족예술이 독특하게 집약된 대표적 민속예술로 들고 있다.

농악은 어디서 기원하여 어떻게 형성되었을까? 농악은 '두레'에서 기원하여 형성·발전되었다.

고대에서 근대에 이르기까지 자연과 대결하는 농업노동은 고통을 수반했기 때문에, '고통스러운 노동'을 '즐거운 노동'으로 전화시키기 위해 한국민족이 발명해서 농업공동노동과 결합시킨 것이 '농악'이었다.

우선 농악에 사용하는 도구와 배역은 ① 농기, ② 영기, ③ 꽹과리(쇠),

④ 징, ⑤ 장고, ⑥ 큰북, ⑦ 작은북, ⑧ 법고, ⑨ 날라리(쇄납), ⑩ 잡색 등이었다.

농기와 영기는 두레와 농악대를 상징하는 깃발이었다. 농기(農旗)는 대개 '농자천하지대본(農者天下之大本)'이라는 글자를 쓴 세로가 가로보다 긴 깃발이었고, 영기(令旗)는 두레꾼 또는 농악대를 지휘하는 거의 정사각형의 깃발이었다.

꽹과리·징·장고·큰북·작은북·법고 등 타악기는 악기별로 여러 개를 사용하였다. 날라리는 한국인들이 피리를 대형화하여 발전시킨 한국농민의 클라리넷이었다.

잡색은 ① 무동(舞童, 꽃나비, 성인의 어깨 위에 올라서서 춤추는 여장한 소년), ② 포수, ③ 중, ④ 각시(여자로 분장한 남자 무용수), ⑤ 양반, ⑥ 창부(무당 차림을 한 무용수 겸 소리꾼), ⑦ 탈광대(탈을 쓴 무용수) 등이었다. 이들은 모두 무용수들이었지만, 이 중에서 양반·창부·탈광대는 동시에 재담(주로 코미디)의 연극도 연출했으며, 특히 창부는 합창을 선도하기도 하였다.

두레공동노동을 하러 갈 때에는 잡색은 빼고 본농악만 사용하였다. 일하러 나갈 때에는 대오를 편성하여 두레를 상징하는 농기가 맨 앞에 서고 다음에 영기가 뒤따랐다. 다음에 상쇠가 농악대 지휘자로서 '길군악'이라는 전투적이며 장쾌한 가락의 행진곡을 치면, 부쇠(꽹과리 제2주자)·징·장고·큰북·작은북·소고·법고·날라리의 순서로 모든 두레꾼들이 악기를 따라 연주하며 씩씩하게 출역하였다.

농사 작업 도중에는 주로 꽹과리, 징, 큰북만 사용하여 뒤처진 두레꾼들을 격려·고무하였다.

두 번의 곁드리와 점심의 휴식시간에도 농악을 쳤다.

일을 마치고 돌아올 때는 일하러 나갈 때와 똑같은 순서로 대오를 편성하여 마을로 돌아오는데, 농악의 연달은 연출로 피곤함도 잊은 채 즐겁고 씩씩하게 돌아왔다.

농악이 극치를 이루는 것은 '호미씻이' 때였다. 호미씻이는 두레의 마지막 김매기가 끝난 후 날을 잡아 벌이는 농민들의 성대한 대축제였다.

호미씻이의 농악은 두레꾼들이 모두 참여할 수 있도록 꽹과리(쇠)·징·장고·큰북·작은북·법고잡이 수를 대폭 늘리었다.

다른 잡이들은 고깔을 썼으나 특히 소고잡이와 법고잡이는 상모를 썼다. 상모는 벙거지에 꽃을 달고 상모 위에 '돌대'를 붙여서 '초리'라는 막대를 달아 돌게 하되, 초리 끝에 길이 3자 정도의 '부전지'를 달아 돌리는 모자였다. 맨 끝의 법고잡이는 상모돌리기에 재주 있는 잡이를 임명하여 12발의 긴 부전지를 돌리게 하였다.

호미씻이의 농악은 5차원의 집단예술을 연출하였다. 즉 ① 상쇠의 꽹과리를 선두로 한 타악기와 날라리의 합주, ② 가락에 맞추는 선창과 합창, ③ 잡이들과 잡색들의 각종 집단무용, ④ 잡색들을 중심으로 펼쳐지는 재담과 연극, ⑤ 상모돌리기와 땅재주를 비롯한 각색 재주놀이 등 5차원의 민족·농민(민중)예술이 하나로 배합되어 대농악이 형성되었다.

지금은 거의 사라져 버렸지만, 농악의 집단무용은 매우 발전하여 대표적 매스게임으로서 팔진도법·멍석말이·사통백이·당산벌림·가새벌림·갈림법고·고사리꺾기 등의 집단무용이 모든 호미씻이 농악에서 연출되었다.

일제강점기 캄캄한 어둠의 시대에도 한국 농민들의 장쾌한 농악가락과 튀어 오르는 듯한 씩씩한 춤과 우렁차고 낙천적인 합창은 일본 제국주의자들의 탄압과 착취에 굴하지 않는 한국민족의 불굴의 생명력을 보여 주었다.

호미씻이의 농악을 본 일제 관찰자는 경탄과 질시를 누르지 못해 "조선 농부의 농사는 전적으로 축제의 소동"이라고 기록하였다.

2. 농악(풍물)의 발전

조선왕조 후기에 농악은 더욱 분화되어 몇 가지 형태로 발전하였다.

첫째는 '집돌이 농악'이었다. 정월달이나 농한기에 두레의 농악대가 부농 등 농민의 집을 돌면서 '농악놀이'·'마당놀이'를 해주고 기부를 받아 농악기의 구입과 수리 비용에 충당하는 놀이였다.

둘째는 '걸립패 농악'이었다. 마을의 농악대가 다른 마을과 장마당까지 나가서 '농악놀이'를 해주고 반대급부를 수집하여 농악기의 구입 등에 사용하는 놀이였다. 걸립패 농악은 잡색을 많이 넣고 규모가 크며 '굿'농악을 많이 치는 것이 특징이었다.

셋째는 '남사당패 농악'이었다. 농악을 전문으로 하는 사람들이 직업적 농악대를 조직하여 장마당과 도시를 순회하면서 흥행을 하는 농악이었다.

〈그림 5〉 남사당패 농악(인천광역시)

잡색을 많이 넣고, 줄타기·땅재주·버나돌리기·광대놀이·꼭두각시 등 재주와 연극을 풍부하게 넣어 흥행성을 높였으며, 판굿의 규모가 크고 화려하며 기예가 뛰어나서 전문적인 무대연예의 성격을 가진 농악이었다. 조선왕조 후기에 널리 성행하였다.

넷째는 '사물놀이' 또는 육물놀이이다. 김홍도의 그림을 보면 조선왕조시대에도 북·장구·큰피리·작은피리·대금·해금의 6물놀이(三絃六角)가 있었다. 광복 후 농악의 실내연주가 필요하게 되자, 최근에 농악 중에서 ① 꽹과리(쇠), ② 징, ③ 장고, ④ 큰북 등 네 가지 타악기만 하나씩 뽑아 농

〈그림 6〉 김홍도의 삼현육각 및 무동 그림(6물 놀이 또는 피리 3개를
1개로 합치면 4물놀이, 문화콘텐츠닷컴)

악놀이를 하는 매우 간소화·축소화된 농악이 형성되어 발전하고 있다.

농악은 한국민족이 고통스러운 노동과 생활을 즐겁게 노동하고 생활하기 위해 지혜롭게 발명하여 발전시킨 독특한 민족·농민(민중) 종합예술임을 주목하고 시대에 적합하게 더욱 발전시킬 필요가 있을 것이다.

(『동아일보』 2009년 10월 10일자 게재)

3. 추기(追記)

한국 문화재청은 1985년 국내 6대 농악(진주·삼천포 농악, 평택 농악, 이리 농악, 강릉 농악, 임실 필봉농악, 구례 진수 농악)을 국가지정 중요무형문화재로 지정하였다. 그런데 중국이 2009년 '조선족 농악무'를 유네스코 인류무형문화유산으로 등재해 버렸다. 5년 후 한국 문화재청은 2014년에 한국민족의 '농악'을 유네스코 인류무형문화유산으로 등재하였다.

4장

두레 공동체와 농악의 사회사

1. 머리말

한국의 전통사회에는 농민들이 조직한 '두레'라고 하는 한국민족 고유의 공동노동의 작업공동체가 있었다. 두레는 조선왕조 시대에는 답작지대의 농촌사회에서는 어디서나 널리 시행되던 가장 중요한 작업공동체였으며, 일제강점기에는 많이 변질되고 소멸되었지만 중부 이남의 농촌사회에서는 널리 볼 수 있는 노동조직이었고, 1945년 해방 후에도 지방에 따라서는 그 흔적을 찾아볼 수 있는 민속이었다. 두레는 마을의 '모든' 농경지의 농사 작업을 마을의 '모든' 성인남자들이 '공동노동'에 의하여 수행하면서 '상부상조'하에 마을 성원들의 공동체적 연대를 형성·발전시켰던 조직이었다. 두레는 이 과정에서 '농악'을 발생시켜 '노동'과 농악을 융합시킴으로써 독특한 '농민문화'를 창조하여 발전시켰다.

특히 주목해야 할 것은 '두레'로 노동을 하면 개별적으로 노동을 하는 것보다 노동 능률이 훨씬 더 높았을 뿐 아니라 고통스러운 노동이 '즐거운 노동'으로 전화되는 놀라운 효과가 있었다는 사실이다. 두레는 이 점만으로도 한국민족과 한국농민이 역사적으로 창조해 낸 슬기로운 제도와 문화였다고 말할 수 있을 것이다.

두레에는 지방에 따라서 공굴·궁굴이·모듬차례·제리·자리·조리·돌게·돌게김·동네논매기·향두품어리 등의 여러 가지 이름도 있었다. 두레는 한문으로는 일반적으로 '社'라고 번역해서 표기했으나, 일제강점기에는 그것이 잡다하게 번역되어 이 밖에도 농사(農社)·농계(農契)·농청(農廳)·갹사(醵社)·목청(牧廳)·공청(公廳)·농기(農旗)·농악(農樂) 등의 여러 가지 이름으로 표기되었다.

'두레'를 한 마디로 정의한다면 '한국사회에서 독특하게 존재했던 공동노동을 위한 마을 성인남자들의 작업공동체(Arbeitgemeinschaft)'라고 하라수 있다. 그것은 공동체적 조직이었으나 기본적으로 '작업', '노동'에 관련된 것이었다. 한국 농촌사회에서 공동노동을 위한 조직으로는 두레 이외에도 중요한 것으로 '품앗이(또는 품들이)'와 여러 가지 계(契)가 있었다. 그러나 품앗이와 계는 사회학적으로는 특정의 개인적인 이해를 우선적으로 계산하여 반대급부를 교환하려고 임의적으로 조직한 '결사체(Gesellschaft)'였고 '공동체(Gemeinschaft)'가 아니었다. 그러나 두레는 개인적 이해를 계산하기에 선행해서 전체 사회적 집단적 이익을 추구하여 의무적으로 결합한 공동체였으며, 특정 작업의 공동수행을 위하여 결합한 '작업공동체'였다. 두레는 그 내용과 특성이 한국사회와 한국역사에서만 보이는 고유한 것이므로 '두레공동체(Duregemeinschaft)'라는 독립된 학술용어를 가질 수있는 작업공동체였다고 할 수 있다.

여기서는 자료가 부족하지만 '두레공동체'의 구조와 기능과 변동을 간단히 고찰해 보기로 한다.[1]

2. 두레의 기원과 변천

두레의 어원에 대해서는 몇 가지 구별되는 견해가 제시되어 있다.

---

[1] 필자는 농촌사·농민사에 관심을 가지면서부터 두레에 대한 연구논문을 쓰려고 자료상자에 두레 항을 설정하여 자료를 모았다. 그러나 상당한 시간이 지나갔음에도 불구하고 다른 항목과는 달리 자료가 모이지 않았다. 그 이유는 필자의 노력 부족의 탓도 있지만 이 최하층 민중의 제도에 대해서는 지배층들이 관심이 없어서 기록을 거의 남기지 않았기 때문이기도 하였다. 두레에 대하여 알고 싶어 하는 분들이 많으나, 해방 후 두레에 대한 본격적 연구 논문이 한 편도 없으므로 빈약한 자료에 의거해서라도 우선 불만스럽지만 서설적인 졸고를 초(草)하며, 미비한 것과 잘못 본 점은 다른 기회에 보완하려고 한다.

첫째, 강정택은 두레가 '윤번(輪番)'의 뜻을 나타낸 것이라고 했으며,[2] 인정식도 두레는 윤번을 나타내는 것이라고 하였다. 인정식에 의하면, 예컨대 갑·을·병·정의 네 명이 이 두레의 조직에 참가하고 있다고 하면 그들은 네 명 전부의 공동노동으로서 갑의 전답으로부터 을·병·정의 전답으로 일정의 순번에 따라서 각각의 전답을 공동 경작하는 데서 두레라는 용어가 나왔다고 한다. 인정식에 의하면, 따라서 두레라는 것은 하나의 형태의 표현이기는 하지만 공동노동의 조직 그것을 나타내는 말은 아니라고 하였다.[3]

둘째, 이병도는 두레의 어원이 원주(圓周)·위요(圍繞)의 뜻인 '둘레', '둘러'에서 나왔다고 보았다. 이것은 마치 영어에서 원주의 뜻을 가진 circle이 도당 또는 사회의 뜻이 되고, 독일어에서 Verein이 통일·통일자의 원뜻에서 결사의 뜻으로 되며, Genosse가 동무라는 뜻에서 조합원·당원·회원의 뜻으로 함께 통하는 것과 같다는 것이다. 그는 우리나라의 결사의 명칭인 도(徒, circle)·접(接)·계(契, association)·사(社, circle)가 모두 두레를 한역(漢譯)한 것이라고 하였다.[4]

셋째, 필자의 견해로는 두레는 '두르다'의 고어에서 파생되어 나온 명사이며 그 부사인 '두루'm이 뜻에서 볼 수 있는 바와 같이 '모두', '모둠', '전체'를 나타내는 명사로서 '공동체' 그 자체를 나타내는 말이라고 보고 있다. 즉 두레는 두루의 뜻과 같이 모두·전체를 의미하는 명사이며, 공동체의 핵심적 특징은 그 전체성에 있는 것이기 때문에 두레는 공동체 그 자체를 나타내는 한국 고어라고 보는 것이다. 둘레가 그 주위와 주변을 나타내고 있는 명사인 데 비하여 두레는 그 주위와 주변 안의 모두·전체를 나타

---

2 姜鋌澤, 「朝鮮に於ける共同勞働の組織とその史的變遷」, 『農業經濟硏究』 제17권 제4호, 1941 참조.
3 印貞植, 『朝鮮農村襍記』, 1943, 2~3쪽 참조.
4 李丙燾, 「古代南堂考」, 『서울大學校論文集』 제1집, 1954 참조.

내는 말이라고 해석된다. 따라서 둘레는 두레와 같은 계열의 파생어이지만 별개의 명사라고 보는 것이다. '두르다'는 말 속에는 ① 둘레를 치다, ② 모두를 포함하다, ③ 돌리다의 세 가지 뜻이 함께 포함되어 있다. 두르다 가 부사로 전성된 두루를 보면 모두·전체적으로·골고루·빠짐없이의 뜻이 포함되어 있다. 이러한 뜻의 두르다·두루가 명사화된 것이 두레로서 모두· 전체·골고루 모두·빠짐없이 모두의 뜻을 가진 것이며 공동체 그 자체를 나타내는 순수한 한국어라고 보는 것이다.[5]

위의 세 가지 견해는 물론 대립되는 것이 아니라 상호보완적인 것이다. 두레의 뜻 속에는 ① 공동체 성원을 '모두·전체·빠짐없이·골고루' 포함한 다는 뜻과, ② 다른 외부세계와 '둘레'를 쳐서 경계를 긋는 다는 뜻과, ③ 일을 '돌려가며', '차례로' 한다는 뜻이 모두 포함되기 때문이다.

두레의 기원은 매우 오래된 것이어서 이미 삼한·사국시대에 관한 문헌 에 나타나고 있다. 두레는 발생 초기에서 1945년까지 변천해 온 과정을 세 단계로 나누어 볼 수 있다. 그 기준은 사회사적 관점에서 주로 ① '마을' 내에서의 사회신분·계급의 분화 정도와 ② 두레의 공동노동을 필요로 하 는 작업의 성격에 의거한 것이다.

제1단계는 마을에 사회신분·계급의 분화가 거의 없는 사회적 조건에서 마을의 모든 성년 성원들이 의무적으로 참가하는 두레이다. 이 단계의 두 레는 농업 경작뿐만 아니라 수렵·어로·자연재해 방비·외적 침입 방비 등 모든 작업에 사용된 것으로 보인다. 대체적으로 마을의 공동경작이 해체되 고 가족별 경작이 대두하는 촌락공동체 해체기에 두레가 발생하여 그 이 후부터 삼국시대까지의 시기가 이 단계에 해당된다. 제2단계는 마을에도 사회신분·계급의 분화가 진전되어 귀족과 지주는 두레에 참가하지 않고

---

5 호남지방에서는 큰 두레를 '모둠차례'라고도 불렀는데, 이 용어에는 두레가 '모두', '모둠', '전체'의 뜻을 가진 것이었으며, 다음에 '차례', '윤번'의 뜻을 내포한 것이 었음을 시사해 주는 것이라고 볼 수 있다.

오직 평민과 생산농민층만이 의무적으로 참가하던 두레이다. 이 단계의 두레는 수전농업의 노동 수요가 폭주하는 작업에 주로 사용되는 한정된 제도로 되었다. 대체로 통일신라시대부터 조선왕조 말기까지의 시기가 이 단계에 해당된다. 제3단계는 일제강점기의 두레로서 마을에도 화폐경제가 침투하여 지배하고 일제의 식민지정책의 영향을 심하게 받아 변질된 내용의 형태를 가지는 두레이다. 이 단계의 두레에 대해서는 절을 나누어 설명하기로 한다.

제1단계의 두레에 대해서는 삼한의 풍속을 기록한 중국의 문헌에 그 편린이 남아 있다. 『삼국지』위지 동이전 삼한조의 진한의 풍속을 적은 곳에 "그들은 서로 부르기를 모두 徒라 한다."(相呼皆爲徒)[6]라는 구절이 있는데, 이 도(徒)를 이병도는 두레의 음과 뜻을 함께 한자로 번역한 것이라고 풀이하였다.[7] 매우 예리한 관찰이라고 생각된다. 또한 『후한서』한(韓)조에는 삼한 사람들의 5월의 봄갈이가 끝난 후에 귀신을 제사지내고 밤이 다하도록 술과 음식을 먹으며 무리를 지어 노래하고 춤추며 10월의 농사가 끝난 후에도 이와 같이 한다고 기록하였다.[8] 비슷한 사실이 『삼국지』위지 동이전에도 기록되어 있다.[9] 이것은 그 후의 '호미씻이'와 '두레놀이'의 고대의 형태에 대한 관찰기록이라고 볼 수 있다. 또한 『삼국사기』신라 유리이사금조에는 왕이 육부를 두 패로 나누어 두 사람의 왕녀로 하여금 각각 한 패를 거느리고 두레와 같은 공동노동으로써 한 달간 길쌈을 경쟁케 하여 8월 가윗날에 이르러 승패를 보아서 진 편은 음식을 마련하여 이긴 편에 사례하고 모두 노래와 춤과 놀이로 즐겼다고 기록하고 있다.[10] 이것은 '두

---

6 『三國志』魏志, 東夷傳 辰韓條, "名國爲邦 弓爲弧 行酒爲行觴 相呼皆爲徒" 참조
7 李丙燾, 앞의 논문 참조.
8 『後漢書』東夷傳, 韓條, "常以五月田竟祭鬼神 晝夜酒會 羣聚歌舞 舞輒數十人 相隨蹋地爲節 十月農功畢 亦復如之" 참조.
9 『三國志』魏志, 東夷傳 韓條 참조.
10 『三國史記』卷第1, 新羅本紀 第1, 儒理尼師今條, "王旣定六部 中分爲二 使王女

레길쌈'의 기원을 나타내 주는 것으로서 이 시기에는 길쌈이 두레의 공동노동으로 수행되었음을 시사해 주는 것이다.

이러한 단편적인 기록들에서 우리는 삼한·삼국시대에 두레라는 작업공동체가 존재했음을 확인할 수 있다. 이 단계의 두레는 비단 평민들뿐만 아니라 모든 신분과 계급의 작업공동체였으며, 농업 경작뿐만 아니라 사냥·어로는 물론이요, 길쌈·군사 등 모든 일에 관련되어 있음을 알 수 있다. 그러나 이러한 포괄적 성격의 두레는 개별 가족 단위의 사회생활과 농업 경영이 발전하고 공동노동의 사회적 필요성이 감소해 감에 따라 점차 현저히 소멸되어 가는 과정에 있었음을 용이하게 추정할 수 있다. 특히 우리나라 농업에 있어서 가족별 소경영의 끊임없는 발전은 제1단계의 두레를 소멸시켜 가는 과정이었다고 볼 수 있다.

제2단계의 두레는 마을 내의 귀족과 지주는 참가하지 않고 평민과 생산농민만이 참가하여 수전농업의 수리관개작업·모심기·김매기·수확 등의 작업에 결합된 작업공동체로서 제1단계의 두레에서 질적으로 크게 변화한 것이다. 수전농업은 ① 수리관개시설이 필요하고 ② 짧은 시일의 적기(適期)에 노동 수요가 폭주하므로 개별가족의 노동만으로는 적합지 않고 '공동노동'이 반드시 필요한 농법이었다. 이러한 사회적 필요성이 소멸되어 가던 제1단계의 두레를 답작지대에서 질적으로 변화한 제2단계의 새로운 성격의 두레로 재생시켰다고 볼 수 있다. 우리나라 농업의 역사에서 한편으로 가족별 소경영의 끊임없는 발전은 제1단계의 두레를 소멸시켜 가는 과정이었으며, 다른 한편으로 수전농업의 끊임없는 발전은 제2단계의 두레를 발생시키고 발전시켜 가는 과정이었다. 이 두 개의 다른 방향의 변화의 동태가 농업경영지대의 분포에 있어서 전작(田作)지대에서 두레를 소멸

二人各率部內女子 分朋造黨 自秋七月旣望 每日早集大部之庭 績麻乙夜而罷 至八月十五日 考其功之多小 負者置酒食 以謝勝者 於是 歌舞百戲皆作 謂之嘉俳" 참조.

시켜 버리고 답작(畓作)지대에서 제2단계의 두레를 분포케 하여 성행케 한 동인이었다고 볼 수 있다.

우리나라에서 수전농업이 시작된 기록은 멀리 삼국시대까지 거슬러 올라간다. 『삼국지』위지 동이전 변진조에 "오곡과 벼를 재배한다(宜種五穀 及稻)"[11]라고 기록하고 있다. 신석기시대 및 고대 한반도에서 볍씨가 출토되었음은 잘 알려진 사실이다. 또한 『삼국사기』백제 다루왕 6년조에 "2월에 나라 남쪽의 주·도에 처음으로 벼농사를 짓게 했다."[12]고 기록되어 있다. 기원후 33년경 지금의 전라도 일대에서 벼농사가 시행된 것이었다. 이러한 벼농사의 일부는 수전농업으로 경작되었다는 사실은 『삼국사기』신라 흘해이사금조에 "21년(기원후 330년)에 처음으로 벽골지를 개척했는데 그 연못의 언덕 길이가 1천 8백 보였다."[13]라고 한 기록에서 알 수 있다. 즉 삼국시대에 이미 수전농업을 위한 김제의 '벽골제'의 대규모 수리관개 공사를 한 것이었다. 그러나 수전농업이 대대적으로 보급된 것은 고려왕조를 거쳐 조선왕조에 들어온 이후이며, 특히 이앙법이 대대적으로 보급된 것은 조선왕조 후기라는 연구결과가 나와 있다.[14]

제2단계의 두레가 성행한 것도 역시 고려왕조를 거쳐 조선왕조에 들어온 이후에 답작지대에서의 일이다. 특히 제2단계의 두레가 극성한 것은 조선왕조 후기의 일이라고 볼 수 있다. 이 사실은 조선왕조 말기의 조사보고에서 소급해 보아도 쉽게 알 수 있다. 실제로 조선왕조 시대에는 두레가 중부 이남의 답작지대 농촌사회에서 어디서나 볼 수 있는 농민의 보편적

---

11 『三國志』魏志, 東夷傳 弁辰條, "土地肥美 宜種五穀及稻 曉蠶桑 作縑布" 참조.
12 『三國史記』卷第23, 百濟本紀 第1, 多婁王 6年條, "二月 下令國南州郡 始作稻田" 참조.
13 『三國史記』卷第2, 新羅本紀 第2, 訖解尼師今條, "二十一年 始開碧骨池 岸長一千八百步" 참조.
14 金容燮, 「朝鮮後期의 水稻作技術」, 『朝鮮後期農業史研究 – 農業變動·農學思潮』, 일조각, 1971, 2~103쪽 참조.

인 작업공동체였다. 조선왕조시대, 특히 그 후기에는 통치자들이 방대한 기록과 문헌을 남겼음에도 불구하고 제2단계의 두레가 '최하층 농민들'의 작업공동체라는 이유 때문에 거의 기록에 남지 못했다. 양반관료들이 두레에 대한 단편적 기록을 남긴 경우는 다른 사건과 관련되었을 대의 예외적인 경우였다.

예컨대, 1738년(영조 14) 음력 11월 17일에 하나의 사건이 일어나서 이 시기에 두레가 성행했음을 간접적으로 전해 주고 있다. 즉 1737년(영조 13) 9월에 원경하(元景夏)가 문과에 장원급제하여 호남별건어사로 임명되어서 전라도 일대를 암행하게 되었다.[15] 이때 원경하는 전라도 부안에서 두레의 농기와 농악기가 민중들의 반란시에 군용물이 될 수 있다고 과잉 염려하여 농기와 농악기들을 농민들로부터 몰수하였다. 이것을 전 부안 현감 안복준(安復駿)이 편철(片鐵)로 부수어 착복해 버린 횡령사건이 발생하였다. 이듬해 1738년에 전라도 일대를 조사한 호남 암행어사 남태량(南泰良)이 이 사건을 국왕에 보고하여 전 부안 현감을 탄핵하게 되자, 국왕과 우의정, 이조판서 및 비변사 당상들과 호남 암행어사 등이 비변사에서 회의를 열어 이 문제를 다루게 되었다.[16]

이때 국왕과 신하들은 두레를 하는 백성들을 '민배(民輩)'라는 경멸적인 용어로 지칭하고 있으며, 국왕은 농기(農旗)와 농악기를 社(두레)에서 몰수한 것이 아니라 寺(절)에서 몰수한 것으로 이해하여 社와 寺를 구분하지 못하고 있다.[17] 신하들의 설명을 듣고 국왕이 왜 농민들이 꽹과리(錚)와 징

---

15 『英祖實錄』卷45, 英祖 13年 9月 丁亥條 참조.

16 『備邊司謄錄』第104册, 英祖 14年 11月 17日條 참조.

17 『承政院日記』第881册, 英祖 14年 11月 17日 乙丑條, "上曰 元景夏御史時 屬公者皆寺中旗幟 而今此書啓 有民間錚鼓旗幟 還給民間之請 民間曾亦有此物乎. 寅明曰 民輩耕穫之時 皆以此器 鼓動赴役者也 元景夏之當初禁斷 雖出於爲國 慮患之意 此亦過慮 人心若離 鋤耰棘矜 皆可爲盜 何患無兵器 旣是民物 遽然屬公 則宜有民怨矣. 泰良曰 民物決不〈可〉屬公 何以處之乎. 上曰 安復駿之作爲片

(鉦)을 사용하는가 하고 묻자 우의정 송인명(宋寅明)은 "민배가 농사를 짓고 수확을 할 때 모두(皆) 이 악기로써 일 나가는 자들을 고동(鼓動)한다"고 대답한 것으로 『승정원일기』에는 기록되어 있으며, 『영조실록』에는 "들에서 모든 사람들이 함께(擧趾) 일할 때 혹 게을러서 힘써 일하지 않는 자가 있으면 이 쇠북(金鼓)을 두드리어 사기를 진작시키는 것이다'라고 대답한 것으로 기록되어 있다.[18] 국왕이 두레의 농기가 군대에서 사용하는 깃발과 같은 것인가 하고 묻자, 호남 암행어사는 농기와 농악기가 군대용으로서는 무용지물이라고 응답하고, 이것(두레와 농악)은 이미 '백년민속'이므로 또한 금지하기가 어렵다고 대답하고 있다.

우리는 이 단편적인 기록에서도 호남 일대에서는 '모두' 두레의 공동노동이 성행했으며, '농악'이 두레에서 나온 것이고, 이 두레와 농악이 이미 오래 된 '백년민속'이라는 사실을 거듭 확인할 수 있다. 여기서 백년민속이라 함은 1백 년이 된 민속이라기보다 '오래된 민속'이라는 뜻으로 이해하는 것이 정확할 것이다. 또한 우리는 이 기록에서 조선왕조의 지배층이 두레와 농악에 대하여 전혀 호의가 없었고 도리어 약간 적대적이었음을 알 수 있다. 그러나 조선왕조 후기에는 충청도·전라도·경상도·경기도·강원도·황해

鐵歸家者 豈不駭然哉 其旗幟能如軍門恒用者乎. 泰良曰 皆是無用之物 而旣是百年民俗 亦難禁止矣. 寅明曰 旣奪之後 出給亦顚倒 自賑廳會錄 計直用之何如. 上曰 復駿之取用 亦云非矣 則朝家何可計直取用乎 大臣鋤耰之言 誠是矣陳 勝·吳廣 豈必待兵刃而興乎 元景夏未免過慮 此御史引蘇軾漏鼓之例 亦過矣. 泰溫曰 補賑則民輩 反爲得食其費矣. 上曰 此未免於割肉充腹也. 寅明曰 計直而給民輩 鑄錢時用之 好矣. 上曰 堂堂之國 豈待民之錚鼓而用之乎 置之可也." 참조.

18 『英祖實錄』卷47, 英祖 14年 11月 乙丑條, "上 引見大臣備堂及湖南御史南泰良. 泰良論劾前扶安縣監安復駿貪饕不法 至取屬公之錚鉦 碎作片鐵歸私橐. 上 駁之命逮 問泰良 仍言前御史元景夏所屬公錚鈸旗幟 宜還給民間. 上問曰 農人之用錚鉦何也. 右議政宋寅明曰 田野之間 勞於擧趾 或有懶不力作者 則擊金鈸以振其氣 然民間藏戎器 恐有意外之慮 故爾今旣屬官 還給亦顚倒 宜折直補賑資 否則宜用鑄錢也. 上曰 不然 苟爲盜也 鋤耰棘矜 皆可奮臂 陳勝吳廣 何嘗有兵 堂堂國家 豈資民間之物 而補貨泉乎." 참조.

도 지방에서도 두레가 성행하여 농촌사회의 가장 중요한 작업공동체로서 실존하였다. 이 때문에 실학자들 중에는 '두레공동체'를 자기의 개혁사상에 포용하는 경우도 나타나고 있다. 다산 정약용이 그의 여전제(閭田制) 토지 개혁론에서 촌락민의 공동노동과 공동경작에 의거한 협동농업 생산체제를 구상한 것은 당시의 두레의 실재와 성행에 사회적 기초를 둔 것이었다.[19]

조선왕조 후기~말기에 충청도 지방에서도 두레가 성행했다는 사실은 김윤식의 일기에도 기록되어 있다. 김윤식은 1891년에 두레와 농기와 농악에 대하여 다음과 같이 기록하였다.

> 立春節이다. 이른 아침에 창 밖에서 징과 북이 어지러이 울리는 것을 듣고 창을 열고 보니 마을 백성들이 農鼓를 하고 있었다. 용을 그린 旗가 한 폭 있었는데 장대의 길이가 3장이었고 푸른색의 令旗가 한 쌍이었으며, 징·북·장구 등이 섞이어 나가면서 요란하게 귀를 울렸다. 또 新村에 한 (두레) 패가 있는데 旗와 服裝의 색깔이 더욱 아름답고 좋았다. 이 本村 마을이 먼저 旗와 북을 세웠으므로 이를 先生旗라 부르고 新村의 旗가 두 번 절을 하면 本村의 旗는 한 번 절하여 답하였다. 다음에는 두 마을의 대열이 합하여 마을을 돌면서 樂器를 두드린 다음에 파하였다. 이 풍속은 마을마다 있는데 이름하여 두레(豆來)라 한다.[20]

또한 김윤식은 충청도 지방의 호미씻이(두레연)의 관습에 대하여 역시 1891년의 일기에서 다음과 같이 기록하였다.

---

19 慎鏞廈, 「茶山丁若鏞의 閭田制 土地改革思想」, 『奎章閣』 제7집, 1983 참조.
20 金允植, 「沔陽行遣日記」 1891年, 高宗 28年 7月 初4日條, 『續陰晴史』(國史編纂委員會版) 上卷, 178쪽, "立秋節 早聞鉦鼓亂鳴於窓外 推窓視之 乃村民農鼓也. 建畫龍旗一面 桿長三丈 靑令旗一雙 鉦鼓·杖鼓等屬雜進聒耳. 又有新村一牌 旗鼓服色更鮮好 以此村先建旗鼓 謂之先生旗 新村旗二偃 本村旗一偃以答之 兩村合鬧 繞場鼓擊而罷. 此俗村村有之 名頭來."

농가가 7월에 김매는 일을 이미 끝내면 술과 음식을 차려 서로 勞苦를 위로하며 북을 두드리고 징을 울려 서로 오락을 즐기는데 이를 두레연 (豆來宴)이라고 한다. 잔치가 끝나면 農旗와 북을 갈무리하여 다음해를 기다린다. 오늘 本村은 두레연을 벌이고 술과 떡과 고기로 잘 먹었다.[21]

김윤식의 위의 일기는 두레의 풍속이 마을마다 있었으며, 두레에는 농기와 농악이 필수의 것이었음을 잘 전해 주고 있다. 또한 이 기록은 농악의 모습을 알려 주고 있으며, 농악에서는 농기와 함께 영기가 쓰이고 두레의 조직의 선후에 따라 농기에도 선생기와 제자기가 있음을 알려 주고 있다. 또한 김윤식의 일기는 7월에 두레의 김매는 공동작업이 모두 끝나면 '호미씻이(두레연)'을 성대하게 벌이어 두레의 공동노동의 노고를 위로하는 오락을 즐긴 다음 다음해를 위하여 농기와 농악기를 갈무리한다는 사실을 잘 설명해 주고 있다.

조선왕조 말기에 경기도·충청도·강원도 일대를 선별적으로 조사한 보고서도 두레의 성행에 대해 다음과 같이 보고하고 있다.

한국농법 중 우리를 놀라게 하는 것이 있다면 牛耕과 共同勞動이라고 해야 할 것이다. 공동노동은 한국 현하의 농법상으로는 필요한 노동조직으로서 작업중 揷秧과 除草 등에 가장 많이 행해진다. 특히 논에 호미를 찍어 하는 제초에 음악을 연주하고 창가를 불러서 흥취를 첨가하는 것을 목격한다.

農者天下之大本 또는 神農遺業의 문자가 있는 農旗를 세우고 그 부근에서 일에 들어간다. 여름날 논의 제초기에 시골을 돌아다니면 경쟁하는 징소리를 듣게 되는 것은 농민들이 농기를 용감하게 펼치고 그 밑에서 휴식시에 농악을 연주하는 것이다. 그들은 이에 의하여 쾌감을 얻

21 金允植,「沔陽行遣日記」1891年, 高宗 28年 7月 27日條,『續陰晴史』上卷, 180쪽, "農家七月 耘事旣畢 設酒食相勞苦 擊鼓鳴鉦 以相娛樂 謂之頭未宴. 宴罷藏旗 與鼓 以待嗣歲. 今日本村設頭未宴 以酒餅及肉來饋."

고 원기를 지어 일으킨다. 특히 아침부터 열심히 일에 종사하여 심신이 피로를 느껴서 행동에 느림이 오려고 하는 저녁 무렵에는 일부의 除草 手는 호미 대신에 악기를 들고 제초수의 뒤에 서서 活躍壯快한 농악을 연주하기 시작한다. 이때 제초수는 심기가 轉晴하여 곧 게으른 기운을 없애고 피로를 잊고 호미의 찍음을 자기도 모르게 깊이 하는 것은 곧 자연스러운 세라고 할 것이다.[22]

이 보고서는 그들이 조사한 강원도의 청간(淸間)·양양(襄陽)·이천(伊川)· 안협(安峽) 지방에 두레가 성행함을 보고하고 있다. 이 보고서는 또한 그들이 조사한 경기도의 연천(漣川)·장단(長湍)·개성(開城)·양천(陽川)·수원(水原)· 진위(振威)·남양(南陽) 지방에도 두레가 성행함을 보고하고 있다. 또한 이 보 고서는 그들이 조사한 충청도의 태안(泰安)·해미(海美)·결성(結城)·대흥(大 興)·청양(靑陽)·서천(舒川) 지방에도 두레가 성행함을 보고하고 있다.[23]

조선왕조 말기에 전라도 일대를 선별적으로 조사한 같은 보고서도 조사 지역에 모두 두레가 성행하고 있음을 보고하고 있다.

- 이삭·제초·수확 등 농번의 기절에는 근린 혹은 한 마을이 공동으로 상호원조하는 것이 많다 ….
- 전라북도 臨坡 지방: 촌내의 사업은 공동에 의한 것이 많고 노동과 같은 것도 이식·수확 등은 모두 상호부조하여 행하는 것이 습관이다.
- 전라북도 全州 지방: 모심기(田植)·제초 등은 촌락에 의하여 30인 내 지 50인이 相集하여 공동으로 노동하는 일이 있다. 단 수확의 때에는 각 호별로 이를 행하는 것이 습관이다.
- 전라남도 光州군 馬谷면 지방: 水稻의 이식·수확·관개수의 설비 등 은 촌내 공동으로서 이를 행한다.
- 전라남도 羅州 지방: 마을에 의해서 모심기(田植) 등을 공동으로 한 다. 그밖에 농가 중에서 어떤 사정으로 경작을 끝낼 수 없는 것이 있

---

22 『韓國土地農産調査報告』 1906, 경기도·충청도·강원도편, 423~426쪽.
23 같은 책, 426~428쪽 참조.

을 때에는 근린이 相寄하여 이를 돕는다.

■ 전라남도 珍島: 이식·수확의 양 기에는 공동으로 노동하는 일이 많다. 모심기(田植)를 할 때에는 鍾鼓를 울리고 俗曲을 노래하며 그 곡조에 맞추어 모심기를 하는 것이 습관이다.[24]

이 보고서는 그들이 선별적으로 조사한 경상도 지방에서도 두레가 성행함을 보고하고 있다.

■ 경상남도 金海군 七山 花木里 지방: 벼의 이식 및 수확 등은 왕왕 근린이 공동으로써 이를 행하는 것이다.
■ 경상북도 仁同군 倭館 지방: 이식·수확과 같이 농번의 기절에는 근린이 상담하여 순차로 교대해서 공동노동을 하는 것이 많다.
■ 경상북도 인동 지방: 모심기(田植)의 때에는 공동으로 이를 행한다. 이와 같이 繁忙의 때에는 공동노동을 행하는 것이 매우 많다.[25]

이상과 같은 단편적인 자료들에서도 우리는 조선왕조 말기까지에는 중부 이남의 답작지대에서 두레는 어디서나 볼 수 있는 농촌사회의 보편적이고 지배적인 작업공동체였음을 확인할 수 있다.

3. 두레의 조직

두레의 조직에 관한 자료는 조선왕조 말기-일제강점기에 대한 것밖에는 남아 있지 않으며 그것도 매우 단편적인 것들뿐이다. 이러한 단편적인 자료들일지라도 종합하여, 화폐경제와 일제 식민지정책에 의하여 심하게 변

---

24 『韓國土地農産調査報告』 1906, 경상도·전라도편, 369~370쪽.
25 같은 책, 370쪽.

질되기 이전의 조선왕조 말기-일제 초기의 전통적 두레 조직의 이념형을 재구성해 보기로 한다.

두레의 성원의 자격은 한 마을(자연촌락)의 만 16세(16~17세 이상)부터 약 55세(55~56세 이하)까지의 모든 성인남자이며, 평균 20~30명으로 조직 되었다. 그러나 큰 두레는 50명으로 구성된 것도 많이 있었다.[26] 두레의 성 원을 보통 '두레꾼' 또는 '두레패'라고 불렀다. 한문으로는 두레꾼을 보통 '서요배(鋤擾輩)'라고 하였다.

두레의 조직에서 원칙적으로 여성은 제외되었다. 여기에는 세 가지 이 유가 있었던 것으로 보인다. 첫째 두레가 담당하는 작업의 종류가 관습적 으로 남성의 노동 대상이었다는 사실과 관련된 점이다. 둘째, 두레가 성인 남자 노동력을 1단위로 하여 반드시 균질적인 노동력의 소유자로 조직되 는데 여성노동력은 이 기준에 미달된다고 간주되었다는 점이다. 셋째, 두 레는 공동오락의 기능도 수행하는데 여성의 참가는 그에 적합하지 않다고 인지되었다는 점이다.

또한 두레의 조직에서 원칙적으로 ① 미성년과 ② 노인층은 제외되었 다. 그 이유는 미성년과 노인층의 노동력이 성인남자 노동력을 1단위로 한 기준에 미달한다고 간주되었기 때문이었다.

두레의 조직은 이와 같이 원칙적으로 성인남자 중에서 청년층과 장년층 으로만 구성되었다. 그중에서도 청년층이 두레 성원의 핵심이 되었다. 그 결과 두레는 가장 왕성한 노동력을 가진(성인남자 노동력 1단위를 모두 소 유한) 균질적인 청장년층의 공동노동의 조직으로 되었다.

두레는 반드시 '마을(자연촌락·자연부락)' 단위로 조직되었다. 행정단위 로서의 동리(洞里)는 두레 조직의 단위가 아니었다. 예컨대 충청북도 제천 군 금성면 구룡리는 행정단위로서, 소구룡리·자감동·한천동의 세 개의 자

---

26 같은 책, 370~371쪽 참조.

연촌락이 모여 이루어진 행정단위였었는데, 그에 따라 구룡리에는 마을별로 소구룡리 두레·자감동 두레·한천동 두레의 세 개의 두레가 동시에 존재하였다.[27] 일제강점 말기 행정단위별로 조직한 '동(洞)두레'[28]도 있었고, 한 마을 안에 작은 규모의 두세 개의 두레가 존재한 경우도 있었으나, 모두 예외적인 변형된 것이었다. 두레는 원칙적으로 한 개 마을(자연촌락)에 하나씩 조직되었다.

한 마을의 성인남자(청장년층)는 성인 노동력 1단위를 가지고 있는 한 두레에 원칙적으로 모두 의무적으로 가입해야 하였다. 즉 두레 가입에는 전체적·의무적 성격이 있었다. 여기에는 '공동체적 결속력'이 존재하였다. 만일 정상적인 성인노동력을 소유한 한 마을의 성인남자가 두레에 가입하기를 거부하는 경우에는 마을 성원들이 두문(杜門)·절교(絶交)·태형(笞刑)을 가하거나, 마을에서 추구하는 제재를 가하였다. 본래의 두레에서는 한 마을의 한 농민 가족이 1인의 성인남자를 가졌든지 2인 또는 3인의 성인남자를 가졌든지 가리지 않고 그들은 모두 의무적으로 두레꾼이 되었다. 그러나 조선왕조 말기-일제강점 초기에는 화폐계산이 농촌에 침투함에 따라 농민가족별 의무를 공평하게 하기 위하여 한 농민가족은 1인의 성인남자만을 내어 조직하는 두레도 출현하게 되었다.

또한 본래의 두레에서는 성인남자가 없는 과부나 병약자·노약자의 농민가족은 두레에의 참가 의무에서 무상으로 면제되었으며, 그러면서도 두레의 공동노동의 혜택은 차별 없이 받도록 되어 있었다.

한편 미성년자와 다른 마을에서 흘러들어온 일꾼(떠돌이 또는 비루치)은 그들이 원하는 경우에도 두레에의 가입이 거부되었다.

미성년자가 16세가 되어 성년으로서 인정받고 두레에 가입하려고 할 때

---

27 鈴木榮太郎,「朝鮮の村落」,『東亞社會研究』제1집, 1943 ;『朝鮮農村社會の研究』, 1973, 23쪽 및「朝鮮農村社會踏査記」, 同上書, 252쪽 참조.
28 豊田重一,「農社農樂に關する研究」,『朝鮮彙報』, 1916년 4월호 참조.

에는 '주먹다듬이'라는 의식을 행하였다.[29] 촌락공동체 시대의 성년식의 유제(遺制)로 보이는 이 관습은 원래는 육체노동의 능력을 증명하는 의식이었던 것으로 보이는데, 조선왕조 말기에는 두레에의 가입신청자가 기성 두레꾼들에게 주연을 베푸는 의식으로 되었다. 이를 '진서턱'이라고 부르기도 하였다. 진서턱은 술 2두 정도였다. 미성년자가 주먹다듬이를 거쳐 두레에의 가입이 인정되면 그는 마을에서 품앗이와 같은 다른 교환노동에 있어서도 1인의 성인노동력을 가진 일꾼으로 인정되고 계산되었으며 성인 일꾼으로서의 사회적 대우를 받았다. 주먹다듬이는 지방에 따라 한문으로 진서(進鋤)·신입례(新入禮)·공배(公配)라고 표기되기도 하였다.[30] 다른 곳에서 떠돌아 들어온 일꾼인 '떠돌이'나 '비루치'가 두레에 가입하고자 할 때에는 마을 내의 그의 고용주가 기존 두레꾼들에게 주연을 베풀어 형식상의 공인받는 의식을 하는데 그것을 '바굴이'라고 불렀다. 이것은 작업공동체에의 동료입회의 의식이라고 볼 수 있는 것이었다.

조선왕조 시대에 양반제도와 지주제도가 일반화되어 한 마을 안에 양반·지주·부호가 함께 거주하는 경우에는 그들은 비생산노동계급으로 마을 안에서 공인되어 두레에 참가하지 않았다. 그 대신 지주나 부호들은 머슴을 두레에 참가시켰다. 두레는 마을 안에서 평민신분만의 조직이었으며, 실제로 생산노동에 종사하는 자작농·소작농·머슴·농업노동자 등 근로농민만의 조직이었고, '민중'의 작업공동체였다.

두레에의 가입이 두레공동체의 일정한 심사를 거쳐야 하는 것과 같이 두레로부터의 탈퇴도 일정한 심사를 거쳐야 하였다. 두레로부터의 탈퇴는 마을 사람들과 두레공동체에 의하여 인정된 특수한 유고의 경우가 아니면 불가능하였다. 여기에도 공동체적 구속력이 작용하였다.

---

29 姜鋌澤, 앞의 논문 및 印貞植, 앞의 책 4쪽 참조.
30 久間健一, 「農民家族經濟と其の經營規模に關する硏究」, 『朝鮮農業の近代的
　　樣相』, 1935, 162~163쪽 참조.

두레의 역원의 조직은 보통 다음과 같은 역할 분담의 원리에 의하여 6
명으로 구성되었다.

① 두레의 대표이며 총책임자

이것은 지방에 따라 영좌(領座)·좌상(座上)·행수(行首)·영수(領首)·반수
(班首)·좌장(座長) 등 여러 가지 이름으로 불리었다. 영좌의 역할은 두레의
총책임자로서 두레꾼들을 통솔하며 작업 계획의 수립 및 작업 순번의 결
정을 하고 수입의 처분을 지시하는 등 두레의 모든 일을 지휘하는 것이었
다. 영좌는 마을에서 경험이 풍부하고 인망이 있으며 사리에 밝은 자작농
중에서 선출하는 것이 보통이었다.

② 대표를 보좌하는 역원

이것은 지방에 따라 도감(都監)·공원(公員)·집사(執事)·소임(少任) 등으
로 불리었다. 도감의 역할은 왕좌를 보좌하고 영좌의 명령과 지시를 두레
꾼들에게 전달하며 두레공동체의 조직을 감독하는 것이었다.

③ 작업장에서의 작업 진행 책임자

이것은 지방에 따라 수총각(首總角)·총각대방(總角大方) 등의 이름으로
불리었다. 수총각의 역할은 작업장에서의 작업 진행을 책임지고 작업을 지
휘하는 것이었으며 농기의 기수를 맡는 것이었다. 수총각은 일 잘하고 똑
똑한 소작농이나 머슴 중에서 뽑는 것이 보통이었다.

④ 작업 진행 책임자를 보좌하는 역원

이것은 지방에 따라 조사총각(調査總角)·청수(靑首)·진서꾼 등의 이름
으로 불리었다. 조사총각의 역할은 수총각을 보좌하고 작업장에서 일을 게
을리하는 사람을 조사하여 독려하는 것이었다. 조사총각은 똑똑한 머슴이

나 미혼 청년 중에서 뽑는 것이 보통이었다.

⑤ 회계와 서기의 일을 맡은 역원

이것은 보통 유사(有司)라고 불리었다. 유사의 역할은 두레꾼들의 출석을 점검하고 두레의 회계와 서기의 일을 하며 호미씻이와 농악의 관리를 하는 것이었다. 농민 중에서 특히 문자를 잘 알고 경리에 밝은 사람을 뽑는 것이 보통이었다.

⑥ 가축 방목을 감시하는 역원

이것은 보통 방목감(放牧監)이라고 불리었다. 방목감의 역할은 소를 방목하는 경우에 소가 논밭에 들어가서 농작물을 뜯어먹지 않도록 감시하여 농작물을 보호하는 것이었다. 방목감은 두레에 가입하기 직전의 15~16세의 소년이나 두레꾼 중에서 최연장자를 여러 명 두는 것이 보통이었다.

이상의 역원의 조직체계는 전형적인 경우를 든 것이고 두레의 크기가 작은 경우에는 역원의 조직을 축소하기도 하였다.

실제의 예를 들면, 경상남도 울산지방의 두레의 역원은 다음과 같이 조직되어 있었다.[31]

① 행수(行首): 두레의 전체 통솔자
② 도감(都監): 행수의 보좌역
③ 수총각(首總角): 작업 진행 반장 겸 기수
④ 조사총각(調査總角): 수총각의 보좌역 겸 두레작업의 감독역
⑤ 유사(有司): 회계와 서기
⑥ 방목감(放牧監): 소의 방목에 대한 감시역

---

31 姜鋌澤, 앞의 논문 참조.

또 하나의 다른 예를 들면, 강원도 평창 지방과 정선 지방의 두레의 역원은 다음과 같이 조직되어 있었다고 한다.[32]

① 영좌(領座): 두레의 통솔자이며 최고책임자

② 도감(都監): 영좌의 보좌역이며 두레의 감독자

③ 총각대방(總角大方): 작업 진행의 책임자

④ 청수(靑首): 작업장에서 나태한 자를 조사하고 제재하는 역원

⑤ 유사(有司): 회계와 서기

⑥ 방목감(放牧監): 방목하는 소를 감시하는 소년

이러한 두레의 역원들은 두레 성원의 전체회의에서 구두 의결에 의하여 민주주의적으로 선출되었다.

두레에서는 철저하게 조직 내의 민주주의가 지배하고 관철되었다. 영좌를 포함한 모든 역원들은 다른 두레꾼들과 마찬가지로 공동노동에 참가하면서 자기가 맡은 역할을 수행했으며, 영좌까지도 독재와 독단은 할 수 없었고, 두레를 지극히 민주주의적으로 관리 운영하였다. 두레에서는 '농민 민주주의'가 지배하고 관철되었다고 말할 수 있다. 그러나 두레에서의 규율과 규범은 엄격하였으며 두레꾼들은 두레의 규율과 규범을 잘 준수하였다. 영좌의 명령과 지시는 존중되어 잘 수행되었으며, 두레꾼들은 규율에 따라 질서 있게 작업 활동을 하였다.

두레의 역원은 마을과 농촌사회 일반에서 큰 '위신(community prestige)'을 가지로 있었다. 마을 성원들은 두레의 역원들을 이 영좌, 김 도감, 박 유사 등의 호칭으로 불렀으며, 이것은 존경과 위신의 의미를 내포한 것이었다.[33] 두레의 역원의 임기는 원칙적으로 1년이었으나, 특별한 유고사항

---

32 한상복, 「함께 일하고 함께 즐기던 두레」, 『한국인』 1983년 11월호 참조.

33 마을의 두레 성원들이 두레의 역원들을 이러한 호칭으로 불러 존경과 위신의 의미를 부여한 곳에는 양반들이 향약의 역원을 비슷한 호칭으로 불러 위신을 부여했던 데 대한 대결의식이 작용했으며, 평민 농민들의 두레공동체에 대한 높은 자부심과

이 있지 않는 한 잘 교체하지 않았다.

두레는 하나의 작업공동체로서 해마다 새로 결성하는 것이 아니라 마을에 해를 넘어 항상적으로 실재하는 장기적 공동체의 하나였다. 두레의 1년은 ① 작업기와 ② 준비기로 나뉘었다. 작업기는 대체로 모내기가 시작되는 6월부터 김매기가 끝나서 호미씻이가 열리는 7월까지의 기간이었다. 준비기는 호미씻이가 끝난 후부터 다음해 모내기가 시작되기 직전까지의 기간이었다. 작업기가 시작되면 두레의 성원들은 농청에 모여서 전체회의를 열어 두레의 역원을 선출하고 두레의 작업활동을 시작하였다. 작업기가 끝나면 두레꾼들은 개별 가족노동으로 돌아가지만 두레는 해체되는 것이 아니라 단지 준비기에 들어가는 것이어서 영좌의 지시 하에 다음해의 두레의 작업활동을 준비하였다. 이와 같이 두레의 지속에는 작업기와 준비기가 순환하였다.

두레가 성행했던 시대에는 마을 가운데에 두레의 본부로서 농청(農廳)[34]·공청(公廳)·동사(洞舍)·공회당(公會堂)이라고 부르는 공동건물이 있었다. 이것은 두레 성원들의 공동집합소이고 회의소였으며, 실내의 공동노동 장소였고 공동휴식 장소였다. 두레의 미혼 청년 성원들은 취침도 주로 여기서 하였다. 농기와 농악기와 공용 농기구도 여기에 보관하였다. 공청의 주위에는 방어적 성격의 튼튼한 울타리를 세우고 당번을 정하여 두레꾼들이 돌아가면서 이 공동집회소를 지켰다.

두레에는 반드시 농기와 농악이 있었다. 농기는 '두레기'라고도 하는데 농자천하지대본(農者天下之大本)이라고 쓴 세로로 된 대형깃발이었다. 글씨의 배경에는 승천하는 용을 그려넣기도 하였다.[35] 이 때문에 농기는 때

긍지가 나타나 있었던 것이라고 볼 수 있다.

34 농청이 두레의 본부이며 공동집회소였기 때문에 지방에 따라서는 두레를 바로 농청이라고 호칭하는 곳도 있었다.

35 金允植, 「河陽行遣日記」 1891年, 高宗 28年 7月 初4日條, 『續陰晴史』 上卷, 178쪽 참조.

〈그림 7〉 두레농악(고흥, 문화재청)

로는 용둑기(龍纛旗)라는 별명으로 불리기도 하였다. 이 농기는 두레의 상
징으로서 군대의 군기와 같은 성격의 것이었으며 농민의 자부심과 단결을
나타내는 표상이었다. 따라서 농민들은 농기를 매우 신성시하였다.[36] 농기
를 세워 두면 어떠한 고귀한 신분의 양반이라도 말을 타고 그 앞을 지나가
지 못했으며 반드시 말에서 내려서 경의를 표하고 걸어가야 했다. 만일 이
것을 위반하면 그 두레의 처벌을 받는 것이 관습이었다.[37] 농기에 대한 경
시나 멸시는 바로 그 두레에 대한 경시나 멸시로 간주되어 두레꾼들의 격
렬한 공격과 투쟁의 대상이 되었다.

　각 마을의 두레의 위신에 따라 농기에도 위신에 차이가 있었다. 여러 마을
의 두레 사이에는 ① 그 조직의 역사의 길이나 ② 줄다리기·해싸움·석전
(石戰) 등 경기에서의 승패나 ③ '두레싸움'에서의 승패나 ④ 부역에서의

---

36 李覺鍾, 「契に關する調査」, 『조선』, 1923년 7월호 참조.
37 張基昌, 「農社に就て」, 『朝鮮彙報』, 1917년 8월호 참조.

공훈과 표창의 차이에 따라 '선생두레'와 '제자두레' 또는 '형두레'와 '아우두레'의 권위와 위신의 차별이 있었다. 그에 따라 각 두레의 농기의 권위와 위신에도 차별과 차이가 부여된 것이었다. 놀이의 경기 장소에서나 부역 장소에 여러 마을의 두레들이 농기를 들고 집합할 때에는 권위있는 농기에 대하여 다른 농기들은 농기를 숙여 경의를 표하는 예를 해야 했으며, 들에서 두레들이 행진하는 도중에 서로 마주치는 경우에도 권위있는 농기에 대하여 길을 양보하고 농기를 숙여 역시 경의를 표하는 예를 갖추어야 했다. 만일 이 경의를 표하는 예를 갖추지 않으면 모욕과 멸시로 간주되어 두레들 사이에서 이른바 '두레싸움'이 격렬하게 벌어졌다.

농악도 두레에 부속된 필수적인 것이었으며 두레의 한 구성요소를 이루는 것이었다. 원칙적으로 농악이 없는 두레는 없었다. 이 때문에 지방에 따라서는 두레를 바로 농악이라고 부르기도 하였다. 농악은 두레의 공동노동의 노동능률을 높이고 노동을 즐겁게 하며, 두레를 작업공동체로서 단결시키는 더 큰 기능을 수행한 매우 중요한 것이었다. 농악에 대해서는 절을 바꾸어 설명하기도 한다.

이상에서 서술한 것이 본래의 전형적 두레이다. 그런데 일제강점기의 관찰자들은 이 본래의 전형적 두레에서 파생되어 나온 다른 종류의 두레들의 존재를 보고하고 있다.

그 하나는 역사가 오랜 '여자두레'로서 삼베와 무명을 짜는 데 두레를 조직해서 여성들이 함께 모여 성원의 베를 순번으로 직조해 주는 조직이 있었다. 삼베를 짜는 여자두레를 '두레길쌈', '두레삼'이라고 불렀고, 무명을 짜는 여자두레를 '두레베'라고 불렀다. 이러한 여자두레들은 함께 모여 함께 즐기면서 작업했을 뿐 아니라 각각의 장기에 따라서 가공공정을 분업적으로 작업함에 의하여 노동 능률과 노동생산성을 높였다.[38]

---

38 姜鋌澤, 앞의 논문 참조.

또한 본래의 전형적 두레에는 가입할 자격이 없는 미성년자들의 '아이두레'와 노인층의 '노인두레'도 곳에 따라서는 존재했다고 보고되었다.[39] 아이두레가 존재했던 지방에서는 본래의 두레를 어른두레라고 불렀으며 아이두레는 어른두레의 지도와 감독을 받았다. 아이두레는 주로 풀베기 일을 하였다.[40] 또한 특수한 작업을 두레를 조직하여 공동노동으로 수행하기도 하였다. 예컨대 퇴비용의 풀을 베는 작업을 성인들도 두레를 조직해서 하여 '두레풀'이라고 불렀다.[41] 이러한 두레들은 물론 농기와 농악을 사용하지 않았으며, 역원의 조직도 없고 마을의 성원이 참가하는 의무가 있는 것도 아니었다. 이러한 두레들은 본래의 두레로부터의 파생체라고 볼 수 있을 것이다.

4. 두레의 공동노동

두레가 하는 작업의 종류는 지방에 따라 ① 관개·모내기(이앙)·김매기(제초)·수확 등을 모두 포함하는 경우와[42] ② 관개·모내기·김매기를 포함하는 경우와[43] ③ 김매기만을 하는 경우의[44] 세 가지가 있었다. 이 중에서도 ②의 관개와 모내기와 김매기를 두레로 하는 경우가 가장 널리 보급되어 있었다.[45] 두레가 작업을 하는 농지는 그 마을의 '전체 농지' 모두였다.

---

39 鈴木榮太郎, 「朝鮮農村社會踏査記」, 앞의 책, 200쪽 참조.
40 鈴木榮太郎, 「湖南農村調査野帳拔書」, 『조선』 제352호, 1944년 10월호, 앞의 책, 323쪽 참조.
41 姜鋌澤, 앞의 논문 참조.
42 『韓國土地農産調査報告』, 경상도·전라도편, 369쪽 참조.
43 『韓國土地農産調査報告』, 경기도·충청도·강원도편, 425쪽 참조.
44 加藤末郎, 『朝鮮農業論』, 168쪽 및 『韓國土地農産調査報告』, 경기도·충청도·강원도편의 수원의 사례, 426쪽 참조.
45 삼남지방에서는 밭농사에 있어서도 두레의 공동노동을 하는 사례가 보고되고 있으

두레는 마을의 전체 농지를 모두 자기의 1개의 경영지로 간주했으며 여기에 공동체적 성격이 강하게 나타나고 있었다. 그러나 마을의 전체 농지는 두레로부터 받은 혜택의 성격과 관련하여 ① 마을의 공유지, ② 과부·병약자 등 노동력 결핍자의 경작지, ③ 일반농민의 경작지, ④ 지주의 경작지 등이 각각 차이가 있었다.

① 마을의 공유지는 일제에 의한 '토지조사사업'이 실시되기 이전 조선왕조 말기에는 약간 남아 있었는데[46] 이 토지는 마을 농민들이 의무적으로 공동경작해야 할 성격의 것이므로 두레의 공동노동은 당연히 해야 할 일을 수행하는 의미를 갖고 있었다.

② 과부·병약자 등 노동력 결핍자의 농지는 두레의 공동노동으로부터 가장 큰 혜택을 받았다. 두레는 과부의 농지에 대해서는 두레꾼을 낼 수 없음에도 불구하고 무상으로 공동노동을 해 주었으며, 특히 병자의 농지에 대해서는 이를 철저히 원조하여 무상으로 공동노동을 해 주었다. 이러한 농지에 대해서 두레는 마을 안의 불우한 처지에 빠져 있는 성원과 노동력 결핍자에 대한 공동부조의 성격을 갖고 있었다.

③ 일반농민의 경작지는 실제로 두레에 참가하고 있는 마을 농민들의 개별(가족별) 경작지로서 이에 대해서 두레는 상호부조의 성격을 갖고 있었다.[47] 여기에는 일반농민의 자작지와 소작지가 모두 포함되므로 마을의 전체농지 중에서 가장 큰 비중을 차지하였다.

나, 이것은 예외적 현상이었고, 일반적으로는 두레의 공동노동은 논농사에서 실행되었다.

46 『朝鮮總督府月報』 제3권 제3호, 1913년 3월호, 139쪽의 「共同耕地調査」에 의하면, 1912년 1월 말 현재 마을의 공동경지는 전국에 9백 개소, 1,621.6정보에 달하였다. 이로 미루어 조선왕조 말기에는 마을의 공유지가 약간 남아 있었음을 알 수 있다.

47 전통적 두레의 공동노동에 있어서는 두레에 참가하는 마을 농민들 중에서도 대농이 소농보다 약간 더 혜택을 많이 받는 경향이 있었다. 이 때문에 대농은 그 초과 혜택을 받는 부분을 자발적으로 향연, 공동식사, 또는 기부금의 제공 등의 형태로 보상하는 것이 관습으로 되어 있었다.

④ 지주의 경작지는 지주가 머슴을 고용하여 직영하는 농지로서 비록 지주가 머슴을 두레꾼으로 참가시켰다고 할지라도 그 노동비율에 있어서 두레의 공동노동으로 상당히 큰 경제적 혜택을 입었다. 이 때문에 지주(및 대농)는 두레로부터 받은 경제적 이익 정도의 반대급부를 두레 유사의 계산에 따라 현물 또는 화폐의 형태로 두레에게 지불하도록 관습이 만들어져 있었다.

두레는 마을의 이러한 각종의 전체 농지에 대하여 수전농업에서 수확에 큰 영향을 미치는 바의 실기(失期)를 하지 않도록 공동으로 확고하게 보장하였다. 해마다 모내기철이 다가오면, 마을의 두레꾼들은 농청에 모여 회의를 열고 두레의 신가입자를 심사하여 주먹다듬이를 하고 역원을 선출하였다. 역원이 선출되면 영좌의 사회 밑에서 그 해에 두레의 공동노동을 해야 할 작업일수를 마을의 총경지면적과 두레꾼 수를 대비하여 산정하고 작업 순서를 정하였다. 작업 순서는 대체로 ① 일의 완급과 ② 관습에 의거하여 정했으나, 마을의 사정에 따라 여러 가지 변용이 있었다.[48] 또한 이 회의에서는 그 해에 동원할 축력(畜力, 실제로는 소)의 순서도 정하였다. 축력은 마을 내의 소를 전부 동원하여 순번으로 돌아가면서 사역하였고, 축력 제공의 많고 적음은 회계하여 청산하지 않았다.

두레의 작업활동의 준비가 끝나면 두레꾼들은 「호미모둠」을 하고 내일 시작할 공동작업의 예비연습을 겸하여 전날 밤에 풍악을 열었다. 대체로 농청에 모여서 「진서턱」과 두레의 작업활동의 시작을 축하하는 간단한 향연을 벌이고 밤이 늦도록 농악을 올리며 농악에 맞추어 돌아가며 춤을 추었다.

두레의 공동작업이 시작되어 작업장으로 출역할 때에는 ①농청에 집합하여 대오를 지어 나가는 경우와 ② 바로 작업장으로 집합하는 경우의 두 가지가 있었으나 전자가 지배적이었다. 전자는 작업장이 마을로부터 약간

---

48 姜鋌澤, 앞의 논문에 의하면, 일제강점기에는 작업 순서를 대농의 작업부터 우선적으로 해 주고 주식(酒食)의 서비스를 받는 왜곡된 형태도 있었다고 한다.

<그림 8> 농악대의 길군악 연주(문화재청)

먼 지점에 위치한 경우에 행해졌고 후자는 작업장이 마을에 가까운 경우에 드물게 행해졌다. 어느 경우에나 출역 시간은 「해 뜨는 시간」이 기준이 되었다. 두레의 출역이 있는 날에는 새벽에 농청이나 마을의 작은 수풀공원인 사장(射場)·사정(射亭)에서 농악대가 북이나 농악을 쳐서 집합을 알렸다. 두레꾼들은 이 신호에 따라 농청이나 사장에 집합하여 대오를 지어서 작업장으로 행진하였다. 대오의 맨 앞에 수총각이 기수가 되어 농기를 앞세우고 나갔다. 농기 다음에는 농기를 호위하는 영기가 뒤따랐다. 그 다음에는 농악이 뒤따랐다. 농악은 상쇠의 인도 하에 한 조를 만들어 대오가 작업장에 도착할 때까지 강렬하고 전투적인 독특한 리듬으로 「길군악」이라는 행진주악을 두드렸다. 그 다음에는 일반 두레꾼들이 호미를 들고 일렬종대로 농악에 맞추어 흥을 내면서 행진하였다. 두레가 농청으로부터 작업장까지 행진하는 광경은 하나의 장관이었다.

두레가 작업장에 도착하면 영좌는 농기와 영기를 논 두둑에 꽂아 세워놓고 작업의 시작을 지시하였다. 두레꾼들은 영좌의 지시에 따라 일제히 작업에 들어갔다.

마을로부터 작업장이 가까운 경우에는 두레의 역원이 미리 작업장에 나가 농기를 논 두둑에 꽂아 세워놓고 농악이나 집합 날라리를 울렸다. 두레꾼들은 이 농악소리나 날라리소리를 듣고 농기를 목표로 하여 집합해서 영좌의 지시를 기다리다가 그의 통솔 하에 일사불란하게 보고를 맞추어

작업을 시작하였다.[49]

두레의 공동노동의 큰 특징의 하나는 '노래하며 일하는 것'이었다. 두레꾼 중에서 노래를 잘하는 일꾼이 '앞소리', '솔소리'라고 부르는 선창자로 선정되어 먼저 선창을 해서 '먹이면', 두레꾼들은 열심히 작업을 하면서 일제히 합창으로 '받아서' 따라 불렀다. 노래에 흥을 돋우고 박자를 넣기 위하여 논 두둑이나 일꾼 뒤에서 한 사람이 농악의 북이나 장구나 꽹과리를 쳐서 반주를 하기도 하였다.[50] 1884년경에 한국을 여행한 칼스(W. R. Carles)는 한국인들의 모든 노동에서 일하면서 노래하는 이러한 광경이 얼마나 인상 깊었던지 "한국인들은 언제나 공동으로 노동하기를 즐기며, 일꾼들의 대부분은 노래를 부르고 있었다"[51]고 기록하였다.

두레꾼들은 선창자가 지치면 편을 둘로 나누어 두 편이 노래의 절을 바꾸어 부르면서 흥을 돋우었다. 두레꾼들은 풍년가·농부가·천하태평악 등을 비롯해서 그들이 아는 모든 노래를 합창했으며, 아는 노래가 고갈이 되면 선창자가 노래를 창작해 가면서 합창하였다. 이 과정에서 많은 새로운 농민의 노래와 가사가 창작되기도 하였다. 두레의 공동노동에 있어서는 이와 같이 작업이 끝날 때까지 종일 노래를 부르며 일하였다. 두레의 '노래하며 일하는 양식'은 노동의 고통을 명랑한 정서에 의하여 해소시키어 '즐거운 노동'으로 전환시키는 데 크게 작용하였다.

두레의 작업은 수총각의 지휘 아래 매우 규율 있고 능률적으로 전개되

---

49 姜鋌澤, 앞의 논문에 의하면, 두레의 공동노동을 위한 두레꾼의 집합신호로서 '집합나팔'을 연주했다고 기록하고 있는데, 이것은 '날라리(胡笛)'를 일본어로 논문을 쓰면서 '나팔'로 기록한 것으로 보인다. 농악에 쓰인 악기는 날라리(세납)였고 나팔은 없었다.

50 鈴木榮太郎,「朝鮮農村社會瞥見記」,『民族學研究』 新제1권, 제1호, 1943, 앞의 책, 122쪽 참조.

51 W. R. Carles, *Life in Corea*, Macmillan and Company, 1894, London, p.180의 "About 100 of them were at work…, Coreans Always seem to enjoy working in company, and many of the men were singing." 참조.

었다. 작업 속도는 개별노동의 경우보다 언제나 훨씬 빠른 속도로 돌격전과 같이 규율 있게 공동보조를 맞추면서 진행되었다. ① 매우 빠른 속도, ② 규율, ③ 공동보조는 두레의 공동노동의 성과가 개별노동의 성과의 합계보다 언제나 노동능률이 훨씬 높고 노동생산성이 높게 하였다.

보통 큰 두레에서는 두레의 공동노동을 율동화하고 노동능률을 높이기 위하여 북 치는 큰북잡이가 논 두둑을 따라다니고 꽹과리 치는 쇠잡이 한 사람을 따로 떼어 논 안의 김매는 일꾼들 뒤에서 농악을 쳐서 박자와 홍을 맞추도록 하기도 하였다. 도한 두레꾼 중의 일부가 이른 아침부터의 빠른 속도의 작업으로 피로를 느껴 행동이 느려지기 시작하는 저녁 무렵에는 일부의 두레꾼이 호미 대신에 악기를 들고 김매는 두레꾼들의 뒤에 서서 활기 넘치고 장쾌한 농악을 연주하여 독려하였다. 이에 작업하는 두레꾼들은 심기일전하여 피로를 잊고 자기도 모르는 사이에 호미를 논바닥에 깊이 찍으며 작업속도를 높였다.[52]

두레의 공동노동의 또 하나의 큰 특징은 '공동식사'와 '공동휴식'이었다. 농민들은 공동식사가 붙는 작업을 '젖은자리'라고 부르고 공동식사가 붙지 않는 작업을 '마른자리'라고 불렀는데, 두레는 언제나 젖은조리로서 공동식사가 중요한 행사의 하나였다. 공동식사는 농민의 말을 빌면 '한 솥의 밥을 먹는 것'으로서 이것은 두레꾼들의 연대관념과 노동의 결속을 더욱 강화하는 작용을 하였다. 또한 두레에 참가한 가난한 농민이나 머슴들에게 공동식사는 일 년 중에 성찬(盛饌)을 갖는 기회도 되었다. 한국어에 잘 차린 음식을 '두레반'이라고 표현할 정도로 두레의 공동식사는 성찬을 차렸다. 두레꾼들은 공동식사에서 한 덩어리가 되어 기쁨과 즐거움 속에서 공동체의식과 단결을 더욱 강화하였다. 공동식사는 마을의 부인들이 조를 만들어서 또는 농가별로 일정의 윤번을 정하여 돌아가면서 정성껏 준비하였다.[53]

---

52 『韓國土地農産調査報告』, 경기도·충청도·강원도편, 426쪽 참조.
53 印貞植, 앞의 책, 11~12쪽 참조.

공동휴식은 공동식사와 통합되어 있었다. 따로 휴식시간을 설정하지 않고 공동식사 시간을 충분히 설정하여 동시에 공동휴식을 취하도록 제도화하였다. 농민들은 공동휴식이 붙는 공동식사를 '참'이라고 불렀다. 두레에서는 공동휴식도 공동작업과 마찬가지로 '공동'으로 규율 있게 하였다. 예를 들면 혼자 빨리 작업을 끝낼 수가 없었음은 물론이요 빨리 식사를 끝냈다고 해서 다른 두레꾼의 식사 중에 눕거나 담배를 피거나 할 수 없었다.[54] 두레의 공동식사는 하루에 보통 5회 있었다.[55] 즉 ① 아침 ② 곁드리 ③ 점심 ④곁두리 ⑤ 저녁의 공동식사가 그것이었다.

두레의 공동노동은 보통 해 뜰 무렵에 시작하여 약 1시간 정도 작업을 한 다음 '아침'의 공동식사를 하였다. 다음에는 오전의 작업이 시작되어 약 2~3시간 작업을 하면 오전의 '새참(사이의 참)'인 '곁두리'가 나와서 휴식을 취하였다. 곁두리는 보통 막걸리(濁酒)와 간단한 식사가 나왔다. 다시 작업을 시작하여 정오가 되면 점심의 공동식사와 휴식이 시작되었다. 점심의 공동식사와 공동휴식은 특히 성대하였다. 점심의 공동식사는 반드시 어육이 붙은 뜨거운 식사와 술이 준비되어서 두레꾼들은 즐거운 식사를 충분히 하였다.

점심식사를 끝내면 반드시 한 차례 농악을 벌렸으며, 두레꾼들은 농악에 맞추어 춤을 추고 돌면서 풍년가나 농부가 등 노래를 소리 높이 합창하였다. 농악의 한 판이 끝나면 낮잠을 자는 차례로서 두레꾼들은 나무 그늘 등을 찾아서 약 1시간 정도 잠을 잤다. 외국인들은 이 관행을 관찰하고는 이해할 수 없다는 기록을 남겨 놓았다.[56] 이러한 공동휴식과 공동오락은

---

54 姜鋌澤, 앞의 논문 참조.
55 『朝鮮の聚落』, 朝鮮總督府, 중편, 1933, 175쪽 참조.
56 E. S. Brunner, "Rural Korea: A Preliminary Survey of Economic, Social, and Religious Conditions" in *The Cristian Mission in Relation to Rural Problems*, 1928, New York, p.116, "In his stay in Japan, the author rarely saw an idle man. Korea it is no unusual thing to see men smoking at their ease, even sleeping in mid afternoon out in the

고통스러운 노동을 즐거운 노동으로 전환시키고 피로를 회복하여 노동을 재창조하는 두레의 중요한 구성요소였다.

점심의 공동휴식 후에 완전히 피로를 회복한 두레꾼들은 오후에도 오전과 마찬가지로 속도가 매우 빠르고 강도가 높은 능률적인 공동노동을 진행하고 곁두리와 저녁의 공동식사와 공동휴식을 가졌다. 두레의 하루의 공동노동은 「해 지는 때」를 기준으로 하여 끝내었다.

두레의 하루의 총 작업시간은 약 12시간이었는데, 그 중에서 실제의 노동시간은 약 8시간이었고, 나머지 약 4시간이 공동식사·공동휴식·공동오락의 시간이었다.

두레의 하루의 공동노동이 끝나고 농청으로 돌아올 때에는 아침에 출역할 때와 마찬가지의 순서로 농기를 앞세우고 농악을 울리면서 돌아왔다.[57] 그러나 이때에는 하루 종일 고된 노동을 했음에도 불구하고 두레꾼들은 피로한 줄을 모르고 아침보다 훨씬 더 흥에 겨워서 농악에 맞추어 힘차게 소리 높이 노래를 합창하면서 어지러이 춤을 추며 돌아왔다.[58]

두레의 공동노동의 조직 속에는 이와 같이 노동능률과 노동생산성을 높일 뿐만 아니라 고통스러운 노동을 즐거운 노동으로 전화시켜 즐거움과 노래 속에서 생산노동을 해내는 한국민족과 한국농민의 슬기와 지혜가 제도화되어 있었다.

두레의 공동작업이 김매기의 마지막 벌을 끝냈을 때에는 그들은 그 해의 공동노동에서 가장 우수한 두레꾼을 뽑아 이를 '두레장원(壯元)'이라고 불렀다.[59] 그들은 김매기의 마지막 벌의 모든 작업이 끝난 최종일에는 두레장

---

field."라고 하여 두레꾼들의 낮잠 자는 관습을 게으른 관습으로 혹평하고 있는데, 이것은 두레의 구조와 내용을 모르는 외국인 여행자의 피상적 관찰에 불과한 것이다.
57 久間健一「勞動隊制度と雇只隊制度」, 『朝鮮農業の近代的樣相』, 220쪽 참조.
58 『韓國土地農産調査報告』, 경기도·충청도·강원도편, 426쪽 참조.
59 두레장원의 관습은 양반의 과거제도 및 양반문화에 대한 두레농민들의 대항의식과 두레의 공동노동에 대한 높은 자부심·긍지를 나타내는 관습이라고 할 수 있다.

〈그림 9〉 두레에서 사용했던 종류의 호미(한국학중앙연구원)

원의 머리에 버드나무 잎이나 꽃으로 월계관을 만들어 씌우고 먹물로 얼굴을 단장하고 목면으로 장식을 한 황소 등에 태워서 농립(農笠)으로 일산(日傘)을 만들어 받치고, 농악으로 풍악을 잡혀서 '오잔소리'라는 노래를 합창하며 의기양양하게 농청으로 돌아와서 두레장원의 집과 마을을 한 바퀴 돌았다. 두레장원에는 대체로 일 잘하는 '큰머슴'이 뽑히게 마련이었는데, 이때에는 그 머슴을 고용한 지주나 대농은 장원례(壯元禮) 또는 등풍연(登豐宴)이라고 부르는 주연(酒宴)을 의무적으로 베풀지 않으면 안 되었다.[60]

두레꾼들은 두레의 공동작업이 끝나는 날 장원례에서 농악을 울리고 밤이 깊도록 즐거움에 넘쳐 어지러이 춤추고 노래하였다. 두레장원과 장원례의 행사가 끝나면 한 해의 공동작업기는 일단 끝나고 준비기에 들어가기 위하여 호미씻이를 하게 되는 것이다.

---

60 마을에 지주가 거주하지 않거나 두레장원에 머슴이 아닌 일반 농민이 선정되면 장원례는 마을의 대농이나 성원들이 윤번으로 돌아가면서 개설하였다.

〈그림 10〉 호미씻이(연산백중놀이, 문화재청)

5. 호미모둠과 호미씻이

두레에 있는 독특한 의식과 행사로서 '호미모둠'과 '호미씻이'가 있었다.[61]

호미모둠은 두레의 공동작업(실제로는 모내기)이 시작되기 직전에 두레
꾼들이 농청에 모여 역원을 선출하고 작업의 준비를 완료한 날 각각 자기
의 호미를 한 개씩 농청에 모두는 의식이었다. 이것은 그 해의 두레의 공
동작업의 재결성을 확인하는 표시임과 동시에 두레의 단결을 다짐하는 의
식이었다고 볼 수 있다. 두레꾼들은 두레의 작업기간에는 작업장에 나갈

---

61 『朝鮮の郷土娛樂』, 朝鮮總督府調査資料 제47집, 1941에 의하면, 호미씻이의 관
습은 경기도·충청북도·충청남도·전라북도·전라남도·경상북도·경상남도·황해도·
강원도 지방에서는 어디서나 볼 수 있는 보편적 민속이었으며, 그 밖에도 평안북도
의 정주(定州, 322쪽), 철산(鐵山, 324쪽)과 함경북도의 안변(安邊, 343쪽)에서 관행
되던 민속이었다. 호미씻이의 분포는 두레의 분포를 시사해 준다고 할 것이다.

때 호미를 농청에서 받아가지고 일터로 나가고 하루의 작업을 마치고 돌아와서는 다시 호미를 농청에 맡기어 모두는 것이 관행이었다. 이러한 호미모둠의 농구 공동보관의 의식은 두레의 작업기간이 모두 끝나서 '호미씻이'가 있을 때까지 계속되었다. 두레꾼들은 호미씻이를 끝낸 후에야 자기의 호미를 각자의 집으로 가져갔다. 호미모둠의 의식으로 두레가 단순한 결사체가 아니라 공고한 작업공동체임을 상징적으로 나타내 주는 것임을 알 수 있다.

호미씻이는 그 해의 공동작업이 김매기의 마지막 벌까지 모두 끝난 후에 두레의 공동작업의 성과를 총결산하고 그것을 스스로 축하하는 두레의 '축제'였다. '올해의 공동작업을 모두 끝냈으므로 내년의 작업을 위하여 호미에 묻은 흙을 씻어둔다'는 뜻에서 이러한 이름이 나온 것으로 보인다. 호미씻이는 지방에 따라서는 이 이름 이외에도 날알이·공굴(共屈)·공회(共會)·백중놀이·두레연(宴)·두레놀이·머슴놀이·술메기 등의 여러 가지 이름이 있었다. 호미씻이는 대체로 음력 7월 13일의 백중(百中)날에 열렸다. 그때까지 김매기의 마지막 벌을 끝내지 못한 만부득이한 경우에만 이를 백중날에 열지 못하고 별도로 길일을 택하여 개최하였다. 지방에 따라서는 호미씻이 이외에도 모심기를 끝낸 후에 '날알이'[62]나 '써레씻침'[63]의 축제를 하는 일도 있었다. 또한 김매기의 '세벌(만물)'을 끝냈을 때에도 '만두레'라 하여 농청에서 축제를 벌이기도 하였다.[64]

호미씻이는 그 마을의 동산이나 마을 옆의 넓은 들에서 열리는 것이 보통이었다. 본래 호미씻이의 구성은 ① 마을회의, ② 농악과 놀이, ③ 향연

---

62 姜鋌澤, 앞의 논문에 의하면 경상남도 울산 지방에서는 모내기와 초벌 김매기가 끝난 직후 1일의 공휴일을 정하여 주연을 베푸는데 이를 '날알이' 또는 '세수연(洗手宴)'이라고 했다고 한다.

63 鈴木榮太郎, 「湖南農調査野帳拔書」, 앞의 책, 320쪽에 의하면 전라남도 보성(寶城) 지방에서는 모내기가 끝난 직후 '써레씻침'이라는 작은 주연을 열었다고 한다.

64 宋錫夏, 「만두레」, 『韓國民俗考』, 1961, 30쪽 참조.

으로 구성되어 있었다. 촌락자치제가 존재했던 시대에는 마을회의(洞會)는 호미씻이 때에 열리어 마을의 주요사항을 토론하고 의결한 다음 농악과 놀이로 들어갔다. 그러나 촌락자치제가 해체된 이후에는 마을회의는 무력한 것이 되었으므로 많은 호미씻이들이 마을회의를 열지 않고 바로 농악과 놀이로 들어가게 되었다.

호미씻이에서의 농악은 두레의 공동노동 과정에서의 '본농악'보다 더 확대된 것이었다. 이때에는 두레꾼들이 거의 모두 농악에 참여할 수 있도록 '소고잡이'와 '법고잡이'의 수를 늘렸다.

또한 호미씻이에서의 농악은 '잡색'을 풍부히 넣어서 무동(舞童)·포수·중·각시·양반·창부·탈광대 등이 농악에 맞추어 노래하고 무용을 할 뿐 아니라 연극과 덕담과 재주를 배합하여 흥을 돋우게 하였다. 호미씻이에서의 농악은 또한 농기를 선두로 하여 상쇠의 선도 하에 전 농악대가 '진법놀이'라고 하는 여러 가지 내용과 양식의 매스게임을 하면서 돌았다. 두레꾼들은 호미씻이와 농악에서는 잡이를 맡든지 '잡색'의 어떠한 역할을 맡든지 하여, 지방에 따라서는 호미씻이 때에 농악 이외에도 씨름·줄다리기 등의 다른 놀이를 곁들이는 경우도 있었다.

호미씻이의 향연은 특히 성대한 것이었다. 호미씻이 때에는 반드시 소나 돼지를 도축하여 일부는 마을의 가족들에게 나누어서 그들의 노동을 위로하고, 두레꾼들과 남자들은 호미씻이에서 술과 떡과 고기의 찬치를 벌였다.[65] 이날만은 가난한 농촌마을도 풍요한 향연을 가졌다. 원칙적으로 호미씻이의 농악에는 두레꾼과 마을의 남자들만이 참석하는 것이었으나, '공동향연'의 음식 준비는 마을의 부인들이 담당하였고, 어린이들은 무동이 되거나 관람자였으므로, 공동향연에는 두레꾼과 마을의 성년남자뿐만 아니라 마을의 부녀자들과 어린이들도 모두 평등하게 참가하여 잔치의 음식을 나

---

65 金允植,「沔陽行遣日記」1891年, 高宗 28年 7月 27日條, 『續陰晴史』上卷, 180쪽 참조.

누어 들었다.

따라서 호미씻이는 온 마을 사람들의 축제가 되었으며 농민들의 '최대의 축제'가 되었다. 두레꾼들과 마을의 성원들은 호미씻이를 통하여 노동의 피로도 씻고 마을 성원들의 공동체의식과 단결을 강화하였다.

호미씻이가 끝나면 두레의 유사(有司)가 한 해의 셈(會計)를 하였다. 화폐경제가 농촌에 깊이 침투하기 이전까지는 과부와 병자의 농민가족은 물론이요, 두레꾼 상호간에도 계산을 하지 않았다.[66] 오직 지주와 대농으로부터만 경지면적의 크기에 따라 정확하게 반대급부를 산출하여 공동노동의 보수를 받아 내었다. 그러나 화폐경제가 농촌에 깊이 침투한 이후에는 과부와 농민가족의 토지에 대해서만 반대급부를 면제해 주고, 그 밖에는 계산을 정확하게 하였다. 지주와 대농이 경지면적에 비례하여 일정한 보수를 지불해야 함은 물론이요, 유사는 두레꾼 1인당 평균 작업면적을 산출하여 두레꾼 상호간에도 자기가 투입한 노동력의 작업면적보다 광대한 경지면적을 가진 두레꾼은 초과면적에 비례하여 보수를 지불하도록 하였다.

그러나 두레의 수입은 두레의 성원 사이에 분배하지 않고 두레의 공동비용을 충당하는 데 사용하였다. 여기에 화폐경제의 침투 하에서도 두레의 공동체적 성격이 존재하였다. 두레의 수입으로는 먼저 호미씻이의 비용을 지불하였으며, 나머지는 농악기의 구입이나 수선 등 두레의 공동경비에 충당하였다. 그래도 두레의 수입에 잔고가 있는 경우에는 이를 마을의 동계(洞契)나 호포계(戶布契)에 편입하여 마을의 공동비용에 사용케 하였다.[67] 그러나 일제강점기 이후에는 두레의 공동작업의 보수 지불과 두레의 수입의 처분 방법에 근본적인 변질이 일어나기 시작하였다.

---

66 두레꾼들의 가족별 경지면적이 대체로 균등했던 시대에는 두레꾼 상호간에는 '셈'을 하지 않아도 자동적으로 합리적 셈이 이루어진 것이나 다름이 없었다고 볼 수 있다.
67 張基昌, 앞의 논문 및 猪谷善一, 『朝鮮經濟史』, 1928, 36쪽 참조.

〈그림 11〉 두레 농악 (임실 필봉)

6. 두레와 농악

농악은 두레 공동체의 중요한 구성요소의 하나였다. 여기서 강조해야
할 것은 농악이 두레에서 발생했다는 사실이다. 필자는 두레의 공동노동의
산물로서 집단노동음악인 농악이 발생하여 두레공동체의 불가분의 한 구
성요소가 되고 여러 가지의 형태로 발전하였다고 본다.[68] 농악은 지방에
따라서 풍물·풍장·걸궁·매굿·매귀·군물·농고(農鼓)·상두 등 여러 가지 이
름으로 불리었다. 필자는 음악에 대해서는 전혀 문외한이므로 여기서는 두
레와 농악의 관계에 대한 사회사적 설명만을 간단히 붙이려고 한다.

한국 농민들이 두레의 한 구성요소로서 농악을 발명하여 결합시킨 것은
기본적으로 두레의 공동노동을 즐겁게 하고 노동 능률을 제고하기 위한

---

[68] 『朝鮮の鄕土娛樂』에 의하면, 농악의 분포는 두레와 호미씻이의 분포와 대체로 일
　치하고 있어서, 경기도·충청북도·충청남도·전라북도·전라남도·경상북도·경상남
　도·황해도·강원도 지방에서는 보편적인 관행이었으며, 그 밖에도 함경남도의 함주
　(咸州, p.336)와 함경북도의 길주(吉州, 357쪽)에서 관행되었다고 보고되고 있다.

것이었다. 그것이 공동노동이었기 때문에 집단노동음악으로서 농악이 발생할 수 있었던 것으로 보인다. 농악이 두레의 공동노동에 준 영향으로서는 특히 다음과 같은 점을 들 수 있다.

첫째, 농악은 두레의 공동노동에 리듬을 줌으로써 노동을 율동화하여 노동 능률을 제고하는 데 크게 기여하였다. 둘째, 농악은 두레의 공동노동에 음악을 결합시키어 '즐거움'을 창출함으로써 고통스러운 노동을 '즐거운 노동'으로 전화(轉化)시키는 데 크게 기여하였다. 셋째, 농악은 두레의 공동노동과 휴식을 유기적으로 결합함으로써 농민들의 피로를 회복케 하는 데 크게 기여하였다. 넷째, 농악은 두레의 공동노동에 전투적이고 장쾌한 음악과 율동을 공급함으로써 농민들의 사기를 진작시키는 데 크게 기여하였다. 다섯째, 농악은 두레의 공동노동에 즐거움과 보람을 공급해 줌으로써 농민들의 농업노동 종사에 대한 자부심과 긍지를 배양하는 데 크게 기여하였다. 여섯째, 농악은 두레의 공동노동에 오락과 단결을 공급함으로써 농민들의 공동노동을 재창조하는 데 기여하였다.

한편 농악이 '두레의 공동노동'에서 발생하여 그 중요한 구성요소로 되었다는 사실은 농악의 가락으로 하여금 다른 음악과는 쉽게 구분할 수 있는 독특한 성격을 갖게 하였다. 농악의 가락의 특성으로서는 무엇보다도 ① 약동적이고 ② 격동적이며 ③ 전투적이고 ④ 장쾌하며 ⑤ 정열적이고 ⑥ 낙천적이며 ⑦ 생산적이고 ⑧ 견실하다는 점이 특히 주목된다. 농악의 가락의 이러한 특성은 그것이 두레의 공동노동의 산물이라는 사실과 분리해서는 이해될 수 없는 특징인 것이다.

농악에 사용되는 도구와 배역은 기본적으로 ① 농기(農旗,) ② 영기(令旗), ③ 꽹과리(쇠: 錚), ④ 징(鉦), ⑤ 장구, ⑥ 큰북(大鼓), ⑦ 소고, ⑧ 법고(버꾸, 法鼓), ⑨ 날라리(새납: 胡笛) 그리고 ⑩ 잡색 등이었다. 그러나 지방에 따라서 이 도구의 연주자와 배역을 배치하는 숫자와 내용이 각양

각색이어서 농악의 규모와 내용에도 현저한 차이가 있었다. 조선왕조 말기의 삼남지방의 농업을 중심으로 하여 그 '이념형'을 재구성해 보면 대체로 다음과 같이 정리할 수 있다.

① 농기: 두레의 상징적 표상으로서 앞서 설명했으므로 자세한 것은 생략한다. 대체로 농자천하지대본(農者天下之大本)이라는 문자를 쓴, 가로가 좁고 세로가 긴 대형 깃발로서 깃대 끝에는 '꿩장목'이라고 부르는 꿩의 꼬리깃털을 모아 만든 봉을 달고 그 밑 양편에 용머리를 새겨서 단청한 나무를 대었다. 농기는 두레의 상징이기 때문에 최고급의 천을 사용하여 제작하였다.[69]

② 영기: 농기를 호위하고 농악대와 진법놀이의 신호기로 사용하는 깃발로서 가로가 길고 세로가 약간 짧은 정방형에 가까운 깃발이었다. 기폭의 중앙에 '令' 자를 쓰고 기폭의 둘레에는 깃설을 달았다. 깃대의 끝에는 놋쇠나 철로 만든 일지창이나 삼지창을 달았다. 영기는 보통 붉은색과 푸른색의 2개를 사용하였다.

③ 상쇠: 꽹과리 제1주자이며 농악의 실질적 지휘자였다. 상쇠는 꽹과리 중에서도 소리가 강하고 우렁찬 '수꽹과리'를 사용하였다. 상모를 썼다.

④ 부쇠: 꽹과리 제2주자였다. 상쇠를 도와 합주하며, 꽹과리 중에서도 소리가 연한 '암꽹과리'를 사용하였다. 상모를 썼다.

⑤ 삼쇠: 꽹과리 제3주자였다. 꽹과리의 종류는 부쇠와 동일하였다. 상모를 썼다.

---

69 『韓國土地農産調査報告』, 경기도·충청도·강원도편, 427쪽에는 경기도 수원부 화서문외(華西門外)에서 조사한 가로 6척, 세로 6척 크기의 '農者天下之大本'의 농기와 수원부 해곡동(亥谷洞)에서 조사한 '神農遺業'의 농기를 그림으로 그려서 보고하고 있다. 그러나 '神農遺業'의 농기는 예외적인 것이었고, '農者天下之大本'의 농기가 일반적인 것이었다.

⑥ 수징: 징의 제1주자였다. 상모를 쓰지 않고 고깔을 썼다.

⑦ 부징: 징의 제2주자였으며 수징을 보좌하여 합주하였다. 고깔을 썼다.

⑧ 상장구(수장구): 장구 제1주자였다. 고깔을 썼다.

⑨ 부장구: 장구 제2주자였다. 고깔을 썼다.

⑩ 큰북잡이: 큰북의 제1주자였다. 고깔을 썼다. 농악의 규모에 따라 큰북을 2개 사용하는 일도 자주 있었다.

⑪ 상소고: 소고의 제1주자였다. 머리에 고깔을 쓰지 않고 상모를 썼다. 소고를 침과 동시에 무릎을 높이 올리고 튀어오르는 듯하면서 잡아도는 '소고춤'을 추었다.

⑫ 부소고: 소고의 제2주자였다. 상모를 썼다. 상소고와 같다

⑬ 삼소고: 소고의 제3주자였다. 상모를 썼다. 부소고와 같다. 농악에 따라 소고 숫자는 자유로이 늘리며 최고 8개까지 사용하였다.

⑭ 상법고(상버꾸): 법고의 제1주자였다. 법고는 소고보다 좀더 작은 북이었다. 상모를 썼다. 농악에 따라서는 소고와 법고를 구별하지 않고 소고나 법고로 통일하여 사용하기도 하였다. 법고를 침과 동시에 '법고춤'을 추었다.

⑮ 부법고: 법고의 제2주자였다. 상모를 썼다. 상법고와 같다.

⑯ 삼법고: 법고의 제3주자였다. 상모를 썼다. 부법고와 같다. 농악에 따라 법고의 숫자는 자유로이 늘리며 최고 8개까지 사용하였다. 맨 끝번의 법고잡이는 12발의 긴 상보를 쓰고 돌리기도 하였다.

⑰ 날라리잡이: 날라리(새납: 胡笛)의 연주자였다. 고깔을 썼다.

이상의 것이 두레의 공동노동에서 사용하는 '본농악'의 편성이었다. 그러나 휴식 때에나 호미씻이·두레놀이의 행사를 할 때에는 잡색을 첨가하여 흥취를 더욱 돋우고 내용을 더욱 풍부하게 하였다. 잡색의 내용은 지방에 따라 다양했으나, 삼남지방에서 주로 사용했던 잡색에는 다음과 같은 것이 있었다.

⑱ 무동: 성인의 어깨 위에 올라서서 춤추는 소년이었다. 무동은 노랑 저고리에 붉은 치마와 남색 쾌자를 입고 여장을 하며 손에 수건을 글도 고깔을 쓰고 여자춤(무동춤)을 추었다. 무동은 2층과 3층 무동을 많이 서고 최고 5층 무동까지 섰다. 무동의 숫자는 상무동, 부무동, 삼무동 등의 이름으로 소고나 법고의 숫자에 맞추어 보통 6무동을 사용했으나 최고 8무동까지 사용하기로 하였다.[70]

⑲ 포수(대포수): 사냥꾼을 가장한 무용수였다. 짐승의 털모자를 쓰고 나무로 만든 총과 꿩망태를 메었다. 춤을 담당했으나 재담과 덕담도 곁들였다.

⑳ 중: 승려를 가장한 무용수였다. 흰 장삼에 가사를 띄고 흰 고깔을 얹으며 몸에 바랑을 지고 선체 염주를 들었다. 어른 중과 함께 애기중(사미)를 이용하기도 하였다.

㉑ 각시: 여장을 한 남자 무용수였다. 홍취를 돋우기 위하여 물감을 들인 여러 가지 색의 치마저고리를 입고 머리에 수건을 쓰고 여자춤을 추었다. 각시는 보통 2~3명을 사용하였다.

㉒ 양반: 양반을 가장한 무용수였다. 도포를 입고 뿔관(정자관)을 쓰고 수염을 달고 손에는 부채나 담뱃대를 들고 춤을 추었다. 농악에서는 양반이 왜소한 이방인으로 취급되었다.

㉓ 창부(倡夫): 무당 차림을 한 남자광대로서 무용수임과 동시에 소리꾼이었다. 패랭이를 쓰고 청창옷을 입고 무당춤을 추거나 소리를 하였다

㉔ 탈광대: 탈을 쓴 무용수였다. 보통 할미광대와 영감광대가 많이 사용되었으나 지방에 따라 여러 가지 탈이 쓰였다. 할미광대와 영감은 마주보고 춤을 추면서 동시에 사람들을 즐겁게 웃기기 위한 재담을 하였다.

위의 농악대의 편성 중에서 '본농악'의 농악기를 치는 사람들을 '잡이

---

70 『韓國土地農産調査報告』, 경기도·충청도·강원도편, 427~427쪽 및 『朝鮮の鄕土娛樂』, 부록 12쪽의 「舞童寫眞」 참조.

(재비)'라고 불렀다. 잡이의 복장에는 일정한 양식이 있었다. 농악복의 원형은 병농일치제의 군복에서 나온 것으로 보이나 번거로우므로 보통 평상시의 저고리와 바지에 '띠'를 둘러 대신하였다. 농악의 띠는 홍색·청색·황색의 세 가지를 사용했는데, 홍색과 청색의 띠는 '가름띠'라고 하여 좌우 어깨로부터 밑으로 비껴 두르고, 황색 띠는 '허리띠'라고 하여 그들을 받아 넣어서 허리를 동여매었다. 오직 상쇠만이 좌우 어깨에 황색 띠를 하나 더 둘러서 지휘자임을 표시하였다.

농악의 상모는 군모인 벙거지를 변형하여 꽃을 단 것으로서, 상모 위에 '돌대'를 붙이고 '초리'라는 막대기를 달아서 돌릴 수 있게 만든 것이었다. 원칙적으로 ① 꽹과리를 치는 쇠잡이와 ② 소고를 치는 소고잡이와 ③ 법고를 치는 법고잡이는 상모를 썼으며, 그 외에는 고깔을 썼다. 상모 중에서도 쇠잡이들은 원칙적으로 상모의 초리 끝에 새의 꼬리깃털로 만든 '부포'를 단 상모를 써서 돌리고, 소고잡이와 법고잡이들은 상모의 초리 끝에 부

〈그림 12〉 농악에 사용된 잡색 일부(문화재청)

포 대신 백지를 붙여서 만든 길이 3자 정도의 '부전지'를 단 상모를 써서 돌렸다. 그러므로 농악에서 종이원을 그리는 재주는 소고잡이와 법고잡이의 재주였다. 맨 끝의 법고잡이는 상모 돌리기에 재주가 있는 잡이를 임명하여 12발의 긴 부전지를 돌리게 하기도 하였다. 그 밖의 징잡이, 큰북잡이, 장구잡이, 날라리잡이가 쓰는 고깔은 꼭지와 전후좌우에 종이로 만든 꽃을 붙여 장식하였다.

이상에서 기술한 농악의 편성은 하나의 이념형을 만들어본 것이고, 두레공동체의 규모에 따라 이보다 훨씬 큰 규모의 농악대가 조직되기도 하였다. 농악의 규모가 이와 같이 컸기 때문에 농악의 조직과 유지에는 상당한 비용이 필요했으며, 두레의 공동노동의 수입이 뒷받침되지 않으면 유지하기가 어려웠다.

두레의 농악은 작업장에 나갈 때, 작업장을 이동할 때, 작업장에서 돌아올 때 등에는 잡색 없이 본농악만 치는 것이 보통이었다. 이때에는 '길군악'이라고 하는 장쾌하고 전투적인 행진곡을 쳐서 마치 전장에 나가는 전사들처럼 씩씩하게 행진하였다. 두레의 공동노동의 작업 도중에는 농악을 더욱 단순화하여 논 두둑에서 큰북잡이가 큰북을 치고 논 안에서는 한 사람의 쇠잡이가 꽹과리를 치면 이 리듬에 맞추어서 율동적으로 작업을 진행하였다. 보통 작업 도중에는 농악을 치지 않다가 피로가 올 때쯤 주기적으로 농악을 치기도 하였다.[71] 두레의 공동노동의 휴식 때에는 본농악을 모두 치며 무동 정도의 잡색을 배합하는 것이 보통이었다.

두레의 농악이 극치를 이루는 것은 호미씻이·두레놀이에서의 농악이었다. 이때에는 본농악 외에 잡색을 풍부히 넣어 농악의 내용이 5차원이 통합된 민중집단예술의 극치를 이루었다. 즉 ① 상쇠의 꽹과리를 선두로 한 타악기들의 연주, ② 가락에 맞추는 선창과 합창, ③ 잡이들과 잡색들의

---

[71] 『韓國土地農産調査報告』, 경기도·충청도·강원도편, 426쪽 참조.

각색 무용, ④ 잡색들을 중심으로 펼쳐지는 재담과 연극, ⑤ 상모돌리기와 땅재주를 비롯한 각색 재주놀이 등의 5가지 차원의 민중예술이 하나로 배합되어 농악은 야외의 집단음악과 집단무용으로 전개되었다. 이때 상쇠는 가락과 진행을 선도하는데, 두레 농민들이 즐겨 치는 농악 가락으로는 길군악·만장단·덩덕궁이·다드래기·굿거리·중모리·자진모리·휘모리·장풍장·춤장단 등이 가장 널리 연주되었다.[72] 농악의 가락의 장단은 한 가락에 들어가는 징의 채수에 따라 숫자를 붙여서 표시하는데 채수가 올라갈수록 박자가 빨라졌다. 조선왕조 말기 두레 농악의 상쇠들은 보통 12채까지 쳤다고 한다.

두레 농악의 춤도 매우 씩씩하고 약동적이었다. 그 중에서도 한쪽 무릎을 높이 올리며 뒷발을 힘차게 차면서 잡아 도는 소고춤과 법고춤을 비롯하여, 빠른 가락에 맞춰 상체를 좌우로 흔들면서 획획 내닫다가 뚝 그치고 다시 내닫는 농악춤은 모든 두레패들이 출 줄 알고 사랑했던 농민의 춤이었다. 호미씻이·두레놀이에서의 농악은 30명 내외의 큰 규모이므로 농악 대원들이 열을 지어 율동하는 양식도 예술화하여 '진법놀이'라는 매스게임을 창조해 내었다. 두레농민들이 즐겨하던 진법놀이(매스게임)로서는 팔진도법·멍석말이·사통백이·당산벌림·가새벌림·갈림법고·고사리꺾기 등이 주로 펼쳐졌었다고 한다.[73]

조선왕조 시대에 최하층 농민들이 홍색·청색·황색의 강렬한 원색조의 복장을 하고, 장쾌하고 전투적인 농악 가락을 울리며, 약동하는 씩씩한 춤을 추면서 홍겹게 돌리는 상모는 조선 봉건사회의 농민들이 양반과 지주

---

72 『韓國民俗綜合調査報告書』, 文化公報部文化財管理局, 제1~13집, 1969~1982에는 아직도 각 지방에 남아 있는 농악을 조사 보고하고 있으며, 이보형(李輔亨)씨 등은 농악의 가락을 채집하여 악보를 만드는 귀중한 작업을 하고 있음을 읽었다. 이 부분의 집필에는 이 조사보고서의 도움을 많이 받았다.
73 『韓國民俗綜合調査報告書』 제13집, 農樂·豊漁祭·民謠篇 참조.

들의 착취 밑에서도 낙천적으로 성장하며 약동하고 있었음을 상징적으로 나타내 주는 것이었다.

또한 일제강점기의 캄캄한 어둠의 시대에도 한국농민들의 장쾌한 농악 가락과 튀어오르는 듯한 상무적(尙武的)인 춤과 우렁차고 낙천적인 합창은 제국주의자들의 탄압에 굴하지 않는 한국민족의 불굴의 생명력과 낙천적인 생활양식을 상징적으로 나타내 주었다. 일제의 관찰자들이 두레의 농악을 보고 "조선농부의 농사는 전적으로 축제의 소동"[74]이라고 비판하고 있는 것은 다분히 질시에 넘친 것이었다. 농악은 두레에서 발생하고 두레공동체의 한 구성요소였지만, 일단 성립되자 비단 두레의 공동노동과 호미씻이에서뿐만 아니라 마을 안의 농민들의 명절에 예술과 오락을 공급하여 봉사하였다.[75] 예컨대, 농민들의 명절인 설·정월대보름·단오·백중·한가위 등에는 두레의 농악대가 농악을 쳐서 봉사하였고, 동제(洞祭) 등 마을의 행사 때에도 농악을 쳤다. 특히 정월 대보름의 '마당밟기' 농악은 성대하였다. '머슴날(음력 2월 초1일)'에도 농기를 세우고 농악을 쳤다.[76] 어촌에서는 어선의 진수(進水) 때에나 출어와 귀항 때에도 농악을 쳤다. 이러한 농악은 두레농악의 마을 성원들에 대한 부차적 봉사형태라고 볼 수 있는 것이었다.

조선후기에 서민층(양인 및 노비층)의 사회적 지위가 상승하고 상업자본이 성장하며 서민문화가 발흥함에 따라 두레에서 발생하여 두레의 구성요소였던 농악은 두레로부터 분화되어 점차 독립적 민중예술로 발전하는 경향을 보였다. 두레로부터의 농악의 분화는 사회사적 관점에서 보면 다음과 같은 세 개의 단계를 거쳤다고 볼 수 있다.

---

74 『朝鮮農村視察報告書』(저자 불명), 1930, 姜鋌澤, 앞의 논문에서 재인용.
75 宋錫夏, 「농악」, 『韓國民俗考』, 348~349쪽 참조.
76 金允植, 「沔陽行遣日記」 1894年, 高宗 31年 2月 初1日條, 『續陰晴史』上卷, 299쪽 참조.

첫째는 '집돌이 농악'이었다. 두레의 농악대가 농악기의 구입이나 수선에 경비가 필요하거나 두레패들의 놀이 비용이 필요할 때에는 농한기에 마을 안의 각 집이나 부농의 집을 돌면서 농악놀이를 해 주고 오락을 즐김과 함께 기부를 받아서 비용에 충당하였다. 그러나 집돌이 농악은 예술과 오락의 순전한 무상 봉사가 아니라는 점에서는 두레농악에서 분화되기 시작한 것이었지만 아직도 마을 안에서의 일이고 오락성이 주이며 수입은 부차적이라는 점에서 분화의 시작을 보임에 불과한 것이었다고 볼 수 있다.

둘째는 '걸립패 농악'이었다 마을의 농민들이 농악대를 조직하여 처음부터 수입을 목적으로 하고 오락은 부차적으로 하여 자기 마을의 부농이나 지주의 집뿐만 아니라 다른 마을과 장마당까지 돌면서 농악을 쳐 주고 쌀이나 화폐의 반대급부를 수집하였다. 걸립패 농악은 잡색을 많이 넣고 규모가 크며 '굿' 농악을 많이 치는 것이 특징이었다. 이 대문에 그것은 '굿중패 농악'이라는 별명을 갖기도 하였다. 그들은 당산굿·샘굿·고사굿·마당굿·판굿·터주굿·조왕굿 등 굿을 하는 농악을 많이 쳤으며, 상쇠놀이·장구놀이·법고놀이·열두 발 상모·무동놀이 등 개인놀이를 첨가하여 연예적 성격을 강하게 띠기 시작했다. 걸립패 농악은 두레로부터 현저히 분화된 농악이었다고 볼 수 있다.

셋째는 '남사당패 농악'이었다. 농악을 전문으로 하는 사람들이 완전히 독립된 직업적 농악대를 조직해 가지고 장마당과 큰 마을과 도시를 순회하면서 흥행을 하여 그 보수를 받아서 생계를 유지하였다.[77] 남사당패 농

---

77 조선 후기의 서민문화의 성장과 직업적이고 전문적인 남사당패 농악의 두레농악으로부터의 완전한 분화에도 불구하고 창우(唱優)를 칠반천인(七班賤人)의 하나로 규정하는 사회신분제도는 남사당패 농악의 담당자인 남사당패를 창우의 일종으로서 두레농악의 근로농민보다 천민시하여 전문적 농악대의 발전을 제약하였다 갑오개혁에 의하여 남사당패의 천민신분은 해방되었으나 16년 후에 나라가 일제의 식민지로 강점됨으로써 그들이 전문적 농악을 자유롭게 발전시킬 수 있는 기간이 없었다. 농악의 무대연예적 발전은 역사적으로는 제대로 개화시키지 못한, 남겨져 있

악은 농악뿐만 아니라 줄타기·땅재주·버나돌리기·광대놀이·꼭두각시 등 재주와 연극을 풍부하게 넣어 흥행성을 높였으며 재주가 뛰어나고 전문적이었다. 또한 남사당패 농악이 치는 농악은 주로 '판굿'의 규모가 크고 화려하며 기예가 뛰어난 전문적인 것이어서 무대연예적 성격을 많이 가진 것이었다. 남사당패 농악은 두레로부터 완전히 분화되어 나가 버린 농악이었다고 볼 수 있다.

위의 세 가지 농악은 두레로부터 분화된 단계를 나타냄과 동시에 조선 후기 이후부터 동시 병존하여 농악의 유형을 나타내는 것이기도 하였다. 우리가 여기서 주목할 것은 농악은 두레에서 발생해 나온 것이며, ① 집돌이 농악, ② 걸립패 농악, ③ 남사당패 농악 등 모든 농악들이 두레농악으로부터 분화되어 나왔다는 사실이다. 두레의 농악은 한국농민들이 공동노동의 과정에서 창조해낸 풍부하고 독특한 내용의 집단적 농민음악대이며 농민예술대였다.

7. 두레의 사회적 기능

두레는 그것이 조직되어 있던 농촌사회에서 다음과 같은 몇 가지 중요한 사회적 기능을 수행하였다.

① 협동생활 훈련의 기능

두레는 마을 성원들에게 자연과의 투쟁에서 공동노동에 의거한 협동작업을 하는 양식을 훈련시켜 줌과 동시에 농촌사회생활 일반에서 조직적 협동생활을 하는 훈련을 공급해 주는 기능을 수행하였다. 농민들의 사회생

는 과제라고 할 것이다.

활의 양식을 협동생활의 유형으로 훈련시켜 준 것은 농민들이 힘겨운 자연과의 투쟁과 빈곤한 사회생활의 고난을 효과적으로 극복하고 공동체적 관계의 사회생활을 영위하도록 하는 데 크게 기여하였다.

② 노동 쾌락화의 기능

두레는 농촌사회에서 농경과 관련하여 고통스러운 노동을 '즐거운 노동'으로 전화시키는 기능을 수행하였다. 특히 간단한 도구만으로 자연과 대결하는 농업노동은 고되고 고통스러운 ㅅ이엇는데 두레는 이것을 즐거운 노동으로 바꾸는 놀라운 기능을 수행하였다. 노동을 즐겁게 하는 것은 인간의 사회생활에서 가장 중요하고 가치 높은 일이므로, 두레의 이 기능은 특히 주목해야 할 매우 중요한 것이라고 할 수 있다.

③ 노동 능률 제고의 기능

두레의 공동노동은 노동 능률을 제고하고, 따라서 노동생산성을 제고하는 중요한 기능을 수행하였다. 두레의 공동노동의 성과는 개별노동의 성과의 합계보다 언제나 훨씬 더 컸다. 예컨대, 충북 제천군 금성면 적덕리의 사례를 보면, "집집이 따로따로 일해서 3일 걸리는 일을 두레에서 하면 2일이면 끝난다."[78] 즉 두레의 공동노동은 개별노동의 합계보다 550%의 노동 능률의 제고를 달성하였다. 이것은 경제적으로도 두레가 얼마나 유효한 작업공동체였는가를 잘 증명해 주는 것이다. 두레는 또한 마을의 전체 농지의 농경에 대하여 시기를 놓치지 않고 적시에 필요한 작업을 완결케 함으로써 마을의 전체 농지의 토지 생산성의 제고와 마을의 총 수확량의 제고에도 크게 기여하였다.

---

78 鈴木榮太郎, 『朝鮮農村社會踏査記』, 앞의 책, 253쪽.

④ 공동부조의 기능

두레는 마을 안의 과부와 병약자의 농민가족에 대하여 무상의 공동부조를 하고 두레 성원 사이에 상호부조를 하며 총체적으로 마을 전체에 대하여 공동부조를 하는 중요한 기능을 수행하였다. 두레의 공동부조의 기능은 농업경영에 관한 한 과부와 병약자의 농민가족에 대하여 공동체적 사회보장의 기능을 실현해 주었으며, 마을 성원 전체에 대해서도 상호부조는 물론이요, 그들의 유고시에 대한 공동체적 사회보장을 제도적으로 약속해 주었다. 두레의 이러한 공동부조의 기능은 촌락공동체가 해체된 이후에도 마을의 공동체적 성격을 유지하는 데 큰 역할을 하였다.

⑤ 공동오락의 기능

두레는 마을 성원들과 농촌사회에 공동오락을 공급하는 중요한 기능을 수행하였다. 특히 두레에 부속된 농악과 놀이는 단조롭기 쉬운 농촌사회 생활에 있어서 즐거운 오락을 공급하는 데 큰 역할을 하였다. 뿐만 아니라 두레가 농촌사회에 공급한 공동오락의 특징은 건전하고 생산적이며 건강한 오락으로서 농민들의 노동의 재창조와 농민들의 생활과 생산의 향상에 직결된 것이었다.

⑥ 생활 활성화의 기능

두레는 자연적·사회적으로 침체되기 쉬운 농촌사회에서의 농민의 생활을 활성화시켜 주는 중요한 기능을 수행하였다. 농촌은 거대하고 압도적인 자연에 대하여 간단한 도구만으로 대결해야 했기 때문에 침체되기 쉬운 것이었으며 지배층의 착취와 억압을 역사적으로 누적되어 받아왔기 때문에 침체되기 쉬운 곳이었다. 두레는 이러한 농촌사회에서 농민들에게 생기와 활기를 불어넣어 주고 '천하지대본'에 종사하는 농민계급으로서의 뿌리 깊은 자부심을 배양해 주었으며 농민의 사회생활을 역동적으로 활성화시키는 중요한 기능을 수행하였다.

⑦ 공동규범의 기능

두레는 마을과 농촌사회에서 자치적으로 공동의 규범과 규율을 공급하는 중요한 기능을 수행하였다. 특히 두레의 공동규범은 마을과 농촌사회의 핵심적 세대인 '청장년층'의 사회생활에 규율을 주어 마을 전체와 농촌사회가 자발적으로 질서와 규율을 갖게 하는 데 큰 역할을 수행하였다.

⑧ 사회통합의 기능

두레는 마을의 성원들이 분열되지 않고 단결되도록 하는 사회통합의 중요한 기능을 수행하였다. 두레는 공동노동과 공동부조와 공동규범과 공동오락과 공동향연을 통하여 마을 성원들의 사회적 연대와 단결을 산출하여 강화했으며 마을이 하나의 협동적인 생활공동체로 통합되도록 하는 데 큰 역할을 수행하였다.

⑨ 공동체의식 함양의 기능

두레는 마을 성원과 농민들에게 공동체의식을 함양하는 중요한 기능을 수행하였다. 농촌사회에 '이익사회'의 요소가 깊이 침투하여 마을과 농촌사회의 조직원리가 공동체적성격을 상실해 가는 사회 변동 속에서 두레는 해마다 주기적으로 공동노동과 공동부조와 공동오락과 공동향연을 베풀어 마을 성원과 농민들에게 '우리-의식'을 일깨우고 공동체의식을 함양하는 데 큰 역할을 수행하였다.

⑩ 농민문화 창조의 기능

두레는 농촌사회에서 독특한 농민문화를 창조하는 모태가 되는 중요한 기능을 수행하였다. 두레는 농악을 탄생시켰으며 여러 가지 농민적 놀이와 음악과 가사와 무용을 탄생시키고 민속을 만들어 내었다. 근대 이전에는 농민이 민족성원의 대부분이었으므로 이것은 동시에 독특한 민족문화의 일부를 창조하는 것도 되었다. 두레를 모태로 하여 창조된 농민문화와 민족문화는 노동과 생활에 직접적으로 결합된 생산적이고 건실한 내용을 가진 것이 큰 특징이었다.

두레는 농촌사회에서 이상과 같은 중요한 사회적 기능을 수행했으므로 농민들은 두레를 매우 귀중하고 자랑스러운 그들의 작업공동체로 간주하였었다.

8. 일제강점기의 두레의 변화

1910~45년의 일제강점기에 두레는 화폐경제가 농촌사회에 한 층 더 깊이 침투하고 일제 식민지정책의 영향으로 말미암아 현저한 변화를 겪게 되었다. 일제강점기에 있어서의 두레의 변화는 ① 두레의 쇠퇴와 소멸, ② 남은 두레의 공동체적 성격의 변질, ③ 농악의 쇠퇴와 소멸 등이 가장 특징적인 것이었다.

일제강점기에 두레 공동체는 현저히 쇠퇴하고 다수가 소멸되었다. 일제 말기의관찰 보고들은 조선왕조 말기까지 크게 성행했던 두레가 20년 전, 10년 전 또는 몇 년 전에 소멸되어 당시에는 존재하지 않게 된 마을의 사례들을 보고하고 있다.[79] 일제강점기에 두레공동체가 쇠퇴하고 소멸된 원인으로서는 다음과 같은 몇 가지 점이 가장 중요한 것이라고 생각된다.

---

79 姜鋌澤, 앞의 논문 및 鈴木榮太郎,「朝鮮の農村社會集團について」,『朝鮮總督府調査月報』제14권 제9·10·11호, 1943, 앞의 책, 64쪽,「朝鮮農村社會踏査記」, 앞의 책, 199쪽 참조.

첫째, 화폐경제가 농촌사회에 한층 더 침투하고 침투하고 지배하게 됨에 따라 개인적인 '이익계산' 추구가 일반화되고 철저하게 되었다는 점이었다. 화폐경제의 농촌 지배로 마을의 공동체적 성격은 크게 퇴색하고 마을의 봉쇄적 성격도 붕괴되었다. 마을 성원들도 개인적 이익계산을 추구하게 됨으로써 종래의 전 촌락 공동부조체제와 협동체제는 현저히 붕괴하게 되었다.

둘째, 일제의 토지조사사업에 의한 촌락 공유지의 소멸을 들지 않을 수 없다.[80] 조선왕조 말기에도 토지는 거의 대부분이 사유토지이고 촌락공유지는 작은 면적이었지만, 그 작은 면적의 촌락공유지가 두레의 존속의 중요한 물질적 토대의 하나였다. 일제의 토지조사사업은 촌락공유지를 거의 모두 해체시키고 무주한광지(無主閒廣地)의 마을 성원들에 의한 개간권도 소멸시켜 버림으로써 두레의 공동노동의 필수적인 경제적 기초의 하나를 해체시켜 버렸다. 이것은 두레의 존속을 끝까지 뒷받침할 경제적 기반의 하나를 소멸시켰음을 의미하는 것이었다.

셋째, 일제의 식민지정책에 의한 마을의 '자치성'의 철저한 소멸을 들지 않을 수 없다. 조선왕조 말기까지는 마을에 마을 성원들에 의한 자치제의 성격이 상당히 남아 있었다. 그러나 일제는 마을의 독립적·자치적·민족적 성격을 경계하고 두려워한 나머지 마을의 자치성을 철저시 소멸시키고 한국의 마을들을 일제의 행정관청(면사무소와 경찰관주재소)이 직접 전제적으로, 그리고 파쇼적으로 장악하여 지배하는 체제를 만들었다. 이에 따라 자치적 성격을 가진 두레공동체도 쇠퇴하고 소멸되지 않을 수 없었다.

넷째, 일제강점기에 농촌사회 내에서의 농업임금노동자 계층의 진출을 들지 않을 수 없다. 일제의 토지조사사업 등을 비롯한 식민지정책의 강행에 따라 농민의 계급분화가 더욱 격화되고 자작농과 자소작농의 영세 소

---

80 慎鏞廈, 『朝鮮土地調査事業研究』, 知識産業社, 1982, 102쪽 참조.

작농으로의 몰락이 급속히 진행되었을 뿐 아니라 소작지에서도 분리된 농업임금노동자층이 농촌 내에 현저하게 형성되어 진출하게 되었다.[81] 항상적인 농업임금노동자층은 저렴한 임금으로 지주나 대농에게 고용되었으므로 농촌에 있어서의 노동력 수요의 폭주기(輻輳期)에도 일용계약이 가능하게 되어 두레의 사회적 필요성을 절감시켰다.

다섯째, 농업노동에의 여성노동력 진출을 들지 않을 수 없다. 일제강점기의 후기에는 전라북도 남원군의 농촌 실태조사에서 보고되고 있는 바와 같이 여성노동력이 모내기 작업에 참가하였으며 희소하지만 때로는 김매기 작업에도 진출하기 시작하였다.[82] 이러한 농업노동에의 여성노동력의 진출은 이 작업들에서의 남성노동력에 대한 수요의 폭주를 완화시켰고, 따라서 두레의 사회적 필요성을 완화시켰다.

여섯째, 일제강점기에 자작농층의 몰락이 두레공동체를 지킬 농촌사회 내의 계층적 기반을 크게 약화시킨 것을 지적하지 않을 수 없다. 자작농층은 당시에 농촌사회 내의 척추가 되는 계층으로서 농민문화의 보호층이었다.[83] 이러한 자작농층의 몰락으로 두레의 농악과 향연은 물론이요, 두레공동체 그 자체를 유지시킬 계층적 기반이 현저히 약화되었다.

일곱째, 일제의 식민지정책에 의한 동민들의 '막걸리' 제조 금지와 농악에 대한 적대행위를 들지 않을 수 없다. 일제는 한국의 쌀을 더 많이 일본으로 착출해 가기 위한 정책의 일환으로 한국농민들의 농업노동과 두레에 필수적인 막걸리의 농민에 의한 사적 제조를 금지하였으며 농악을 엉뚱하게 '낭비적' 민속이라고 적대시하였다. 이것은 공동오락과 공동향연이라는 두레의 일부 요소를 파괴시켜 두레가 쇠퇴하고 소멸하는 데 크게 작용하였다.

---

81 농촌사회에서의 농업노동자들은 조선왕조 후기에 이미 형성되기 시작한 것이었으나 일제강점기에는 그것이 현저한 사회계층으로 확립되었으며 중요한 사회적 역할을 수행하기 시작하게 되었다.
82 大野保,「朝鮮農村の實態的硏究」,『大同學院論叢』제4집, 1938 참조.
83 朴明圭,「日本帝國主義下 自作農民層의 性格에 관한 考察」, 프린트, 1980 참조.

여덟째, 일제 식민지정책과 관련된 농업경영조직의 변화와 제초기의 보급의 시작이 미친 영향을 들지 않을 수 없다. 일제의 식민지 농업정책은 일제의 공업원료를 공급하기 위하여 면화·담배 등의 재배와 양잠의 겸업을 강제적으로 장려하였다. 이에 따른 기형적인 농업경영의 다각화와 겸업농가의 증가도 두레의 쇠퇴에 간접적으로 작용하였다. 제초기는 노동 능률에 큰 차이를 못 낸 아직 단순한 도구로서 일제 말기에야 겨우 보급되기 시작하므로 두레의 소멸에 실제로는 큰 영향을 미치지 않았으나 그 성격상 발전되면 김매기 작업에 있어서의 두레의 소멸을 촉진할 수 있는 것이었다.

아홉째, 일제의 식민지정책의 두레에 대한 탄압과 다른 '공동작업반'에 의거한 대체를 들 수 있다. 일제는 태평양전쟁 발발 후에는 두레 대신 14~15세 이상의 남녀가 모두 참가하는 소위 '애국반' 단위의 '공동작업반'을 편성 장려하고 전통적 두레를 정책적으로 해체시켰다.[84] 일제의 이 식민지정책은 일제강점시기 말기에 많은 두레를 급격히 소멸시켰다.

이상과 같은 요인들로 인하여 일제강점기에 다수의 두레가 쇠퇴하고 소멸되었음에도 불구하고, 두레는 그것이 갖고 있었던 긍정적인 사회적 기능으로 말미암아 일제의 식민지정책의 압력 하에서도 일제강점 전기에는 널리 성행하였으며 일제강점 후기에도 지배적 노동조직 제도의 하나로서 강인하게 존속하였다. 하나의 사례로 충청남도 홍성군의 경우를 보면, 〈표 1〉에서 알 수 있는 바와 같이, 1915년 현재 197개의 두레가 존재하고 있었다. 이것은 마을(자연촌락)의 수보다는 적은 것이지만 행정단위로서의 리보다는 58개가 더 많은 것이었다. 이 시기에 홍성군에서는 아직도 여름의 김매기 작업은 거의 전부를 두레의 공동노동으로 수행하고 있다고 보고되었다.[85] 또한 이 시기에 일반적으로 전라도와 충청도와 경상도 지방에서는 모내기와 김매기의 작업은 여전히 두레의 공동노동에 의존하는 비율이 매

---

84 鈴木榮太郎, 「湖南農村調査野帳拔書」, 앞의 책, 316~317쪽 참조.
85 豊田重一, 앞의 논문 참조.

우 높다고 보고되었다.[86]

<table>
<tr><td rowspan="2">면별</td><td rowspan="2">행정상의
리(里) 수</td><td colspan="3">두레 수(조)</td><td rowspan="2">농악 수(조)</td></tr>
<tr><td>농악을 갖춘 것</td><td>농악이 없는 것</td><td>계</td></tr>
<tr><td>홍양</td><td>10</td><td>7</td><td>-</td><td>7</td><td>49</td></tr>
<tr><td>홍북</td><td>14</td><td>21</td><td>-</td><td>21</td><td>84</td></tr>
<tr><td>금마</td><td>13</td><td>12</td><td>-</td><td>12</td><td>72</td></tr>
<tr><td>홍동</td><td>18</td><td>21</td><td>16</td><td>37</td><td>105</td></tr>
<tr><td>장곡</td><td>16</td><td>27</td><td>-</td><td>27</td><td>166</td></tr>
<tr><td>광천</td><td>10</td><td>20</td><td>9</td><td>29</td><td>100</td></tr>
<tr><td>은하</td><td>11</td><td>3</td><td>2</td><td>5</td><td>15</td></tr>
<tr><td>용천</td><td>11</td><td>10</td><td>-</td><td>10</td><td>50</td></tr>
<tr><td>서부</td><td>10</td><td>15</td><td>-</td><td>15</td><td>70</td></tr>
<tr><td>고도</td><td>14</td><td>16</td><td>6</td><td>22</td><td>111</td></tr>
<tr><td>구항</td><td>12</td><td>12</td><td>-</td><td>12</td><td>60</td></tr>
<tr><td>계</td><td>139</td><td>164</td><td>33</td><td>197</td><td>882</td></tr>
</table>

〈표 1〉 충청남도 홍성군의 두레 수와 농악 수

자료: ① 두레수와 농악수는 豊田重一의 앞의 논문에 의함
　　　② 행정상의 리(里) 수는 越智唯七, 『新舊對照朝鮮全道府郡面里洞名一覽』에 의함

일제강점 말기까지 중부와 남부의 한국에서는 두레가 존속하여 지배적
노동형태의 하나로서 존속하였다. 일제강점 말기까지 존속한 두레는 그 성
격상 3개의 유형으로 나누어볼 수 있다. 즉 ① 전통적 유형: 화폐경제의 침
투와 일제의 식민지정책의 압력 하에서도 전통적 두레공동체의 성격을 비
교적 그대로 간직한 유형, ② 변질된 유형: 두레공동체의 성격이 화폐경제
의 침투와 일제 식민지정책의 영향으로 변질된 유형, ③ 새 제도로서 파생
된 유형: 사회적 조건의 변화로 말미암아 두레공동체로부터 새로운 제도가
파생된 유형이 그것이다.

---

86 張基昌, 앞의 논문 및 姜鋌澤, 앞의 논문 참조.

이 중에서 ①의 전통적 유형은 앞장에서 설명한 작업공동체로서의 두레의 성격을 그대로 간직하고 있는 것이므로 다시 설명할 필요가 없을 것이다. ②의 변질된 유형의 변질의 내용은 ㉠ 공동체적 성격의 퇴색, ㉡ 임금계산의 지배, ㉢ 청부임금노동제도로의 성격 변화 등이 특징적인 것이었다.

일제강점기에 변질된 두레는 공동체적 성격이 현저히 퇴색하여 과부나 병약자의 토지에 대한 무상의 공동노동은 일정한 보수를 받아내는 것으로 변화하기 시작하였다.[87] 물론 이때의 보수는 임금보다는 훨씬 저렴한 것이었지만 조선왕조 시대의 무상의 공동부조에 비하면 질적으로 변화하기 시작한 것이었다. 또한 두레에의 가입이나 두레 성원들에 대한 공동체적 구속력도 현저히 약화되어 성원들의 '임의성'이 크게 지배하게 되었다. 변질된 유형의 두레에서는 또한 '임금계산'이 철저하게 지배하게 되었다. 이것은 두레 성원 자신들의 토지에 대해서도 정확하게 적용되었다. 두레는 마을의 각 호의 경작면적과 총 경작면적을 산출하고 두레의 노동력을 산정하여 소요노동일수를 계산해낸 다음 경작면적 1두락당 반대급부와 두레 성원 1인당 임금을 계산하여 결정하였다. 두레 성원 상호간에는 자기의 경작지의 면적이 자기의 두레에서의 노동량에 해당하는 면적보다 광대한 경우에는 정확히 그 차액의 반대급부를 계산하여 두레에게 지불해야 했으며, 반대로 자기의 경작지의 면적이 자기의 두레에서의 노동량에 해당하는 면적보다 적은 경우에는 정확히 그 차액을 계산하여 두레로부터 임금을 지불받았다.[88] 그러므로 두레에 2인 또는 3인의 두레꾼을 낸 농민가족이 경작면적이 적은 경우에는 정확하게 임금이 계산되어 두레로부터 그것을 지불받았다.[89] 지주와 대농이 1두락당 일정의 보수(임금)을 경작면적에 따라 정확하게 계산하여 두레에 지불해야 했음은 물론이다.

87 姜鋌澤, 앞의 논문 참조.
88 鈴木榮太郎, 「朝鮮の農村社會集團について」, 앞의 책, 64~65쪽 참조.
89 鈴木榮太郎, 『朝鮮農村社會踏査記』, 앞의 책, 252쪽 참조.

일제강점기에 변질된 유형의 두레에서 무엇보다도 주목해야 할 특징의 하나는 두레의 수입을 모두 두레의 공동비용으로 사용하지 않고 먼저 두레 성원들에게 자금으로 분배했다는 사실이다. 변질된 유형의 두레에서는 두레의 수입을 먼저 임금으로서 두레 성원들에게 정확히 계산하여 분배하였다. 그리고 분배하고 남은 수입 부분만을 호미씻이의 비용과 농악의 유지 바용에 충당하였다. 이것은 두레의 수입 전부를 호미씻이와 농악 등 공동 비용으로 사용하고 수입을 두레 성원들에게 개별적으로는 분배하지 않던 전통적 유형과는 질적으로 크게 변화한 것이었다. 그러므로 변질된 유형에서는 호미씻이가 크게 축소되었으며 농악의 악기의 구입이나 유지가 매우 어렵게 되었다.

또한 일제강점기의 두레의 변질된 유형에서는 지주나 대농들이 자기의 경작지의 모내기나 김매기 작업을 1두락당 임금을 정하여 두레에게 도급을 주고 그에 따라 두레는 청부임금노동제도의 성격을 갖는 것으로 변화하기도 하였다. 이 경우에 두레의 공동식사는 물론 지주가 부담하였다. 두레의 공동노동은 노동 능률이 개별노동의 합계보다 훨씬 높았기 때문에 변질된 유형의 두레에서 두레의 성원들은 임금수입이 개별노동의 임금수입보다 낮지 않으면서도 한편 지주가 지불하는 1두락당 보수(임금)는 개별노동을 고용하는 것보다 저렴할 수 있었다.

충청남도 홍성군의 사례를 보면 김매기의 경우 두레의 공동노동에 의거할 때에 지주가 지불하는 1두락당 보수는 17전이었는데 보통 인부를 고용하여 작업을 했을 때에는 23전이 소요되었다. 즉 두레의 경우가 보통 인부를 고용했을 때보다 26% 더 저렴하였다.

〈표 2〉 두레에 의한 김매기의 임금과 비용(1915)

비목	면적 및 인원	1두락당 단가	30두락당 금액	비고
임금	30두락	0.170엔	5.10엔	두레 인원수는 60명이 반나절에 작업종료함.
주식비용	60명	0.075엔	4.50엔	술은 오전 1회, 점심은 1회, 1명당 7전 3리임
합계			9.60엔	1두락당 김매기 비용은 32전에 해당함

자료: 豊田重一, 앞의 논문에서 작성

〈표 3〉 보통 인부에 의한 김매기의 임금과 비용(1915)

비목	면적 및 인원	1두락당 단가	30두락당 금액	비고
임금	30두락	0.23엔	690엔	인부 30명은 1명이 1일에 1두락의 작업을 함
주식비용	30명	0.10엔	3.00엔	술은 오전과 오후 각 1회, 점심은 1회분임
인부가족 주식비용	15명	0.05엔	0.75엔	부속한 15명의 점심비용임
합계			10.65엔	1두락당 김매기 비용은 35전 5리임

자료: 豊田重一, 앞의 논문에서 작성

〈표 2〉와 〈표 3〉에서 볼 수 있는 바와 같이, 공동식사(酒食代)의 비용을 포함하는 경우에도 1두락당 두레의 비용은 32전이었던 것에 비하여 개별 노동의 비용은 35전 5리로서 두레의 경우가 9.1% 더 저렴하였다. 예컨대 30두락을 경작하는 지주는 김매기 1회의 작업에서만도 두레에 의거할 경우에는 개별노동(보통인부)을 고용하는 경우에 비하여 1원 20전의 비용을 절감할 수 있었다. 뿐만 아니라 두레에 의존하는 경우에는 작업시간이 훨씬 단축되어 시기를 놓치지 않는 이점이 있었다.[90]

---

90 豊田重一, 앞의 논문에 의하면, 두레의 공동노동에 의존하는 경우 작업이 약간 소루해지는 경향이 있었으나 이 결함은 두레의 공동노동이 시기를 놓치지 않는 장점

이러한 이유 때문에, 일제강점기에 중부 한국 이남의 지주들은 변질된 유형의 두레를 청부임금제도의 성격을 가진 것으로 생각하여 모내기와 김매기의 작업에 많이 활용하였다.

일제강점기에 사회적 조건의 변화로 말미암아 두레공동체로부터 새로운 제도로서 파생된 유형으로 대표적인 것이 고지대(雇只代)제도였다.[91] 일제강점기에 농민계층의 분해와 몰락이 더욱 급격히 진행되어 농촌사회 내에 영세농과 농업노동자층이 체적(滯積)되고 빈곤이 더욱 심화되자 영세농과 농업노동자층은 두레를 모방하여 노동단체를 조직하고 절양기(絶糧期, 12월~3월)에 지주 또는 대농과 미리 단체노동의 계약을 하여 작업을 청부 맡아서 임금의 일부를 미리 받아 가족의 생존을 유지하였다. 농번기가 오면 그들은 전에 계약한 작업을 의무적으로 단체노동으로써 수행하고 나머지 임금을 받았는데 이를 '고지대'라고 불렀다. 그러나 고지대는 비록 그 기원이 두레에서 변형되어 나온 것이라 할지라도 공동체적 성격은 처음부터 전혀 존재하지 않는 극빈한 영세농과 농업노동자들의 임의적 결사체였으며, 일제강점기의 가혹한 식민지 착취 하에서 절양기에 굶어죽을 형편에 있던 영세농과 농업노동자들이 저임금을 불가피하게 감수하고 자구책으로서 만든 특수한 단체노동조직이었다. 따라서 고지대는 두레와는 별개의 제도로서 독립적으로 고찰해야 할 노동제도라고 할 것이다.

일제강점기의 두레의 변화 중에서 또한 주목해야 할 것이 농악의 쇠퇴와 소멸이었다. 변질된 유형의 두레에서는 농악기를 구입하거나 수선할 능력이 없었기 때문에 농악은 날로 쇠퇴하고 소멸하였다. 뿐만 아니라 농악을 민족적인 것이며 '낭비적'인 것이라고 적대시한 일제의 식민지정책은 농악의 쇠퇴와 소멸에 더욱 박차를 가하였다. 그 결과 일제강점기에는 조선왕조시대와는 달리 농악 없는 두레가 현저히 나타나게 되었다.

에 의하여 충분히 상쇄되고도 남았다고 한다.
91 久間健一, 「勞動隊制度と雇只隊制度」, 앞의 책, 211~297쪽 참조.

예컨대 충청남도 홍성군의 경우를 보면 이미 1915년에 총 197개의 두레 중에서 농악 있는 두레가 83.2%인 164개였고, 농악 없는 두레가 33개로서 총 두레 수의 16.8%에 달하게 되었다. 또한 농악 있는 두레도 그 농악의 구성과 규모가 최소한의 것으로 단순화되고 축소되어 8인으로 구성된 농악이나,[92] 5인으로 구성된 축소된 농악의 사례들이 보고되었다.[93] 일제는 1941년 태평양전쟁을 도발한 이후에는 공출제를 실시하여 농악의 징과 꽹과리 등 쇠붙이로 만든 농악기를 공출로 약탈하였다. 악기를 빼앗긴 농악은 이에 따라 결정적 타격을 입고 일제강점 말기에 급속히 소멸하게 되었다.

일제강점기에 두레는 이상에서 간단히 고찰한 바와 같이 현저히 변질되고 쇠퇴하고 소멸되었다. 그러나 일제강점기에 존속했던 두레공동체는 일제의 가혹하기 비할 데 없는 식민지 착취와 민족말살정책 하에서도 농촌 사회에서 한국농민들이 민족적 전통을 지키며 상부상조하면서 생존하는 데 커다란 역할을 수행하였다.

9. 맺음말

지금까지의 고찰에서도 알 수 있는 바와 같이 두레와 농악은 한국민족과 한국농민이 오랜 역사에 걸쳐 만들고 발전시킨 슬기로운 사회제도이며 문화였다. 인류가 자연과의 투쟁 속에서 노동을 통하여 모든 문화를 창조해 온 이래, 이 신성한 노동은 너무나 많이 고통스러운 노동으로 되어왔다. 많은 사람들이 고통스러운 노동을 즐거운 노동으로 만들기 위하여 여러 가지 제도의 고안을 해 왔지만 별로 성공을 거둔 것 같지 않다.

두레는 개별노동이 하면 힘겹고 고통스러운 작업이 될 수밖에 없는 일

---

92 豊田重一, 앞의 논문 참조.
93 鈴木榮太郎, 『朝鮮農村社會踏査記』, 앞의 책, 200쪽 참조.

을 공동노동의 작업공동체를 만들고 농악과 함께 융합시킴으로써 노동 능률을 크게 제고시킴과 동시에 고통스러운 노동을 즐거운 노동으로 전화시키는 데 훌륭히 성공하였다.

한국농민들은 '두레공동체'를 통하여 상호부조와 공동부조의 협동적 생활양식을 발전시켰으며 집단 성원의 연대와 단결을 발전시켰다.

한국농민들은 두레를 통하여 함께 일하고 함께 즐기면서 농악을 비롯하여 생산적 생활과 결합된 아름답고 씩씩한 음악과 무용과 놀이 등의 민족예술과 민중예술을 창조하고 발전시켰다.

종래 한국의 역사 연구는 고위의 중앙정치의 역사와 지배층의 역사의 구명에 집중해 온 것이 사실이다. 물론 이러한 부문의 연구는 중요하고 절실한 것이다. 그러나 여기에 그쳐서는 역사의 일부분을 밝히고 앎에 그치고 마는 것이다. 새로운 역사로서의 사회사는 그 전반에서 역사를 이끌어 온 민중의 생활사와 민중의 일하던 역사를 동시에 깊이 구명하여 사회의 '전체'의 내용을 심층까지 밝히지 않으면 안 될 것이다. 앞으로의 두레의 연구는 사회의 심층에 있는 민중의 생활사의 연구로서 더욱 진전되어 종래의 역사 해석을 보완해 나가야 할 것이다.

한국민족은 근대화를 수행하는 결정적으로 중요한 시기에 일제의 식민지 강점시기를 겪었기 때문에 수많은 아름답고 창조적인 민족적 전통과 민족문화유산을 근대적으로 계승·발전시키지 못하고 잃어버렸다. 최근에 뒤늦게나마 민족문화유산을 발굴하고 민족적 전통을 자기 시대에 적합하게 창조적으로 계승 발전시키려고 하는 각성이 일기 시작하고 있는 것은 다행스러운 일이다.

우리가 민족문화유산과 민족적 전통 속에서 아름다운 유산을 찾는 작업을 한다면 두레와 농악은 그 첫째 등급에 꼽힐 것들일 것이다. 공동노동과 고통스러운 노동의 즐거운 노동으로의 전화와 상부상조는 어느 시대에나 필요한 것이라고 한다면, 두레와 농악은 오늘날에도 우리 시대에 적합하도

록 창조적으로 계승·발전시켜야 할 중요한 문화유산이 아닌가를 연구하고
검토할 필요가 있지 않을까 한다.

(『한국사회연구』 제2집, 1984(한길사) 게재)

5장

두레 공동체와 농민문화

1. 머리말

사회적 존재로서의 인간은 처음부터 공동체의 삶을 영위해오다가 근대사회의 성립과 발전 이후에 사회의 공동체적 요소를 많이 상실하게 되었다. 특히 현대사회에 오면 인간은 사회 그 자체로서 소외되는 일이 많이 일어나고, 치열한 경쟁과 이해타산과 상호반목과 상호불신이 날로 격화되어 살벌한 사회가 되어가는 측면이 증대되었다.

인간은 현대사회에 있어서도 '공동체적 삶'을 살 수는 없는 것인가? 인간의 상호간에 ① 더욱 친밀하고, ② 충분히 서로 이해하며, ③ 더욱 자유롭고 평등하며, ④ 상호간에 더욱 협동 부조하고, ⑤ 전인격적 관계를 맺으며, ⑥ 감정적 응집을 강화하고, ⑦ 충만감을 갖고 느끼며, ⑧ 도덕적 헌신을 하고, ⑨ 더욱 지속적으로, ⑩ 긴밀한 유대를 맺고 살 수는 없는 것일까? 현대인은 이러한 삶을 공동체적 삶이라고 이름해 놓고 이를 그리워하며 추구하고 있다.

한국의 전통사회에는 바로 이러한 공동체적 삶을 영위하기 위하여 농민들이 조직한 '두레'라고 하는 작업공동체(Arbeitsgemeinschaft)가 고조선·진국시대부터 있었다.

두레는 한국 역사에서 아득한 옛날 마을의 공동경작이 해체되고 가족별 경작이 대두되던 촌락공동체 해체기에 발생하여, 마을에 사회신분·계급의 분화가 거의 없던 사회적 조건에서 마을의 모든 성인 성원들이 의무적으로 참가하여 농업경작뿐만 아니라 수렵, 어로, 자연재해방비, 외적침입방비 등 모든 일에 공동작업을 수행하였다.

다음 단계에 이르러서 마을에도 사회신분·계급의 분화가 진전되자 마을 내의 귀족과 지주는 두레에 참가하지 않고 오직 평민과 생산농민만이 참가하여 수전농업의 수리관개작업, 모심기, 김매기, 수확 등의 작업을 두레의 공동노동으로 수행하였다.

그리하여 두레는 조선왕조 시대에는 답작지대(畓作地帶)의 농촌사회에서 어디서나 널리 시행되던 가장 중요한 작업공동체였다.

일제강점기에는 많이 변질되고 소멸되었지만 중부 이남의 농촌사회에서는 널리 볼 수 있던 작업공동체가 되었다.

또한 1945년 해방 후에도 지방에 따라서는 두레 공동체가 남아 있었으며, 오늘날에도 곳에 따라 두레의 편린과 흔적을 찾아볼 수 있다.

두레는 마을의 공유지와 마을 성원들의 사유지를 포함한 '모든' 농경지의 농사 작업을 마을의 '모든' 성인 남자들이 공동노동에 의하여 수행하면서 강력한 '상부상조'의 조직과 문화를 만들어 마을 성원들의 공고한 공동체적 연대를 형성 발전시켰던 조직이었다. 특히 주목해야 할 것은 두레로 공동노동을 하면 개별적으로 노동을 하는 것보다 노동능률과 노동생산성이 훨씬 높았을 뿐 아니라, 고통스러운 노동이 '즐거운 노동'으로 전화되는 놀라운 효과가 있었다는 사실이다.

두레 공동체가 노동능률을 높임과 동시에 고통스러운 노동을 즐거운 노동으로 전화시킨 기본적 방법은 농업노동에 농민들의 독특한 '문화'와 '오락'을 창조 발명하여 융합시킨 것이었다. 이 과정에서 역사적으로 두레 공동체를 가진 한국의 농민들은 '농악'을 비롯한 독특한 농민문화를 창조하여 발전시켰다. 또한 두레 공동체가 창조해낸 농민문화는 한국 민족의 '민족문화'의 기층을 형성한 문화이기도 하였다.

필자는 두레 공동체의 구조와 변동에 대해서 이미 독립논문을 발표한 바가 있으므로[1] 여기서는 한국 농민들이 과거에 두레 공동체를 통하여 창조한 농민문화의 몇 가지 항목에 대하여 밝히려 한다.

---

1 신용하, 「두레共同體와 農樂의 社會史」, 『한국사회연구』 2, 한길사, 1984.

2. 두레의 공동체적 특성

1) 두레의 공동체적 특징

한국 전통사회의 두레는 개인적 가족적 이해(利害)타산을 초월하여 마을공동체 전체의 사회적 집단적 이익을 추구하여 조직적으로 그리고 정서적으로 의무처럼 공고히 결합한 본질적으로 사회학적 개념의 '게마인샤프트(Gemeinschaft; 공동사회·공동조직체)'였다. 이것은 한국의 전통적 농촌사회에서 두레와 함께 병존했던 '품앗이'와 여러 종류의 '계(契)'가 특정의 개인적 가족적 이해를 우선적으로 계산하여 반대급부를 교환하려고 임의적으로 조직한 본질적으로 사회학적 개념의 결사체(Gesellschaft)였던 특성과는 대비되는 것이라고 할 수 있다. 사회학적 관점에서 두레의 공동체적 특성을 몇 가지 들면 다음과 같다.

(1) 두레에의 가입이 마을의 성년 남자의 공동체적 의무로 되어 있었다. 두레는 마을(행정단위가 아닌 자연촌락) 단위로 조직되었는데, 한 마을의 16세 이상 55세 이하의 모든 성인 청장년 남자는 의무적으로 두레에 가입하여 '두레꾼' '두레패'가 되었다.[2] 한 농민가족에게 1인의 성인 남자가 있거나 3 내지 5인의 성인 남자가 있거나, 가족별 노동력의 차별이 없이 모든 성인 남자는 모두 의무적으로 두레에 가입하였다. 여기에 마을 단위의 두레의 공동체적 특성과 공동체적 구속력이 존재하였다.

만일 마을의 정상적인 성인 노동력을 소유한 성인 남자가 두레에의 가입을 거부하거나, 어떤 농민가족이 그 가족의 모든 성인 남자를 두레에 가입시키지 않고 1인의 성인 남자 이외에 다른 성인 남자를 가입시키지 않으

---

2 두레 공동체의 성원을 16~55세로 한 것은 한국 전통사회에서 16세부터를 '성년(成年)'으로 간주하여 관례(冠禮)를 행하고 56세부터를 노인(老人)·장로(長老)로 대우하던 관습과 관행에 의거한 것으로 보인다.

려 할 때에는, 마을 성원들의 제재를 받았다.[3] 즉 두레에의 가입은 한 마을의 모든 성인 남자들의 차별 없는 전체적 공동체적 의무였다.

(2) 두레로부터의 탈퇴도 마을 공동체의 규제를 받았다. 두레로부터의 탈퇴는 마을 사람들과 두레 공동체에 의하여 승인되는 특수한 유고의 경우가 아니면 자의적 탈퇴는 불가능하였다. 여기에도 두레의 공동체적 특성과 공동체적 구속력이 존재하였다.

(3) 두레의 공동 작업 대상 농경지는 그 마을의 '전체 농경지'였다. 두레는 마을 성원들의 경작하는 전체 농경지를 모두 자기의 1개의 경영지로 간주했으며, 여기에 두레의 공동체적 성격이 강하게 나타나고 있었다. 마을의 공유지가 두레의 공동작업의 대상이 됨은 두말할 필요도 없고, 그 밖의 마을 성원들이 경작하고 있는 사유농경지도 모두 차별 없이 두레의 1개의 경영지였다.

오직 지주의 경작지에 대해서만 공동노동은 차별 없이 투입하되 그 보수(반대급부)를 농민경작지와 차별해서 정확히 받아내었다.

(4) 두레는 마을의 과부, 병약자 등 노동력 결핍자의 농경지에 대하여 차별 없이 공동노동을 제공해주고 보수를 받지 않아, 불우한 처지에 있는 마을의 성원들에게 공동부조를 하였다. 과부는 여성이므로 두레꾼을 낼 수 없었음에도 불구하고, 두레는 마을 안의 과부의 농지에 대해서는 무상으로 공동노동을 해 주었으며, 특히 병자의 농경지에 대해서는 이를 철저히 원조하여 무상으로 공동노동을 해 주었다. 이것은 두레의 공동체적 특성을 잘 나타내준 것이었다고 할 수 있다.

따라서 두레 공동체로부터 가장 큰 혜택을 받은 마을의 성원은 과부와 병약자의 농민가족이었다. 두레의 과부와 병약자에 대한 공동노동의 무상

---

3 두레에의 의무적(義務的) 가입을 거부하는 경우나 무단 탈퇴를 자행하는 경우에 가해지는 마을 사람들의 제재는 마을 성원들의 두문(杜門)·절교(絶交)·태형(笞刑)·마을로부터의 추방(追放) 등이었다.

제공은 마을 안의 불우한 처지에 빠져 있는 성원과 노동력 결핍자에 대한 매우 따뜻하고 실질적인 공동부조의 공동체적 특성을 가진 것이었다고 볼 수 있다.[4]

(5) 두레는 두레꾼을 낸 마을 성원들의 농경지에 대해서는 내용상 상호부조의 성격을 가진 공동노동을 제공하였다. 그러나 이 경우에도 한 농민가족이 몇 명의 두레꾼을 내었는지 계산하지 않고 차별 없이 상호부조를 한 곳에 두레의 공동체적 특성이 잘 나타났었다. 두레꾼들은 자기 가족이 낸 노동력의 많고 적음을 따져 계산하지 않고 다른 동료 농민들과 더불어 철저하게 헌신적으로 상부상조하였다.

(6) 두레의 공동노동에서는 다른 곳에서 볼 수 없는 농업노동에 대한 주체적 자부심과 공동체적 평등주의가 지배하였다. 농촌사회 내의 농업 노동에 있어서도 임금노동의 경우에는 피고용된 농업노동자나 농민은 고용자의 일정한 지배와 지시를 받았으며, 심지어 '품앗이'의 경우에도 교대가 되기는 하지만 작업일에는 품앗이 주인의 지시를 받는 수동적 노동을 하지 않을 수 없는 것이었다. 그러나 두레의 공동노동에서는 모든 두레꾼들은 그들 자신이 주인이었으며, 누구의 지배도 받지 않고 철저하게 공동체적 평등주의와 행동관계 속에서 자기의 노동에 대한 높은 자부심을 가지고 주체적으로 적극적 노동을 할 수 있었다. 이것은 두레 공동체의 공동노동만이 가졌던 커다란 노동공동체적 특성이었다고 할 수 있다.

(7) 두레는 식사를 공동으로 하였다. 두레의 '공동식사'는 두레의 커다란 공동체적 특성이었다. 두레의 공동식사는 하루에 보통 5회 있었다.[5] 즉 아

---

4 수전농업(水田農業)에서는 비가 와서 물을 댄 이앙기(移秧期)와 제초기의 짧은 기간에 실기(失期)하지 않는 것이 농업생산에 결정적 중요성을 가졌으므로, 노동력이 결핍한 과부와 병약자의 농민가족에 대해서는 두레의 공동노동의 공동부조(共同扶助)는 그들의 농민가계(農民家計)를 파탄으로부터 구조해주는 것과 다름없는 사회보장의 원조였다. 또한 이것은 마을 전체의 농업생산의 보장을 동시에 담보하는 것이기도 하였다.

침, 곁두리, 점심, 곁두리, 저녁의 공동식사가 그것이었다. 두레의 공동노동은 보통 해 뜰 무렵에 시작하여 약 한 시간 정도 작업을 한 다음 '아침'의 공동식사를 하였다. 다음에는 오전의 작업이 시작되어 약 두세 시간 작업을 한 후에 오전의 새참인 곁드리가 나왔다. 곁두리는 보통 막걸리나 간단한 식사였다. 다시 작업을 계속하여 정오가 되면 점심의 공동식사가 나왔는데, 이것은 특히 성대하여, '두레반'이라는 성찬을 나타내는 용어가 있는 바와 같이, 반드시 어육이 붙은 뜨거운 식사와 술이 준비되어 나와서 두레꾼들은 즐거운 식사를 충분히 하였다. 점심식사 후 두세 시간이 되면 다시 곁두리가 나왔고, 해 지기 한 시간쯤 전에는 다시 성대한 공동식사인 '저녁'이 나왔다.

두레의 공동식사는 농민의 말을 빌면 '한 솥의 밥을 먹는 것'으로서, 이것은 한 가족과 같이 두레꾼들의 공동체적 연대관념과 공동노동의 결속을 더욱 강화하는 작용을 하였다. 또한 두레에 참가한 가난한 농민이나 머슴들에게 두레의 공동식사는 성찬을 갖는 기회도 되었다. 두레꾼들은 공동식사에서 한 덩어리가 되어 기쁨과 즐거움 속에서 공동체 의식과 단결을 더욱 강화하였다. 두레의 공동식사는 마을의 부녀들이 조를 만들어서 또는 농가별로 일정의 윤번을 정하여 돌아가면서 정성껏 준비하였다.[6]

(8) 두레는 휴식도 공동으로 하였다. 규율 있는 공동휴식도 두레의 한 특징이었다. 두레꾼들의 공동휴식은 보통 공동식사 후에 이어서 있었다. 이 때문에 농민들은 공동휴식이 붙은 공동식사를 합하여 '참'이라고 불렀다. 두레의 공동휴식은 규율이 있는 것이어서, 혼자 빨리 식사를 끝냈다고 해서 다른 두레꾼들의 식사 중에 담배를 피우거나 다른 곳에 눕거나 하여 개별적으로 먼저 휴식에 들어갈 수 없었다.[7] 두레의 공동휴식도 두레의 공동

---

5 朝鮮總督府, 『朝鮮の聚落』 中篇, 1933, 175쪽 참조.
6 印貞植, 『朝鮮農村襍記』, 1943, 11~12쪽 참조.
7 姜鋌澤, 「朝鮮に於ける共同勞動の組織とその變遷」, 『農業經濟硏究』 第17卷 第

체적 특성을 나타내는 것의 하나라고 말할 수 있을 것이다.

(9) 두레는 오락도 공동으로 하였다. 두레가 공동노동을 고통스러운 노동으로부터 즐거운 노동으로 전화시키기 위하여 발명해서 도입하여 노동과 결합시킨 각종의 오락과 예술은 두레꾼들이 모두 공동으로 참여하고 출연하는 공동오락과 공동예술이었다. 공동성과 집단성은 두레의 오락과 예술의 큰 특징의 하나였다. 예컨대 두레의 농악과 춤은 모든 두레꾼들이 참여하여 연출하는 공동오락, 공동음악, 공동무용이었으며, 집단오락, 집단음악, 집단무용이었다. 앞소리의 선창에 따라 부르는 노래까지도 기본적으로 모두 합창이었다.

두레는 고통스러운 노동을 '즐거운 노동'으로 전화시켜 즐거움 속에서 노동능률과 노동생산성을 높이려고 공동오락을 풍부하고 충분하게 공동노동과 결합시켰다. 두레의 하루의 총 작업시간은 약 12시간이었는데, 그 중에서 실제의 공동노동시간은 약 8시간이었고 나머지 약 4시간이 공동식사, 공동휴식, 공동오락 시간이었다는 사실은 두레가 얼마나 공동오락을 중시하고 그것을 공동노동에 충분히 결합시켰는가를 단적으로 나타내는 하나의 징표라고 할 수 있다. 두레의 공동오락도 두레의 공동체적 특성의 하나를 이룬 것이었다고 말할 수 있을 것이다.

(10) 두레는 마을 안 지주의 광대한 경작지에 투입한 공동노동의 보상금 등 각종 수입금을 두레의 성원 사이에 분배하지 않고 두레의 공동비용을 충당하는 데 공동으로 사용하였다. 두레의 수입으로는 먼저 '호미씻이'의 비용을 지불했으며, 나머지는 농악기의 구입이나 수선 등 두레의 공동경비에 충당하였다. 그래도 두레의 수입에 잔고가 있는 경우에는 이를 두레 구성원 사이에 분배하지 않고 마을의 동계(洞契)나 호포계(戶布契)에 편입하여 마을의 공동비용에 사용케 하였다.[8] 두레가 그 수입을 그 해의 잔고까

4號, 1941 참조.
8 張基昌, 「農社に就て」, 『朝鮮彙報』, 1917年 8月號 참조.

지도 두레 성원들에게 분배하지 않고 모두 공동체의 공동비용에 사용한 곳에 두레의 강력한 공동체적 특성의 하나가 존재하였다.[9]

(11) 두레의 성원들 사이에는 마을의 성원들과 두레의 성원들이 모두 하나로 묶인 '우리'라는 '우리-감정(We-feeling)'이 형성되어 있었으며, 그들이 모두 하나로 융합된 공동체라는 심성과 의지와 감정이 형성되어 있었다. 이것은 두레의 성원들이 강한 공동체 의식을 갖고 있었음을 나타내는 것이라고 할 수 있다.

(12) 두레의 성원들 사이에는 매우 친밀하고 친숙한 전인적 관계와 상호 이해(理解)에 기초하여 '형제애'가 지배하였다. 이러한 형제애는 두레의 성원이나 마을의 성원 중에 불행한 일이 발생하는 경우에는 슬픔과 고통을 함께 나누며, 물질과 노동에서뿐만 아니라 정신적으로도 상부상조하는 문화유형을 형성하였다. 두레의 형제애는 두레의 공동체적 특성의 하나라고 할 수 있다.

2) 두레 공동체 조직의 민주주의적 특징

(1) 두레의 역원을 포함한 조직 내에 철저한 공동체적 민주주의가 지배하였다. 두레는 조직의 관리를 위하여 ① 두레의 대표이며 총책임자(영좌(領座), 좌상(座上), 행수(行首), 영수(領首), 반수(班首), 좌장(座長) 등 여러 가지 명칭이 있었음), ② 대표를 보좌하는 역원(도감(都監), 집사(執事), 공원(公員), 소임(少任) 등의 명칭), ③ 작업장에서의 작업진행 책임자(수총각(首總角), 각대방(總角大方)의 명칭), ④ 작업진행 책임자를 보좌하는 역원(조사총각(調査總角), 수(靑首), 진서꾼 등의 명칭), ⑤ 회계와 서기의 일을 맡은 역원(유사(有司) 등의 명칭) 등의 체계적인 역원 조직이 있었다. 이러

---

9 이것은 조선왕조 말기까지의 원래의 두레에 대한 설명이다. 일제강점기에 들어와 변질된 두레에서는 두레의 수입의 잉여금은 두레의 성원 사이에 분배하는 일이 많았다.

한 두레의 역원들은 두레 구성원의 전체회의에서 구두 의결에 의하여 매우 민주주의적으로 선출된 것이 큰 특징이었다.

(2) 또한 선출된 역원과 일반 두레꾼과의 관계도 평등한 민주주의적 관계였다. 역원은 오직 기능적으로 위임된 직무와 역할을 수행하는 것뿐이었다. 영좌를 포함한 모든 역원들은 다른 일반 두레꾼들과 완전히 마찬가지로 두레의 공동노동에 참가하면서 자기가 맡은 역할을 수행하였다. 심지어 두레 조직의 최고 책임자인 영좌까지도 독재와 독단은 전혀 할 수 없었고 두레를 지극히 민주주의적으로 관리하고 운영하였다. 두레에서는 철저하게 조직 내의 민주주의와 '농민 민주주의'가 지배하고 관철되었다고 말할 수 있다.[10]

(3) 두레의 작업은 수총각(총각대방)의 현장 지휘에 따라 매우 규율 있고 능률적인 공동노동으로 전개되었다. 두레에서는 아무리 작은 일도 공동노동으로 하였다.

두레의 공동노동의 작업속도는 개별노동의 경우보다 언제나 훨씬 더 빠른 속도로 돌격전과 같이 규율 있게 공동보조를 맞추면서 진행되었다. ① 매우 빠른 속도, ② 규율, ③ 공동보조는 두레의 공동노동에서만 볼 수 있는 3대 특징이었다. 이 때문에 두레의 공동노동의 성과는 개별노동의 성과의 합계보다 언제나 훨씬 크고 노동능률과 노동생산성이 높았다.[11]

---

10 두레 공동체 내의 철저한 농민적 민주주의의 지배와 규범의 준수는 밀착되어 있었다. 두레에 공동체적 민주주의와 평등주의가 관철되었기 때문에 두레성원들과 마을성원들은 두레와 마을의 규범을 더 잘 준수하였다고 볼 수 있다.

11 송석하, 「만두레」, 『韓國民俗考』, 1960, 31쪽. "그것은 共同作業인 까닭에 一定한 時間에 대한 노동량이 증가하는 소치이다." 및 鈴木榮太郎, 「朝鮮農村社會踏査記」, 『朝鮮農村社會の研究』, 1973, 253쪽 참조. 이에 의하면 가족별로 개별노동을 하는 경우에 3일 걸리는 작업을 두레의 공동노동으로는 2일이면 완수하는 정도의 노동능률을 높였다.

3) 두레 공동체의 사회적 기능

이상과 같은 공동체적 특성을 가진 두레는 ① 협동생활 훈련의 기능, ② 노동쾌락화의 기능, ③노동능률 제고의 기능, ④ 공동부조의 기능, ⑤ 공동오락의 기능, ⑥ 농민생활 활성화의 기능, ⑦ 공동규범의 기능, ⑧ 사회통합의 기능, ⑨ 공동체의식 함양의 기능, ⑩ 농민문화 창조의 기능 등의 사회적 기능을 수행하였다.[12]

이 가운데서도 여기서 고찰하고자 하는 것은 두레의 농민문화 창조의 기능이다. 두레는 한국 농촌사회에서 독특한 한국 농민문화를 창조하는 기능을 수행하였다. 두레는 농악을 탄생시켰으며, 여러 가지 농민적 놀이와 음악과 민요와 가사와 무용을 탄생시키고 민속을 만들어내었다. 근대 이전의 한국에서는 농민이 민족성원의 대부분이었으므로 이것은 동시에 한국의 독특한 민족문화의 핵심부분을 창조한 것도 되었다. 두레를 모태로 하여 창조된 한국의 농민문화와 민족문화는 노동과 생활에 직접적으로 결합된 생산적이고 견실한 내용을 가진 것이 큰 특징이었다. 이 논문에서는 이러한 두레가 창조한 농민문화 중에서 대표적인 것으로 볼 수 있는 10개 문화항목을 찾아 고찰하기로 한다.

3. 농기(農旗)와 농기싸움놀이

1) 두레의 상징 깃발 '농기'

각 마을의 두레 공동체는 그 두레의 상징으로서 '농기(農旗)'를 만들었다. 이것은 '두레기'라고도 불렀다. 보통 흰 천에 '농자천하지대본(農者天

---

12 신용하, 앞의 논문 참조.

下之大本)이라고 쓴 세로로 된 대형 깃발이었다. 때때로 신농유업(神農遺業)이라고 쓴 세로 또는 가로로 된 깃폭에 깃섶을 댄 깃발을 사용하기도 했으나 이것은 드문 일이었다.[13] 대부분이 최고급 품질의 천으로 '농자천하지대본'의 글자를 쓴 세로로 된 농기(두레기)를 만들어 사용하였다.

농기의 천의 바탕에는 꿈틀거리며 승천하는 큰 용을 그려 넣기도 했으며, 깃폭의 가장자리에는 깃섶을 대어붙이기도 하였다. 이 때문에 농기를 용둑기(龍纛旗)라고도 하였다.

깃대로는 대체로 매우 큰 왕대나무가 사용되었다. 농기의 깃대의 꼭지머리에는 '꿩장목'이라고 부르는 꿩의 꼬리깃털을 모아 만든 아름답고 화려한 다발(봉)을 만들어 달고 그 밑 양편에 용머리를 새겨 단청한 나무를 대었다.

〈그림 13〉 두레의 농기 놀이(부천시소장)

---

13 『韓國土地農産調査報告』, 1906, 京畿道·忠淸道·江原道 篇, 427쪽 참조.

두레에는 농기 외에도 깃발로 영기(令旗)가 있었다. 그러나 이것은 두레의 상징이 아니고, 상징인 농기·두레기를 호위하는 깃발이었으며, 작업장에서의 지휘나 농악대와 진법놀이에서의 지휘기·신호기로 사용된 깃발이었다. 영기는 가로가 약간 길고 세로가 가 약간 짧은 거의 정방형의 깃발로서, 보통 붉은색과 푸른색의 2개를 만들고, 기폭에 '영(令)' 자를 썼으며, 기폭의 둘레에는 깃설을 달았다. 깃대는 역시 대나무를 썼으며, 깃대의 끝에는 놋쇠나 철로 만든 일지창이나 삼지창을 달았다.

농기는 두레의 상징으로서 농민들의 자부심과 긍지와 단결을 나타내는 표상이었다. 비유하면 그것은 군대의 군기와 같은 성격의 것이었다. 그러므로 농민들은 농기를 매우 신성시하였다. 농기를 세워두면 농민들은 물론이고 어떠한 고귀한 신분의 양반이라도 말을 타고 그 앞을 지나가지 못했으며, 반드시 말에서 내려 농기에 경의를 표하고 걸어가야 했다. 만일 양반이 이것을 위반하면 그 두레의 처벌을 받는 것이 관습이었다.[14]

누구든지 농기에 대한 경시나 멸시는 바로 그 두레에 대한 경시나 멸시로 간주되어 두레꾼들의 격렬한 공격과 투쟁의 대상이 되었다.

조선왕조 시대의 두레와 농기와 농악에 대하여 김윤식은 1891년에 다음과 같이 기록하였다.[15]

입추절이다. 창밖에서 이른 아침에 징과 북이 어지러이 울리는 것을 듣고 창을 열고 보니 마을 백성들이 농고(農鼓)를 하고 있었다. 용을 그린 기가 한 폭 있었는데 장대의 길이 3장이었고, 푸른색의 영기가 한 쌍

14 張基昌, 앞의 논문 참조.
15 金允植, 「沔陽行遣日記」1891年, 高宗 28年 7月 初4日條, 『續陰晴史』(國史編纂委員會版) 上, 178쪽, "立秋節 早聞鉦鼓亂鳴於窓外 推窓視之 乃村民農鼓也. 建畵龍旗一面 桿長三丈 靑令旗一雙 鉦鼓·杖鼓等屬雜進聒耳. 又有新村一牌 旗鼓服色更鮮好 以此村先建旗鼓 謂之先生旗 新村旗二偃 本村旗一偃以答之 兩村合鬧 繞場鼓擊而罷. 此俗村村有之 名頭來."

있었으며, 징, 북, 장구 등이 섞이어 나가면서 요란하게 귀를 울렸다. 또 산촌에도 한 (두레) 패가 있는데 기와 북과 복색이 더욱 아름답고 좋았다. 이 마을이 먼저 기와 북을 세웠으므로 이를 '선생기(先生旗)'라 부르고, 산촌의 기가 두 번 절을 하면 본촌(本村)의 기는 한 번 절하여 답하였다. 다음에는 두 마을의 대열이 합하여 마을을 돌면서 악기를 두드린 다음에 파하였다. 이 풍속은 마을마다 있는데 이름하여 두레(頭來)라 한다.

농기는 두레꾼들이 이른 새벽 농악 소리의 신호에 따라 농청에 집합하여 대오를 지어서 작업장에 나갈 때 그 두레의 상징으로서 맨 앞에서 기수가 된 수총각(首總角)에게 들리어 두레를 인도하였다.[16] 농기 다음에는 농기를 호위하는 두 개의 영기가 뒤따르고, 그 뒤에 농악대가 뒤따랐다.

두레가 작업장에 도착하면 두레꾼들은 농기와 영기를 논 두둑이나 근처의 공지에 높이 세워놓고 작업에 들어갔다. 마을로부터 작업장이 가까운 경우에는 두레의 역원이 미리 작업장에 나가 농기를 논 두둑에 꽂아 세워놓고 농악이나 집합 날라리를 울렸으며, 두레꾼들은 이 농악소리나 날라리 소리를 듣고 농기를 목표로 집합해서 영좌의 통솔 하에 작업에 들어갔다.

두레꾼들이 작업을 마치고 농청으로 돌아올 때에도 일터에 나갈 때와 마찬가지로 농기를 앞세우고 돌아왔다.

두레꾼들의 휴식할 때의 농악이나 호미씻이에서도 '농자천하지대본'의 농기는 그 중심에 세워졌다. 특히 호미씻이에서와 같이 농악이 잔치로서 펼쳐질 때에는 기수인 수총각은 가죽으로 만든 커다란 '농기혁대'를 허리에 두르고 그 위에 농기를 받쳐 곡예사처럼 균형을 잡으면서 춤을 추면 농기와 농기의 끝에 붙인 꿩장목의 긴 깃털이 함께 춤을 추면서 꿩장목에 매단 방울이 크게 울렸다. 이에 두레꾼들은 농기를 둘러싸고 환호를 하며 농악을 울리면서 원무(圓舞)를 추었다.

---

16 농기가 매우 큰 것인 경우에는 농청(農廳)의 마당에 세워 놓거나 전야(田野)의 빈 터에 세워놓고 출역의 행진과 이동 때에는 영기(令旗)로 이를 대신하기도 하였다.

마을들이 관청에 의하여 부역(賦役)이 주어져서 출역할 때에도 각 마을은 두레꾼들이 이를 담당하여 농기를 앞세우고 작업장에 나가서 농기를 세워 자기 마을 두레를 표시하고 부역의 작업을 하였다. 그 밖에도 농기는 두레의 모든 활동에서 그 상징의 역할을 하였다.

또한 각 마을의 두레의 위신에 따라 농기에도 위신의 차이가 있었다. 여러 마을의 두레들 사이에는 ① 그 두레의 역사의 깊이나, ② 줄다리기, 횃싸움, 석전 등 경기에서의 승패나, ③ '두레싸움'에서의 승패나, ④ 부역에서의 공훈과 표창의 차이에 따라 '선생두레' '제자두레', 또는 '형두레' '아우두레'의 권위와 위신의 차별이 있었다. 그에 따라 각 두레의 농기의 권위와 위신에도 차별과 차이가 부여되었다.

놀이의 경기 장소에서나 여러 마을의 두레들이 농기를 들고 집합할 때에는 권위 있는 농기에 대하여 다른 농기들은 농기를 숙여 경의를 표하는 예를 해야 했으며, 들에서 두레들이 행진하는 도중에 농기들과 두레꾼들이 서로 마주치는 경우에도 권위 있는 농기에 대하여 다른 농기와 두레꾼들은 길을 양보하고 농기를 숙여 역시 경의를 표하는 예를 갖추어 실행하였다. 만일 권위를 얻은 농기에 대하여 이 예를 갖추지 않으면 모욕과 멸시로 간주되어 두레들 사이에는 이른바 '두레싸움'이 격렬하게 벌어졌다. 두레싸움의 대부분은 농기의 권위와 위신에 대한 의견의 차이 때문에 발생했었다.

2) 농기싸움놀이

한국의 호남·호서·영남 지방에서는 농기의 위신을 결정하는 행사로 '농기싸움'이라는 놀이가 만들어져서 상당히 보급되어 행해졌다.

전라도 함열(咸悅)의 경우에 채록된 것을 보면, 음력 정월 대보름날 각 마을의 두레꾼들은 농기를 앞세우고 농악을 울리면서 이웃마을에 찾아가서 자기 두레의 농기에 대한 세배를 요청하였다. 그러면 도전당한 마을에서도 선례(先禮)의 양보가 없이 두레꾼들이 농기를 앞세우고 응전해 와서 서로 힘으로 상대방의 농기를 빼앗는 농기싸움을 놀이로 벌이게 되는 것이다. 이때 패배자는 농기의 깃대를 꺾이게 되고 그 다음해의 농기싸움에서 다시 승패가 지어질 때까지는 승패에 따라 농기의 위신의 서열이 지어지는 것이다.[17]

농기싸움놀이는 두레가 성행했던 지방에서 고을에 따라 널리 행해졌던 놀이였다.

4. 두레의 농악의 창조

1) 두레 공동체와 농악의 관계

두레의 공동노동은 집단 노동음악으로서의 농악을 창조하였다. 두레 공동체에 의하여 공동노동을 하면서 고통스러운 노동을 즐거운 노동으로 전환시키려고 노력하는 과정에서 자연스럽게 두레 공동체로부터 농악이 발생하여 두레 공동체의 불가분의 한 구성요소가 되었고, 여러 가지 형태로 발전하게 되었다.[18]

농악은 지방에 따라서 풍물, 풍장, 걸궁, 매굿, 매귀, 군물, 상두, 굿거리 등 여러 가지 이름으로 불렸다.

한국 농민들이 두레의 한 구성요소로서 농악을 창조, 발명하여 결합시킨 것은 기본적으로 두레의 공동노동을 즐겁게 하면서 동시에 노동능률을 높이기 위한 것이었다.

---

17 송석하, 「咸悅의 旗爭」, 앞의 책 33쪽 참조.
18 신용하, 앞의 논문 참조.

두레의 노동은 집단적 공동노동이었기 때문에 그에 적합하도록 농악도 집단적 노동음악으로서 창조되어 발전한 것이었다. 두레로부터 농악이 창조되고 발생하여 두레의 공동노동에 준 영향으로서는 다음의 몇 가지를 우선 들 수 있다.

첫째, 농악은 두레의 공동노동에 음악을 결합시켜 즐거움을 창출함으로써 고통스러운 노동을 즐거운 노동으로 전화시키는 데 크게 기여하였다.

둘째, 농악은 두레의 공동노동에 리듬과 규칙의 속도를 줌으로써 노동을 율동화하여 노동능률을 높이는 데 크게 기여하였다.

셋째, 농악은 두레의 공동노동과 휴식을 유기적으로 결합함으로써 농민들의 피로를 회복케 하고 노동력을 재창조하는 데 크게 기여하였다.

넷째, 농악은 두레의 공동노동에 전투적이며 장쾌한 음악과 율동을 공급하고 공동노동에 즐거운 보람을 공급해줌으로써 농민들의 사기를 진작시키고 농업 노동 종사에 대한 자부심과 긍지를 배양하는 데 크게 기여했다.

다섯째, 농악은 두레의 공동노동에 오락과 단결을 공급함으로써 두레 공동체의 지속과 재창조에 크게 기여하였다.

한 관찰자의 기록에 의하면 농민들이 두레를 좋아하는 이유에는 그에 부수하는 농악이 있기 때문이라고 할 정도로 농악은 두레의 공동노동에 중요한 것이었다.[19]

2) 두레 본농악의 구성

두레에서 발생한 농악은 각 지방별로 특색을 가지면서 크게 발전하여 특히 경기 농악, 강원 농악, 충청 농악, 전라좌도 농악, 전라우도 농악, 경상북도 농악, 경상남도 농악, 황해 농악이 각각 독특한 특성을 갖고 있었다.[20] 뿐만 아니라 각 지방 농악 안에서도 고을에 따라 그 내용과 형식이

---

19 송석하, 「만두레」, 앞의 책 p.33 참조.

조금씩 달랐다. 따라서 이를 포괄하여 설명하는 것은 여기서 불가능하고, 이러한 모든 농악들 중에서 공통적 요소를 추출하여 하나의 보편적 이념형을 만들어보면 농악의 구성은 다음과 같이 그 이념형을 정립할 수 있다.

우선 농악에 사용되는 도구와 배역은 기본적으로 ① 농기, ② 영기, ③ 꽹과리(쇠, 錚), ④ 징(鉦), ⑤ 장구(長鼓), ⑥ 큰북(大鼓), ⑦ 작은북(小鼓), ⑧ 법고(法鼓), ⑨ 날라리(새납, 胡笛), ⑩ 잡색(雜色) 등이었다.

① 농기: 두레의 상징적 표상으로서 농악에서 상징으로 사용되었다. 앞서 설명한 바와 같다.

② 영기: 농기를 호위하고 농악대와 진법놀이의 신호기로 사용하는 깃발로서, 앞서 설명한 바와 같다.

③ 상쇠: 꽹과리 제1주자이며, 농악의 실질적 지휘자였다. 상쇠는 꽹과리 중에서도 소리가 강하고 우렁찬 '수꽹과리'를 사용하였다. 대개 상모를 썼다. 상쇠는 그 농악의 지휘자이기 때문에 가장 숙달된 연주자가 선임되었으며, 상쇠의 수준이 그 농악의 수준을 결정했으므로 상쇠의 권위는 매우 높았다.

④ 부쇠: 꽹과리 제2주자였다. 상쇠를 도와 합주하며, 꽹과리 중에서도 소리가 연한 '암꽹과리'를 사용하였다. 상모를 썼다.

⑤ 삼쇠: 꽹과리 제3주자였다. 꽹과리 종류는 부쇠와 동일하였다. '쇠잡이'는 여기서 끝나지 않고 농악대의 크기에 따라 사쇠(꽹과리 제4주자), 오쇠(꽹과리 제5주자)를 얼마든지 늘릴 수 있었다.

⑥ 수징: 징의 제1주자였다. 상모를 쓰지 않고 고깔을 썼다. 농악대 내에서 매우 중요한 위치로 간주되었다.

⑦ 부징: 징의 제2주자였으며, 수징을 보좌하여 합주하였다. 고깔을 썼다.

---

20 文化公報部文化財管理局, 『韓國民俗綜合調査報告書』 1~13집(1969~1982) 참조.

'징잡이'는 여기서 끝나지 않고 농악대의 크기에 따라 삼징(징의 제3주자), 사징 등 얼마든지 늘릴 수 있었다.

⑧ 상장구(수장구): 장구 제1주자였다. 고깔을 썼다. 장구에 능숙할 뿐 아니라 무용에도 능숙한 잡이가 선발되는 것이 보통이었다.

⑨ 부장구: 장구 제2주자였다. 고깔을 썼다. 장구잡이는 여기서 끝나지 않고 농악대의 크기에 따라 삼장구(장구 제3주자), 사장구(장구 제4주자) 등 얼마든지 늘릴 수 있었다.

⑩ 큰북잡이: 큰북의 제1주자였다. 고깔을 섰다. 농악대의 규모에 따라 큰북을 2개, 3개 등 얼마든지 늘릴 수 있었다.

⑪ 상소고: 소고의 제1주자였다. 머리에 고깔을 쓰지 않고 상모를 썼다. 소고를 침과 동시에 무릎을 높이 올리고 튀어오르는 듯 하면서 잡아도는 '소고춤'을 추었다.

⑫ 부소고: 소고의 제2주자였다. 상소고와 함께 소고를 협주하였다. 상모를 썼다. 모든 것이 상소고와 같았다.

⑬ 삼소고: 소고의 제3주자였다. 상모를 섰다. 농악대의 규모에 따라 '소고잡이'는 자유롭게 늘리며 큰 두레에서는 최고 8개까지 사용하였다.

⑭ 상법고(상버꾸): 법고의 제1주자였다. 법고는 소고보다 더 작은 북이었다.[21] 상모를 썼다. 농악에 따라서는 소고와 법고를 구별하지 않고 소고와 법고를 통일하여 사용하기도 하였다. 법고를 침과 동시에 '법고잡이'들은 '법고춤'을 추었다.

⑮ 부법고: 법고의 제2주자였다. 상모를 썼다. 모든 것이 상법고와 같았다.

⑯ 삼법고: 법고의 제3주자였다. 모든 것이 부법고와 같았다. 농악대의 규모에 따라 법고의 숫자는 자유로이 늘렸으며, 큰 두레에서는 법고를 최

---

21 법고(法鼓)는 원래 불교사찰에서 사용하던 작은 북을 농악에 도입한 것으로 보인다. 지방에 따라서는 소고와 법고를 구분하지 않고 통합하여 '소고'로 부르거나 '법고(버꾸)'로 부르기도 하였다.

고 8개까지 사용하였다. 맨 끝번의 '법고잡이'는 12발의 긴 상모를 쓰고 돌리기도 하였다.

⑰ 날라리잡이: 날라리(새납, 胡笛)의 연주자였다. 고깔을 썼다.

이상의 것이 두레의 '본농악'의 편성이었다. 두레의 크기에 따라 본농악 편성의 규모도 각종 악기의 잡이의 수를 늘리거나 줄임으로써 변동하였다. 지방에 따라 농악의 구성에 편차가 있었지만, '본농악'의 구성은 위와 같은 편성원리에 의거하여 기본적으로 동일하였고, 단지 그 악기 '잡이'의 배열의 순서에 차이를 보이었다.

근래에는 농악의 악기 중에서 꽹과리(쇠)·징·장구·큰북을 특히 '사물(四物)'이라고 하여 이 4악기의 사물과 그 잡이들을 농악의 중심으로 삼고, 마당이나 실내에서 간단한 약식 농악을 만들어 '사물놀이'를 연출하는 창의적 변형 발전도 나타나고 있다.[22]

3) 두레 농악의 '잡색'

두레의 농악은 휴식 때나 호미씻이·두레놀이의 행사를 할 때에는 본농악에다 '잡색'을 첨가하여 더욱 흥취를 돋우고 내용을 더욱 풍부히 하였다. 지방과 지역에 따라 그 내용에 다양한 차이를 보인 것은 바로 이 잡색의 내용이었다. 삼남지방에서 주로 사용했던 잡색의 주요한 사례를 들어보면 다음과 같다.

⑱ 무동(舞童, 꽃나비): 성인의 어깨 위에 올라서서 춤추는 소년이었다. 무

---

22 실내에서 연주하는 사물놀이는 원래 야외에서 연주하는 '8진법' 농악의 한편을 김홍도의 민속화 '삼현육각(三絃六角)'에서 볼 수 있는 바와 같이 6물 또 4물놀이로 간소화해서 변형 발전시킨 것으로 볼 수 있다.

동은 보통 노랑 저고리에 붉은 치마와 남색 쾌자를 입고 여장을 하며, 손에 수건을 들고 고깔을 쓰며, 여자춤(무동춤)을 추었다. 무동은 주로 2층 무동을 많이 섰고, 3층 무동도 많이 섰으며, 최고 5층 무동까지 섰다고 한다. 무동의 숫자는 원칙적으로 소고나 법고의 숫자에 맞추었는데, 소고나 법고를 6개 사용하는 경우에는 상무동, 부무동, 삼무동 등의 이름으로 6개 무동을 만들었으며, 최고 8개 무동까지 사용하기도 하였다.[23]

〈그림 14〉 진도 소포 농악의 잡색 (포수, 문화재청)

⑲ 포수(대포수): 사냥꾼으로 분장한 무용수였다. 짐승의 털모자를 쓰고, 나무로 만든 총과 꿩망태를 메었으며, 박제한 꿩을 망태에 매달았다. 포수는 주로 무용을 담당했으나 때때로 재담과 덕담도 곁들였다.

⑳ 중: 승려로 분장한 무용수였다. 흰 장삼에 가사를 띠고 흰 고깔을 썼으며 등에 바랑을 지고 손에 염주를 들었다. 어른 중과 함께 애기중(사미중)을 분장시켜서 어울려 함께 무용수로 사용하기도 하였다.

23 『韓國土地農産調査報告』, 京畿道·忠淸道·江原道 篇, 427~28쪽 및 「舞童寫眞」, 『朝鮮의 鄕土娛樂』, 朝鮮總督府調査資料 제47집, 1941 부록, 12쪽 참조.

㉑ 각시: 여자로 분장한 남자 무용수였다. 흥취를 돋우기 위하여 여러 가지 색의 치마저고리를 입고, 머리에 수건을 쓰고 여자춤을 추었다. 각시는 보통 두세 명을 사용하였다.

㉒ 양반: 양반으로 분장한 무용수였다. 도포를 입고 뿔관(정자관)을 썼으며 수염을 달고 손에는 부채나 담뱃대를 들고 춤을 추었다. 농악에서는 양반은 왜소한 이방인으로 취급되었다.

㉓ 창부: 무당 차림을 한 남자 광대로서 무용수인 동시에 소리꾼이었다. 패랭이를 쓰고 청창옷을 입었으며 무당춤을 추거나 소리를 하였다.

㉔ 탈광대: 탈을 쓴 무용수였다. 보통 할미광대나 영감광대가 많이 사용되었으나, 지방에 따라 여러 가지 특색 있는 탈들이 많이 쓰였다. 할미광대와 영감광대는 마주 보고 춤을 추면서 동시에 사람들을 웃기기 위한 여러 가지 재담을 하였다.

4) 두레 농악의 복장과 상모

위의 두레의 농악대의 편성 중에서 농악기를 치는 연주자를 '잡이(재비)'라고 불렀다. 잡이의 복장에는 일정한 양식이 있었다. 농악복의 원형은 병농일치제에 있어서의 군복에서 변형되어 나온 것으로 보이나, 보통은 번거로우므로 평상시의 저고리·조끼와 바지에 '띠'를 둘러 대신하였다.

농악의 띠는 5색을 사용했으나 그 중에서도 주로 청색·홍색·황색의 세 가지를 애용하였다. 홍색과 청색의 띠는 '가름띠'라고 하여 좌우 어깨로부터 허리로 비껴 두르고, 황색의 띠는 '허리띠'라고 하여 그들을 받아 넣어서 허리를 동여맸다. 오직 상쇠만은 좌우 어깨에 황색 띠를 하나 더 비껴 둘러서 농악의 지휘자임을 표시하였다.

농악의 상모는 군모인 '벙거지'를 변형하여 꽃을 단 것으로서, 상모 위에 '돌대'를 붙이고 '초리'라는 막대기를 달아서 돌릴 수 있게 만든 것이었

〈그림 15〉 농악의 상모돌리기(문화재청)

다. 상모는 원칙적으로 꽹과리를 치는 쇠잡이와, 소고를 치는 소고잡이와 법고를 치는 법고잡이가 썼다. 그밖의 잡이들은 고깔을 썼다.

상모 중에서도 쇠잡이들은 원칙적으로 상모의 초리 끝에 새의 꼬리깃털로 만든 '부포'를 단 상모를 써서 돌리고, 소고잡이와 법고잡이들은 상보의 초리 끝에 부포 대신 백지를 붙여서 만든 길이 석 자 정도의 '부전지'를 한 상모를 써서 돌렸다. 그러므로 농악에서 종이 원을 그리는 돌리기의 재주는 소고잡이와 법고잡이의 재주였다.

맨 끝번의 법고잡이는 특히 상모돌리기에 재주가 있는 잡이를 선임하여 12발의 긴 부전지를 돌리게 하기도 하였다.

그 밖의 징잡이·큰북잡이·장구잡이·날라리잡이가 쓰는 고깔은 꼭지와 전후좌우에 종이로 만든 여러 가지 화려한 색깔의 꽃을 붙여 장식하였다.

위에서 기술한 농악의 편성은 하나의 이념형을 만들어본 것이고, 두레 공동체의 규모에 따라 이보다 훨씬 큰 규모의 농악대가 조직되기도 하고, 그 구성이 변형되기도 하였다. 농악의 규모가 이와 같이 컸기 때문에 농악의 조직과 유지에는 상당한 비용이 필요했으며, 두레의 공동노동의 수입이 뒷받침되지 않으면 유지하기가 어려웠다.

5) 두레 농악의 가락과 공동노동

농악 가락의 장단은 한 가락에 들어가는 징의 채 수에 따라 숫자를 붙여서 표시했는데, 채수가 올라갈수록 박자와 속도가 빨라졌다. 조선왕조 말기 두레 농악의 상쇠들은 보통 12채까지도 쳤다고 한다.

두레 농민들이 즐겨 쳤던 농악 가락으로는 길군악, 만장단, 덩덕궁이, 다드래기, 굿거리, 중모리, 자진모리, 휘모리, 장풍단, 춤장단 등이 가장 널리 연주되었다.

농악은 두레 공동체의 공동노동에 처음부터 끝까지 결합하여 큰 역할을 하였다. 우선 이른 봄 모내기철이 되어 두레가 새 역원을 선출한 날 저녁에는 농청에 모여서 그 해 두레의 출범을 자축하는 농악을 크게 열었다. 이때에는 '진서턱'으로 두레의 새 가입자가 낸 막걸리와 음식을 차려서 잔치를 벌이고 밤이 늦도록 농악을 울리며 농악에 맞추어 돌아가며 춤을 추었다.

모내기나 김매기 등 두레의 공동노동이 시작되어 작업장으로 출역하는 날에는 새벽에 농청이나 마을의 작은 수풀인 사장(射場)·사정(射亭)에서 농악대가 북이나 농악을 쳐서 집합을 알렸다. 두레꾼들은 이 신호에 따라 농청이나 사장에 집합하였다.

두레꾼들이 모두 집합하면 대오를 지어서 작업장에 나갈 때 또 농악을 쳤다. 두레의 대오의 행진의 맨 앞에는 수총각이 기수가 되어 농기를 앞세위 나가고, 농기 다음에는 이 농기를 호위하는 영기가 뒤따랐으며, 그 다음에 바로 농악이 뒤따랐다. 농악은 상쇠가 앞에 서서 지휘와 인도를 하고 보통 ① 쇠잡이, ② 징잡이, ③ 장구잡이, ④ 큰북잡이, ⑤ 소고잡이, ⑥ 법고잡이, ⑦ 날라리잡이의 순서로 일렬종대를 지었다.[24] 그 다음에는 일반 두레꾼들이 호미를 들고 농악에 맞추어 흥을 내면서 행진하였다.

두레가 작업장에 나갈 때에는 강렬하고 전투적인 독특한 리듬으로 보통 '길군악'이라는 행진곡을 힘있게 두드렸다. 그 가락이 우렁차고 박진감이 넘치며 전투적이어서 두레꾼들은 승리가 확실히 보장된 전투에 나가는 병사들처럼 흥에 겨워 보무도 당당하게 농악에 발을 맞추고 어깨를 흔들면서 씩씩하게 작업장까지 행진하였다. 두레가 농청에서 작업장까지 여러 가지 색깔의 농기와 영기를 앞에서 펄럭이며 농악의 길군악을 우렁차고 요란하게 울리면서 두레꾼들이 흥에 겨워 발을 맞추면서 춤추듯 행진하는 광경은 참으로 하나의 장관이었다.

두레가 작업장에 도착하면 농기와 영기를 가까운 빈터나 논 두둑에 세워 놓고, 농악의 잡이들도 악기를 내려놓은 다음 모두 함께 두레 일꾼이 되어 영좌의 지시에 따라 작업에 들어갔다. 그러나 이때에도 보통 '큰북잡이' 하나는 논 두둑을 따라다니며 북을 치게 하고 '쇠잡이' 하나를 따로 선발하여 일하는 두레꾼들의 뒤에 서게 하였다.[25]

두레의 공동노동은 ① 매우 빠른 속도로, ② 규율 있게, ③ 공동보조의 강도 높은 공동노동을 하므로, 때로는 한 두레꾼이 자기도 모르는 사이에 동료 두레일꾼보다 뒤처지는 일이 있었다. 이때에는 선임된 '쇠잡이'가 뒤

---

24 농악의 악기와 잡이의 배열의 순서는 상쇠와 쇠잡이가 선두에 서는 것을 제외하고는 지방에 따라 편차가 있었으며, 농악의 규모도 두레의 규모에 따라 상당한 차이가 있었다.

25 작업장에서 두레꾼들의 작업을 독려하는 악기로서는 이밖에 장구잡이나 소고잡이가 선발되기도 하였다.

처진 두레꾼의 꽁무니에 다가가서 힘차게 꽹과리를 쳐대면 전체 두레꾼들이 흥을 돋움과 동시에 그 뒤처진 두레꾼은 바로 자기가 뒤처진 것을 깨닫고 더욱 속도 빠른 노동을 하여 동료 두레꾼과 보조를 맞추었다. 또한 두레꾼 중의 일부가 이른 아침부터의 빠른 속도의 작업으로 피로를 느껴 행동이 느려지는 낌새가 보이면 영좌는 두레꾼 중의 몇 사람에게 호미 대신 악기를 들게 하여 일하는 두레꾼들의 뒤에 서서 활기 넘치는 장쾌한 리듬의 농악을 연주하여 독려하게 하였다. 두레꾼들은 이 율동적인 농악의 박자와 힘에 맞추어 심기일전해서 피로를 잊고 자기도 모르는 사이에 호미를 논바닥에 깊이 찍으며 작업 속도를 높였다.[26]

한 작업장으로부터 세워 둔 농기와 영기를 다시 옮겨 세워야 할 만한 꽤 먼 거리의 다른 작업장으로 이동할 경우에는 첫 출역할 때와 같이 다시 농기를 앞세우고 농악을 우렁차게 울리면서 모든 두레꾼들이 일렬종대로 서서 보무당당하게 행진하였다. 농기의 이동에는 반드시 농악이 뒤따랐다고 볼 수 있다.

그러므로 두레의 공동노동의 철에는 이른 새벽의 출역 때뿐만 아니라 한 들판에서 공동노동을 마치고 다른 들판으로 이동해 가는 각 마을의 두레꾼들의 우렁차게 울리는 '길군악' 농악소리가 서로 엇갈리면서 끊임없이 지속되어 한국 농촌은 마치 축제 속에서 농사일을 하는 것처럼 보이고 들렸다.

두레의 공동식사는 앞서 쓴 바와 같이, 보통 ① 아침, ② 곁두리, ③ 점심, ④ 곁두리, ⑤ 저녁식사 다섯 번인데, 다른 식사 때는 농악이 없고 점심식사 직후에 농악이 한 차례 있었다. 점심의 공동식사는 반드시 어육이 붙은 뜨거운 식사와 술(막걸리)이 성대하게 준비되었다. 점심식사를 끝내면 또한 반드시 농악을 신명나게 한 차례 울렸으며, 두레꾼들은 농악에 맞추어 춤을 추고 돌면서 「풍년가」나 「농부가」를 소리 높이 합창하였다. 농

---

26 『韓國土地農産調査報告』, 京畿道·忠淸道·江原道 篇, 426쪽 참조.

악의 한판이 끝나면 피로를 풀고 원기를 회복하여 오후의 작업에 들어갈 준비로 두레꾼들은 나무 그늘 등을 찾아서 약 1시간 정도 낮잠을 잤다.[27] 오후에는 오전과 동일한 양식의 작업이 진행되었다.

두레의 하루의 공동노동이 끝나고 농청으로 돌아올 때에는 새벽에 출역할 때와 마찬가지의 순서로 농기를 앞세우고 농악을 울리면서 돌아왔다.[28] 이때에는 하루 종일 고된 노동을 했음에도 불구하고 농악을 치며 노래를 합창하면서 즐거운 노동을 했기 때문에 가슴 뿌듯한 생산노동의 보람을 절감하며 피로한 줄도 모르고 출역할 때보다 더 흥에 겨워서 농악에 맞추어 힘차게 소리 높이 노래를 합창하면서 어지러이 춤을 추며 돌아왔다.[29]

두레꾼들은 농청에 돌아오면 바로 헤어지지 않고 농청 마당에서 원무를 추면서 농악을 한판 벌인 다음 헤어지는 것이 보통이었다. 이와 같이 농악은 두레의 공동노동과 처음부터 끝까지 불가분리의 내용으로 유기적으로 결합되어 있었다.

농악은 두레의 공동노동의 작업과정 중에서만이 아니라, 한 종류의 작업 단위가 끝날 때마다 '큰농악'을 치기도 하였다. 예컨대 모내기를 두레의 공동노동으로 한 경우에는 모내기작업을 모두 완료한 후에 이를 경축하는 뜻으로 큰농악을 한판 벌였다.

'김매기'를 두레의 공동노동으로 한 경우, '초벌(아시)' 김매기를 모두 완료한 후에도 농청에서 큰농악을 한판 벌이고, '두벌' 김매기를 모두 종료

---

27 E.S.Brunner, "Rural Korea: A Preliminary Survey of Economic, Social and Religious Condition", *The Christian Mission in Relation to Rural Problems* (New York, 1928), p.116에서는 두레꾼들의 이 낮잠 자는 관행을 '게으름'으로 묘사했는데, 이것은 두레의 강도 높은 노동과 휴식의 필요를 알지 못하는 외국인 관찰자의 무지의 소산이라고 할 수 있다.

28 久間健一, 「勞動隊制度と雇只隊制度」, 『朝鮮農業の近代的樣相』, 1935, 220쪽 참조.

29 『韓國土地農産調査報告』, 京畿道·忠淸道·江原道 篇, 426쪽 참조.

한 후에도 큰농악을 한판 벌였으며, '세벌(만물)' 김매기를 모두 종료할 때에는 이때의 두레를 '만두레'[30]라 하여 농청에서 큰농악을 크게 벌였을 뿐 아니라, 다음에서 독립절로 고찰하는 바와 같이, 따로 날을 잡아 '호미씻이'의 큰 축제를 벌였다.

농악은 이상과 같이 두레에서 발생하여 두레의 공동노동과 유기적으로 통합되어서 발전했기 때문에, 농악의 가락은 무엇보다도 ① 약동적이고, ② 전투적이며, ③ 율동적이고, ④ 장쾌하며, ⑤ 정열적이고, ⑥ 낙천적이며, ⑦ 생산적이고, ⑧ 건실하다는 점이 큰 특징이었다.

또한 농악은 다섯 차원의 종합적인 농민집단 예술로서 큰 농악이나 호미씻이에서의 농악은 농민의 노동문화의 극치를 이루었다. 즉 ① 상쇠의 꽹과리를 선두로 한 타악기들의 연주, ② 가락에 맞추는 선창과 합창, ③ 잡이들과 잡색들의 각종 무용, ④ 잡색들을 중심으로 펼쳐지는 재담과 연극, ⑤ 상모돌리기와 땅재주를 비롯한 각종 재주놀이 등의 다섯 가지 차원의 농민 예술이 하나로 배합되어 농악은 야외의 집단 음악과 집단 무용으로 전개되었다.[31]

두레에서 발생한 농악이 이와 같이 다섯 차원의 종합예술이었기 때문에 두레꾼들은 어떠한 역할로서든지 농악에 전체 성원이 적극적으로 참여하여 두레 공동체의 구성원임과 동시에 농악대의 구성원이 되었다. 두레의 전체 성원의 참여는 농악대원 구성의 한 큰 특징이기도 하였다.

농악은 두레에서 발생했고 두레 공동체의 집단 공동노동의 한 구성요소였지만, 일단 성립되자 비단 두레의 공동노동이나 호미씻이에서뿐만 아니라 마을 안의 농민들의 명절이나 휴한기에 예술과 오락을 공급하여 봉사하였다.

예컨대 농민들의 명절인 설, 정월 대보름(上元), 단오, 백중, 한가위 등에

---

30 송석하, 「만두레」, 앞의 책, 30쪽 참조.
31 신용하, 앞의 논문 참조.

는 두레의 농악대가 농악을 쳐서 농민의 놀이와 오락으로서 봉사하였고, 동제(洞祭) 등 마을의 행사 때에도 농악을 쳐서 봉사하였다. 어촌에서는 어선의 진수 때에나 출어와 귀향 때에도 농악을 쳤다. 이러한 농악은 두레 농악의 마을 성원들에 대한 봉사 형태의 농악이라고 볼 수 있을 것이다.

농악은 이밖에도 다음에서 별도로 고찰하는 '호미씻이', '지신밟기놀이', '마당놀이' 등의 농민문화를 창조하는 핵심적 요소가 되었다.

또한 농악은 더욱 분화되고 발전하여 ① 집돌이 농악, ② 걸립패 농악, ③ 남사당패 농악 등 여러 가지로 발전함에 따라 농민문화임과 동시에 민족문화의 핵심적 요소의 하나로 되어 농촌 이외에도 크게 성행하게 되었다.[32]

한국의 농민들은 아득한 상고시대부터 두레를 형성했고, 그 구성요소로서 농악을 발명했으며, 그 농악으로부터 다시 굿거리 등 각종 민족예술·민중예술을 분화 발전시키게 되었다. 두레와 농악은 농민문화·민족문화·민중문화 창조의 뿌리와 토대였다고 할 수 있다.

5. 민요(民謠)의 창조

1) 앞소리와 뒷소리의 합창

두레의 공동노동의 큰 특징의 하나는 노동을 즐겁게 하기 위하여 '노래하며 일하는 것'이었다. 두레로 '모내기'나 '김매기'를 할 때에는 두레꾼 중에서 노래를 잘하는 일꾼이 '앞소리' 또는 '솔소리'로 불리는 선창자로 선정되어 먼저 선창을 해서 먹이면, 두레꾼들은 '뒷소리'가 되어 열심히 노동을 하면서 일제히 받아서 따라 합창하였다. 노래에 더욱 흥을 돋우고 박자를 넣기 위하여 논 두둑이나 일꾼들 뒤에서 한 사람이 농악의 꽹과리나 북

---

32 신용하, 앞의 논문 참조.

이나 장구를 쳐서 반주를 하기도 하였다.[33]

두레꾼들은 공동노동을 하면서 「풍년가」, 「농부가」, 「태평가」 등을 비롯해서 그들이 아는 모든 노래를 편을 갈라 두 편이 절을 바꾸어 부르면서 흥을 돋우어 합창하기도 하였다.

그러나 두레꾼들이 부를 수 있는 노래는 공동노동의 장시간에 비하면 그들의 노래가사와 곡조는 고갈되기 마련이었다. 이때에 앞소리(솔소리)의 선창자는 노래의 가사와 곡조를 창작하여 선창해서 먹이고, 두레꾼들은 이를 받아서 합창하였다.

앞소리(솔소리)는 비록 정규의 음악교육은 받지 않았다 할지라도 한 마을 공동체에서 음악에 대한 천부적 소질이 가장 뛰어난 사람이 선발된 것이었으므로 그의 창작은 창조성과 기지에 번뜩이는 우수한 작품이 많을 수밖에 없었다.

2) 두레 농악의 '민요' 창작

앞소리(솔소리)의 창작을 두레꾼들이 받아서 합창하다가 두레꾼들이 그 창작에 경탄하고 승복하여 다음 작업에서 다시 되풀이하여 애창하면 이것이 민요로 되어 정착하기 시작하는 것이었다.

앞소리(솔소리)도 두레꾼 중의 하나인 이름 없는 농민이었기 때문에 민요의 작사자와 작곡자는 밝혀질 수 없었다. 또한 한 번 창작된 노래도 두레꾼들에게 되풀이되는 동안에 수정되어 버린 것이기는 했지만, 앞소리(솔소리)들은 마을 공동체에서는 음악에 대한 천부적 재능을 가진 사람들이었기 때문에 놀라운 걸작을 창작해 내는 경우도 매우 많았다.

지금은 거의 대부분이 소멸되어 버리고 말았지만, 한국 전통사회에서 농민문화에 이례적으로 민요가 매우 많고 또 그것이 모두 구성지고 아름다운

---

33 강정택, 앞의 논문 참조.

가락에 넘쳐흐르는 작품들로 가득차게 되었던 것은 '두레'라는 공동노동의 공동체가 있었고, '두레'가 공동노동을 하면서 앞소리(솔소리)의 인도 하에 노래하며 일하는 제도를 만들어 끊임없이 '민요'를 창조하였기 때문이었다.

두레 공동체가 창조해낸 민요는 두레의 공동노동의 작업현장에서 노동 도중에 즐거운 노동을 하기 위하여 창조해낸 것이었기 때문에, 그 가사는 해학과 풍자에 넘쳤고, 그 곡조는 구성지고, 율동적이며, 낙천적인 것이 큰 특징이었다고 할 수 있다.

강원도 춘천지방에서 일제강점기에 채록된 것을 보면 '모심기'의 두레 에서 다음과 같은 새로운 아리랑곡이 창작되었다.

> 춘천아 봉의산(鳳儀山) 너 잘 있거라
> 신연강 뱃머리 하직일다.
> 춘천의 봉산은 명산인데
> 부내(府內) 팔동(八洞)이 개화를 한다.
> 삼학산 밑에다 신작로 내고
> 자동차 바람에 다 놀아난다.
>
> 양구(楊口) 낭천(狼川) 흐르는 물에
> 배추 씻는 저 처녀야
> 것대나 떡잎을 다 제치고
> 속에나 속대를 나를 주게
> 언제나 보든 님이라고
> 속에나 속대를 달라시오
> 지금 보면 초면이나
> 다시 보면 구면일세
> 초면 구면은 그만 두고
> 부모님 무서워 못주겠네.[34]

---

34 송석하, 「民謠에 나타난 빛」, 앞의 책, 55~56쪽.

송석하에 의해서 '춘천 아리랑'이라고 제명이 붙은 이 민요는 두레꾼들이 고된 노동을 하면서 또 하나의 '아리랑'을 창작해낸 것을 보여주고 있다. 이 민요에서는 구한말부터 일제강점 초기에 이르는 기간의 사회세태에 대한 농민들의 풍자와 은유와 정서가 소월시보다도 더 정감 넘치게 표현되어 있음을 볼 수 있다.

또한 이 시기에 채록된 남부지방의 이앙가(移秧歌, 모내기 노래)에도 두레꾼들의 풍자와 낙천적 해학이 넘쳐흐르고 있다.

> 남창 남창 베리끝에
> 야속하다 울오라비
> 우리도 죽어 후생가서
> 낭군 한 번 섬겨볼 때.[35]

이것은 홍수에 지붕을 타고 떠내려가는 시누이와 올케를 그 오라비가 먼저 처(올케)를 구제하는 동안에 누이동생(시누이)이 구함을 받지 못하게 된 장면을 설정해서 두레꾼들이 누이동생의 노래를 의인화하여 부르며 해학하고 풍자한 것이다.

> 찔레야꽃은 장가가고
> 석류야꽃은 상객간다.
> 만인간아 웃지마라
> 씨동자 하나 바래 간다.[36]

찔레꽃(흰 꽃)과 석류꽃(붉은 꽃)은 모두 모내기철에 피는 꽃이다. 이 민요는 장가들지 못한 두레의 머슴패들이 흰 찔레꽃같은 백발노인은 어린 처

---

35 송석하,「農樂」, 앞의 책, 348쪽.
36 송석하,「農樂」, 앞의 책, 349쪽.

녀에게 장가를 들고 붉은 석류꽃 같은 홍안의 청년들은 장가를 들지 못하는 모순을 풍자하여 익살을 부린 것이다. 두레의 공동노동이 창작해낸 민요들은 근로계급의 해학과 익살이 그 내용의 특징의 하나를 이루고 있다.

전라남도 장성 지방에서 채록된 민요 중에는 「만두레씻기 노래」라고 하여 두레의 공동노동 자체를 민요화한 것도 있다.

밀어라 밀어라
지심(김)을 밀어라
(후렴)두루루 두르르
　　　두레박 허허로
　　　두두리 둠박
　　　어허 어허로
　　　오호오오 오오옹
우리 농부들
소리도 잘하네
(후렴)
잔 지심은 띄어 놓고
굵은 지심은 묻어 놓고
(후렴)
이 지심은 밀어내어
풍년이 오거든
(후렴)
우리집 큰아들 놈
장가를 보내지
(후렴)
밀어라 갈아라
크고 작은 지심
(후렴)
풍년 들어라

선영제사 지내지
(후렴)
우리 농군들
다함께 합심하면
(후렴)
누런 황소 지줄타고
풍장치며 들어가세
(후렴)
영감아 망주야
백 년 동거 하자꾸나
(후렴)
수양산 까마귀
기별을 물어다놓고
(후렴)
북망산 가더라도
정은 두고 가자꾸나
(후렴)[37]

　　두레의 민요 창조의 기능은 논농사에 관련된 남자 두레에서만 있었던
것이 아니라 여자 두레에서도 있었다. 이미 삼국시대부터 여자들은 길쌈을
두레로 하여 이것이 조선왕조 말기까지도 내려왔었는데 이것을 '두레길쌈'
또는 '두레삼'이라 하였다. 때로는 밭농사의 김매기 등을 여자들은 두레를
조직하여 수행하기도 하였다. 이때에 '두레길쌈' 등에서는 노동을 즐겁게
전화시키기 위하여 옛이야기들과 함께 무수한 민요들이 여성들에 의하여
창조되었다.

　　맹아대라 건조밭에

37 『韓國民俗綜合調査報告書』, 13집(1982), pp.326~27.

눈매곱은 저처자야
누구간장 녹힐려고
저리곱게 생겼던고
아무러믄 여자되어
장부간장 못녹힐까.[38]

　두레 공동체가 창조해낸 그 수많은 민요의 사례들을 여기서 도저히 낱낱이 들 수는 없다. 다만 여기서는 우리나라의 아름다운 민요들의 매우 많은 부분이 두레 공동체에 의하여 창조되었음을 지적하는 데 그치지 않을 수 없다.

6. 두레장원놀이

　두레의 공동노동이 김매기의 마지막 벌(만두레)를 끝냈을 때에는 두레꾼들은 '두레장원(壯元)' 놀이를 하였다.

　이것은 그 해의 두레의 공동노동에서 가장 일 잘하고 우수한 두레꾼을 뽑아 두레장원이라고 부르고 놀이를 만든 것이다. 두레꾼들은 김매기의 마지막 벌의 모든 작업이 끝난 최종일에는 두레장원의 머리에 버드나무 잎이나 꽃으로 월계관을 만들어 머리에 씌우고, 얼굴은 먹물로 환칠을 하여 단장하고, 목면으로 장식한 황소 등에 태워서, 농립(農笠)으로 일산(日傘)을 만들어 받치고, 농악으로 풍악을 잡혀서, '오잔소리'라는 노래를 합창하며, 때때로 '물렀거라'라는 호령을 해가면서, 개선부대들처럼 의기양양하게 행진하여 농청으로 돌아와서 두레장원의 집과 마을을 한 바퀴 돌았다.

38 『韓國民俗綜合調査報告書』 13집, 399~400쪽.

〈그림 16〉 두레장원놀이(밀양시청)

두레꾼들의 두레장원놀이는 양반들의 과거제도 및 양반문화에 대한 두레 농민들의 대항의식과 자기들의 두레 공동체와 두레 공동노동에 대한 높은 자부심과 긍지를 나타내는 놀이였다고 할 수 있다.[39] 때때로 두레장원을 황소에 태울 때 거꾸로 뒤를 보도록 태워서 풍악을 잡히고 호령을 하며 행진을 했는데, 여기에는 양반의 과거제도에 대한 두레꾼들의 대결의식이 짙게 표현되어 있었던 것으로 보인다.

두레장원에는 대체로 일 잘하는 큰머슴이 뽑히기 마련이었다. 이때의 두레장원에 뽑힌 큰머슴은 그해의 각종 양반 과거시험에서 장원으로 뽑힌 '양반 장원급제자'와 맞수가 되는 것이어서 두레 공동노동에 대한 자부심과 긍지가 충만하였다.

두레장원에 큰머슴이 뽑혔을 때에는 그 머슴을 고용한 지주나 대농은 장원례(壯元禮) 또는 등풍연(登豐宴)이라고 부르는 주연을 의무적으로 베

---

39 신용하, 앞의 논문 참조.

풀지 않으면 안 되었다. 마을에 큰머슴을 고용한 지주가 없거나 두레 장원에 머슴 아닌 농민이 선정되었을 경우에는 장원례·등풍연은 마을의 부농이나 일반 농민들이 돌림 번으로 돌아가면서 협동하여 개설하였다.

두레꾼들은 두레의 공동작업이 끝나는 날 장원례·등풍연에서 두레장원을 칭송하면서 밤이 깊도록 즐거움에 넘쳐서 농악을 울리고 어지러이 춤추며 노래하였다. 두레장원놀이가 끝나면 한 해의 두레의 공동노동의 작업기는 일단 끝나고 결산과 준비기에 들어가기 위하여 호미씻이를 마련하게 되는 것이다.

7. 호미씻이

1) 호미씻이의 기원

'호미씻이'는 한국 전통시대 농민들이 그해의 공동노동을 그해의 마지막 벌까지 모두 끝낸 후에 두레의 공동작업의 성과를 총결산하고 스스로 축하의 '큰잔치'를 벌이는 두레의 큰 축제였다.

"올해의 공동작업을 모두 끝냈으므로 내년의 공동노동을 위하여 호미에 묻은 흙을 씻어둔다"는 뜻에서 이러한 이름이 나온 것으로 보인다.

두레 공동체에서는 두레의 공동작업을 시작하기 직전에 '호미모둠'의 의식도 행했는바, 호미는 두레의 상징과 같은 것이었다.[40]

호미씻이는 이 이름 이외에도 지방에 따라서 '낟알이', '공굴(共屈)', '공회(共會)', '백중놀이', '두레놀이', '머슴놀이', '두레먹기', '술메기', '두레

---

40 '두레' 공동체가 그들의 상징으로서의 깃발을 그림으로써 현대적으로 도안한다고 가정하는 경우에는 '황토(黃土)'의 진홍 바탕에 '호미'를 그려넣었을 정도로 두레꾼들에게는 호미가 그들의 상징적 표상이었다.

연' 등 여러 가지 이름으로 불리기도 하였다. 호미씻이는 보통 음력 7월 15일의 '백중' 날에 열렸다. 그때까지 김매기의 마지막 벌을 끝내지 못한 만부득이한 경우에만 이를 백중날에 열지 못하고 별도로 길일을 택하여 개최했다. '호미씻이'는 그 마을의 동산이나 마을 옆의 넓은 들에서 열리는 것이 보통이었다.

김윤식은 충청도지방의 호미씻이(두레연)의 관행에 대하여 1891년에 다음과 같이 기록하였다.[41]

농가가 7월에 김매는 일을 이미 끝내면 술과 음식을 차려 서로 노고를 위로하며 북을 두드리고 징을 울려 서로 오락을 즐기는데 이를 두레연(頭來宴)이라고 한다. 잔치가 끝나면 농기와 북을 갈무리하여 다음해를 기다린다. 오늘 본촌은 두레연을 벌이고 술과 떡과 고기로 잘 먹었다.

호미씻이의 기원은 두레의 기원과 더불어 매우 오래인 것이어서 기록에 나타나는 것도 고조선·진국·삼한 시대로 거슬러 올라간다. 『후한서(後漢書)』 한(韓)조에는 삼한 사람들이 5월의 봄갈이가 끝난 후에 귀신을 제사지내고 낮과 밤이 다하도록 술과 음식을 먹으면서 무리를 지어 모여서 춤을 추었으며, 10월의 농사가 끝난 후에도 다시 이와 같이 한다고 기록하였다.[42] 비슷한 사실이 『삼국지(三國志)』 위지 동이전에도 기록되어 있다.[43] 이것은 수전농업이 성립된 후의 호미씻이의 기원을 나타내 주는 기록이라고 볼 수 있다. 한전농업 시대에 5월에 하던 호미씻이의 고대 형태가 수전

---

41 金允植,「河陽行遣日記」1891年, 高宗 28年 7月 27日條,『續陰晴史』上卷, 180쪽, "農家七月 耘事旣畢 設酒食相勞苦 擊鼓鳴鉦 以相娛樂 謂之頭未宴. 宴罷藏旗 與鼓 以待嗣歲. 今日本村設頭未宴 以酒餅及肉來饋" 참조.

42 『後漢書』東夷傳 韓條 "常以五月田竟 祭鬼神 晝夜酒會 羣聚歌舞 舞輒數十人 相隨 蹋地爲節 十月農功畢 亦復如之" 참조.

43 『三國志』魏志 東夷傳 韓條 참조.

농업 시대에 이르러 '김매기'의 작업 때문에 7월로 이동한 것이라고 추정된다.

2) 호미씻이의 본래 구성과 농악

호미씻이의 본래의 구성은 ① 마을회의, ② 농악과 놀이, ③ 향연으로 구성되어 있었다.

(1) 마을 회의

조선왕조 말기까지 촌락자치제가 존재했던 시대에는 '마을회의(洞會, 里會)'는 호미씻이 때에 총회 성격의 모임이 열려 마을의 주요 문제와 사항들을 토론하고 의결한 다음 농악과 놀이로 들어갔었다.

그러나 일제강점 이후 촌락자치제가 해체된 후에는 마을회의는 무력한 것이 되었으므로 많은 호미씻이들이 마을회의를 열지 않고 바로 농악과 놀이로 들어갔다. 호미씻이의 핵심을 이루었던 것은 '농악과 놀이'였다.

(2) 호미씻이 농악

호미씻이에서의 농악은 두레의 공동노동 과정에서의 '본농악'보다 훨씬 더 확대된 것이었다. 이때에는 두레꾼들이 모두 농악에 참여할 수 있도록 '소고잡이'와 '법고잡이'의 수를 대폭 늘리고 그에 따라 '무동'의 수도 대폭 늘렸다. 또한 호미씻이에서의 농악은 두레꾼들이 모두 참여할 수 있도록 '잡색'을 풍부히 넣어서 무동, 포수, 중, 각시, 양반, 할미, 창부, 탈광대 등이 농악에 맞추어 노래하고 무용을 할 뿐 아니라 연극과 덕담과 재주를 배합하여 흥을 돋우게 하였다.

〈그림 17〉 두레의 호미씻이(고양 송포에서는 호미씻이를 호미걸이라고도 했음, 문화재청)

　호미씻이에서의 농악은 또한 농기를 선두로 하여 상쇠의 선도 하에 전 농악대가 농기춤, 멍석말이, 당산벌림, 두통백이, 삼통백이, 사통백이, 절구 댕이, 가새벌림, 쓰레질, 등지기, 진법놀이 등 여러 가지 내용과 양식의 매스 게임을 하며 놀았다. 농민들의 매스 게임은 일종의 집단무용이었는데, '호미씻이'의 농악에서 성립하여 발전한 것이었다. 이 매스 게임이 농한기의 '지신밟기놀이'와 '마당놀이'에서도 공연된 것이었다.

　호미씻이에서의 농악과 놀이의 큰 특징의 하나는 두레꾼들이 모두 참여하고 마을 성원들까지도 모두 참가하는 마을공동체 전체의 농악과 놀이가 된다는 사실이었다.

　호미씻이의 농악에서는 두레꾼들이 모두 연주자로 참여하도록 두레꾼의 숫자에 맞추어 '잡이'의 숫자를 증가시켰으며, 마을 남자 성원들이 대부분 참여할 수 있도록 잡색을 대폭 늘렸다.

　그러므로 호미씻이의 농악과 놀이에서 두레꾼들과 마을 남자 성원들은 관람자가 아니라 모두 참가자였다. 어린이들과 부녀들은 호미씻이에 나와서 주로 관람자로서 이를 즐겼으나, 지방에 따라서는 어린이들과 부녀들도 모두 참가시키기 위하여 농악 이외에도 씨름, 줄다리기, 그네뛰기 등의 다른 놀이들을 곁들이는 경우도 있었다.

(3) 호미씻이의 향연

호미씻이의 향연은 특히 성대한 것이었다. 호미씻이의 향연을 위해서는 반드시 소나 돼지를 도살하여 일부는 마을의 가족들에게 나누어서 그들의 노동을 위로하고 두레꾼들과 마을의 남자 성원들은 호미씻이에서 큰 술잔치를 벌였다.

호미씻이의 농악과 놀이에는 원칙적으로 두레꾼들과 마을의 남자 성원들만이 참여하는 것이 원칙이었으나, 공동향연의 음식준비는 마을의 부녀들이 담당하였고, 어린이들은 일부가 무동으로 선발되었으며, 공동향연에는 두레꾼들과 마을의 남자 성원들뿐 아니라 마을의 부녀들과 어린이들도 모두 평등하게 참가하여 잔치의 음식을 나누어 들었다. 따라서 호미씻이의 농악과 놀이에서는 부녀들과 어린이들은 대부분이 관람자였지만, 호미씻이의 공동향연에서는 부녀들과 어린이들도 두레꾼들과 평등한 참가자들이 되었다. 그리하여 호미씻이는 남녀노소를 가리지 않고 온 마을 공동체 성원들의 축제가 되었으며, 한국의 근로농민들의 최대의 축제가 되었다.

두레꾼들과 마을 공동체의 성원들은 호미씻이를 통하여 노동의 피로를 씻었을 뿐 아니라 두레의 공동노동의 큰 성과를 재확인하여 자부심을 높이고 마을 성원들이 공동노동을 통하여 하나로 묶여진 형제임을 다짐하여 공동체의식과 단결을 재확인하고 강화하였다.

한국 농민들이 두레의 공동노동과 함께 '호미씻이'라는 한국 농민들 '최대의 잔치'를 발명하여 장구한 기간에 걸쳐 성행해 온 것은 농민문화의 창조의 측면에서 매우 중요하고 큰 의미를 가진 것이었다.

(4) 호미씻이 후의 회계

호미씻이의 큰 잔치가 끝나면 두레의 유사(有司)가 두레의 한 해의 '셈 (會計)'을 하였다. 조선왕조 후기까지 화폐경제가 농촌에 깊숙이 침투하기 이전에는 과부와 병약자의 농민가족에 대해서는 무상의 공동노동을 제공 하고 셈을 하지 않았으며, 두레꾼 상호간에도 계산을 하지 않았다.

오직 지주와 대농으로부터만 경작면적의 크기에 따라 두레의 공동노동 제공의 반대급부를 정확하게 산출하여 그 보수를 받아내었다.

그러나 화폐경제가 농촌에 깊이 침투한 조선왕조 말기부터는 과부와 병 약자의 농민가족에 대해서만 반대급부를 면제해 주고, 그 밖의 마을 성원 들에 대해서는 계산을 정확하게 하였다. 지주와 대농이 경작면적에 비례하 여 두레의 유사가 계산한 일정한 보수를 두레에 지불해야 했음은 물론이 다.[44] 화폐경제가 농촌에 깊숙이 침투한 이후에는 두레꾼 상호간에도 자기 가 투입한 노동력의 작업 면적보다 광대한 경작면적을 가진 두레꾼은 초 과면적에 비례하여 보수를 두레에 지불하도록 한 것이 관행이었다.

그러나 두레의 이러한 수입은 두레꾼들 사이에 분배하여 처분하지 않고, 호미씻이의 비용, 농악기 구입과 수리 등 두레의 공동비용을 충당하는 데 공 동으로 사용하였다. 여기에 화폐경제의 침투하에서도 두레의 공동체적 성격 이 여전히 존재하였다. 두레의 수입으로 호미씻이의 비용과 농악기 구입·수 선의 비용 등 두레의 공동 경비에 충당하고서도 두레의 수입에 잔고가 있는 경우에까지도 두레는 이 잔고를 두레꾼들에게 분배하여 처분하지 않고 마을 의 동계나 호포계 등에 넘겨주어 마을의 공동경비에 사용하도록 하였다.[45]

---

44 金允植,「沔陽行遣日記」1891年, 高宗 28年 7月 初4日條,『續陰晴史』上卷, 178쪽 참조. 두레는 술값(酒價)을 지주 집인 김윤식가(家)에 분급(紛給)해 보내도록 하고 그의 논의 김을 매 주고 있다.

그러나 일제강점기부터는 이러한 공동체적 관행이 현저히 해체되고 두레의 공동작업의 보수지불과 두레의 수입금의 처분 방법에 근본적인 변질이 일어나서 두레의 수입과 잔고가 두레꾼 사이에 분배되어 처분되기 시작하였다.[46]

호미씻이의 큰 잔치가 끝나고 두레의 한 해의 셈이 마무리되면 두레의 작업기는 일단 끝나고 다음의 작업기를 위한 준비기로 들어갔다.

8. 농민무용의 창조

1) 두레 농민무용의 특징

두레 공동체의 농악과 '호미씻이' 등은 또한 독특한 한국의 농민무용을 창조하였다. 농악 가락과 마찬가지로 두레 농악의 춤도 매우 씩씩하고 약동적인 것이 큰 특징이었다. 그 중에서도 한쪽 무릎을 높이 올리며 뒷발을 힘차게 치면서 잡아도는 것이 기본 동작인 소고춤과 법고춤을 비롯하여, 빠른 가락에 맞춰 상체를 좌우로 율동적으로 흔들면서 획획 내닫다가 툭 그치고 다시 내닫는 농악춤은 모든 두레꾼들과 농민들이 출 줄 알고 사랑했던 농민의 춤이었다.

두레 공동체의 농악과 호미씻이, 지신밟기, 마당놀이 등으로 말미암아 농악과 함께 한국 농민들은 누구나 세계에서도 가장 춤을 잘 추는 농민이었었다. 두레 공동체가 창조해낸 농민무용은 오늘날에는 많이 소멸되어 버려서 그 흔적만 남아 있으나 이를 통해서 소급하여 그 형태를 찾아볼 수는 있다.

두레 공동체가 창조해낸 농민 무용은 농악과 결합된 것이었기 때문에

45 張基昌, 앞의 논문 참조.
46 송석하, 「만두레」, 앞의 책, 30~31쪽.

〈그림 18〉 두레의 농민무용(농수축산신문)

농악의 연주자에 따라서 독특한 춤의 유형을 정립하여 발전시켰다.[47]

2) 두레 농민무용의 유형과 종류

두레꾼들의 춤은 지방에 따라 약간씩 차이가 있지만 공통적 특징을 중심으로 하여 농악의 연주자별로 농민무용의 이념형을 몇 가지 정리해 보면 다음과 같다.

(1) 쇠잡이(특히 상쇠)의 춤[48]

쇠잡이 특히 상쇠는 농악대를 지휘하며 행진해야 하기 때문에 몸의 동

---

47 『韓國民俗綜合調査報告書』 5집, 564~578쪽 참조.
48 『韓國民俗綜合調査報告書』 7집, 428~445쪽 및 같은 報告書, 13집, 57쪽, 65쪽, 83쪽 참조. 민속학적 관점에서는 지방별 차이가 더 문제로 될 수 있지만 사회학적 관점에서는 지방별 차이를 넘은 한국 민족의 공통적 특징이 더 중요할 수 있으므로 여기서는 공통적 특징을 중심으로 한 이념형을 정리해 보았다.

작보다도 고개 춤에 의거하여 '상모'를 돌림으로써 무용을 하였다. 호남우도 농악을 중심으로 하여 쇠잡이와 상모놀이 무용의 기본 예를 들어보면 다음과 같다.

① 외상모: 부포를 어느 한쪽으로만 돌리는 사위(동작).

② 양상모: 부포를 좌우 한 번씩 교대로 돌리는 사위.

③ 사사: 부포를 좌로 2회, 우로 2회 교대로 돌리는 사위.

④ 사사이: 부포를 먼저 좌로 2회, 우로 2회 돌리고, 이어서 좌우로 1회씩 돌리는 사위.

⑤ 팔사: 부포를 좌로 4회, 우로 4회 교대로 돌리는 사위.

⑥ 이슬털이: 부포가 뒤에서만 좌우로 왔다갔다하는 사위.

⑦ 산치기: 부포를 위로 세우는 사위.

⑧ 양산치기: 부포를 세우고 재치는 것을 반복하는 사위.

⑨ 퍼넘기기: 부포를 앞에서 뒤로 퍼넘겨 끄떡끄떡하는 사위.

⑩ 전조시: 부포를 전립 4방으로 돌리면서 전립 끝만 찍는 사위.

⑪ 배미르기: 부포를 뒤로 젖혔다가 약간 앞으로 올리고 부포 끝이 꽃 모양으로 활짝 피게 하면서 앞뒤로 미는 듯 걷는 사위.

⑫ 꾀꼬리상모(일사놀이): 부포를 좌우로 흔들어 8자형으로 돌리는 사위.

⑬ 돛대치기(꽂이상모): 부포 전체를 수직선으로 세우고 그대로 있거나 제자리에서 회전하는 사위.

⑭ 좌우치기: 부포를 좌우로 보내는 사위.

⑮ 복판치기: 부포를 중앙에 세웠다가 꺾는 사위.

⑯ 연봉놀이: 부포를 세워 고개춤으로 끄떡끄떡하면서 연봉오리처럼 보이게 하는 사위.

(2) 장구춤[49]

① 미지기굿: 두 패로 나누어 대면하고 전진후퇴의 걸음을 반복하는 사위.
② 3진3퇴: 장구를 치면서 3보 전진, 3보 후퇴의 동작을 반복하는 사위.
③ 제자리뛰기: 제자리에서 양발을 꼬아 뛰고 한 발 돌기를 하는 사위.
④ 바꿈질굿: 까치걸음(잦은걸음)으로 위치를 바꾸는 사위.
⑤ 옆걸음치기: 장구를 치면서 좌우로 옆으로 가볍게 뛰어가 옆걸음치는 사위.
⑥ 제자리 뒤로 돌기: 장구를 치면서 제자리에서 뒤로 회전하는 사위.
⑦ 연풍대: 장구를 치면서 시계반대방향으로 오른발 왼발 순으로 한발 뛰기를 하면서 회전하는 사위.
⑧ 영봉오리: 장구채와 궁글채를 머리 위에서 치는 사위.

(3) 북춤[50]

① 모젓기: 북 복판을 두 번 치고 북채를 머리 위로 올린 다음 북 굴레인 궁편을 한 번 치고 북채를 머리 위로 올리는 기본동작의 춤사위.
② 옆걸이: 북을 치는 기본동작을 함과 동시에 오른발 왼발 순으로 한발뛰기를 하면서 갈지(之)자로 원진무(圓進舞)를 하는 춤사위.
③ 한발돌기: 북을 치는 기본동작을 함과 동시에 오른발 왼발 순으로 한발 뛰기를 하면서 원선상(圓線上)을 회전하면서 뛰어가는 춤사위.
④ 덧배기: 손을 벌리고 어깨춤과 좌우로 손을 흔들어 흥에 맞추는 춤사위.
⑤ 북받치기: 오른발을 들어 북을 받치고 북을 치면서 좌로 회전하는 춤사위.

---

49 『韓國民俗綜合調査報告書』 13집, 24쪽, 66쪽 및 76쪽 참조.
50 『韓國民俗綜合調査報告書』 13집, 66쪽, 91쪽 및 104쪽 참조.

(4) 소고춤[51]

① 앞치기: 약간 몸을 앞으로 숙이고 소고를 몸 앞으로 한 번 친 다음 몸을
좌우로 틀면서 앞으로 틀면서 앞으로 약간 뛰어나가는 춤사위.

② 앞뒤치기: 두 팔을 밑으로 쭉 펴서 소고 앞면을 친 다음, 손목을 꺾어서
두 손을 가슴 앞까지 올려 가슴 앞에서 소고의 뒷면을 치고, 이어서 가
슴 앞에서 양면을 친 다음 소고 든 왼손을 왼쪽 방향으로 돌려 소고의
뒷면을 치는 춤사위.

③ 물푸기: 상모는 외상모를 돌리면서 두 팔을 밑으로 쭉 펴서 소고 앞면
을 치고 소고를 든 왼손과 소고채를 쥔 오른손을 팔(八)자형으로 머리
위에 올려 소고의 뒷면을 치고 내리는 춤사위.

④ 벌려겹치기: 두 팔을 밑으로 쭉 펴서 소고 앞면을 치고 손목을 꺾어 가
슴 앞에 올린 다음 이어서 두 팔을 양쪽 바깥으로 벌리고, 마지막에는
두 손을 몸 앞에서 서로 엇갈려 정지하는 춤사위.

⑤ 제자리뛰기: 제자리에서 약간 뛰면서 상모는 외상모·양상모·꼭두상모
를 돌리고 소고를 몸 앞에서 가슴으로 올렸다 내렸다 하는 춤사위.

⑥ 옆걸이: 옆걸음을 치면서 왼쪽 어깨 위에 소고를 올렸다 내렸다 하는
춤사위.

⑦ 한발돌기: 한발을 들고 소고를 치며 잡아도는 춤사위.

⑧ 앉아치기: 발을 벌려 앉아서 소고의 앞뒤치기와 같은 동작으로 소고놀
이를 하면서 약간 옆걸음을 치는 춤사위.

⑨ 판걸이: 1박에 먼저 두 팔을 밑으로 쭉 펴서 소고 앞면을 치고, 2박에
오른손은 왼손 겨드랑이에 끼고 왼손은 팔꿈치를 꺾어서 소고를 세워
올린 다음, 3박에 다시 든 팔을 밑으로 쭉 펴서 소고 앞면을 치고, 4박
에 왼손은 오른손 겨드랑이에 끼며 오른손은 팔꿈치를 꺾어 위로 향하

---

51 『韓國民俗綜合調査報告書』 13집, 23~24쪽 및 56~57쪽 참조.

는 춤사위.

⑩ 사채(역진굿놀이): 소고를 한 번 치고 얼굴 앞에서 소고를 세워 들며 제자리에서 어깨춤을 추는 춤사위

⑪ 사사: 소고를 앞뒤로 돌려치되 먼저 앞뒷면을 두 번 치고, 1박 쉬었다가 마지막에 앞면을 한 번 치는 춤사위.

(5) 법고춤[52]

① 말법고: 양상모를 하면서 법고를 몸 앞에서 위로 올려내리는 춤사위.

② 엎어배기: 외상모를 하면거 깨금질을 하고 법고를 두 장단에 앞뒤로 네 번 치는 춤사위.

③ 물푸기: 법고를 밑에서 앞면을 한 번 스쳐친 다음 양손을 밖으로 돌려 벌리고 법고를 위에서 몸 앞으로 내릴 때는 손목을 감아 법고 뒷면을 앞으로 하고 법고채를 갖다 대면서 끝맺음을 하는 춤사위

④ 사모잡이: 법고를 앞뒤, 앞뒤 등으로 번갈아 가볍게 치는 춤사위.

⑤ 제기법고: 제자리에서 두 발 돋움을 하고 왼발을 앞으로 들어올리며 양손을 왼발 끝에 대고 다음으로 그 발을 내리면서 법고를 뒤집어 가슴 앞으로 가져가서 뒷면을 치고 이어서 두 발 돋움을 하고 오른발을 앞으로 들어 올리며 양손을 오른발 끝에 대고 다음으로 그 발을 내리면서 법고를 뒤집어 가슴 앞으로 가져가 뒷면을 치는 춤사위.

⑥ 좌우치기: 법고를 한 번 친 다음 양손을 어깨높이로 벌려 올리고 좌우로 손을 흔들어 어깨춤을 추는 춤사위.

⑦ 벌려겹치기: 두 손을 밑으로 쭉 펴서 법고 앞면을 친 다음 손목을 꺾어 가슴 옆에 올리고 이어서 두 손을 옆으로 벌려 마지막에는 두 손을 몸

---

52 『韓國民俗綜合調査報告書』 7집, 438~439쪽 및 같은 보고서 13집, 15쪽, 24쪽, 66쪽 및 76쪽 참조.

앞에서 서로 엇갈려 정지하는 춤사위.

⑧ 삼채법고: 앙감질을 하면서 법고를 1, 2박에 두 번 치고 3박에 법고를 위로 올려 4박 때 다시 한 번 치는 춤사위.

⑨ 사채법고: 법고를 한 번 친 다음 법고를 얼굴 앞에 세워 들며 제자리에서 어깨춤을 추는 춤사위.

⑩ 칠채법고: 끝장단에 법고를 한 번 치고 잡아도는 춤사위.

⑪ 마당일채가락: 혼합박자의 끝박에 법고를 치고 잡아도는 춤사위.

⑫ 사사: 법고의 앞뒷면을 두 번 치고 1박 쉬었다가 마지막에 앞면을 한 번 치는 춤사위.

⑬ 지게북: 오른발 왼발 순으로 법고를 발로 차면서 회전하는 춤사위.

⑭ 앉은상: 1, 2박에 법고의 앞뒷면을 치고 앉으며 3, 4박에 일어서서 오른발 왼발 순으로 가볍게 뛰고 상모는 머리 뒤로 넘기는 춤사위.

⑮ 연풍대: 법고를 어깨에 메고 상모를 돌리면서 원선상(圓線上)을 회전하는 춤사위.

⑯ 나비상: 나비 모양으로 춤을 추면서 앉았다 일어서는 춤사위.

⑰ 차고 앉은상: 상모를 돌리면서 오른발을 올려 법고를 차고 한 바퀴 몰아앉는 춤사위.

⑱ 자반뛰기: 준비자세를 한 다음 몸을 뒤집어 원선상을 뛰어 회전하는 춤사위.

⑲ 열두발 외상모: 뒤에서 손을 합치고 외상모를 돌리거나 땅에 엎드려 외상모를 돌리는 춤사위.

⑳ 열두발 양상모: 뒤에서 손을 합치고 양상모를 돌리거나 땅에 엎드려 양상모를 돌리는 춤사위.

위에서 든 것은 '쇠잡이춤', '장구춤', '북춤', '소고춤', '법고춤'의 기본 형태만을 든 것이고 이 밖에도 이러한 춤의 형태 안에 여러 가지 변화의 춤사위가 있었다. 뿐만 아니라 이 밖에도 '무동춤', '잡색춤'이 각각 독특한 양식으로 발전되었고, 지방에 따라 상당히 큰 차이들이 있었기 때문에 여기서는 그 예들을 낱낱이 들 수 없을 정도이다.

3) 호미씻이의 농악 춤

두레의 호미씻이에서의 농악의 경우에는 농악대는 30 내지 50명의 큰 규모가 되는 것이 보통이었으므로 농악대원들이 열을 지어 다양한 양식으로 예술화하여 변화시키면서 율동하는 매스 게임을 창조해 내었다.

농민의 집단무용으로서의 농악대의 매스 게임은 그 종류가 매우 많고 지방에 따라 양식의 변화도 다양하기 때문에 여기서 낱낱이 다 들 수 없고 이 중에서 가장 널리 행해지던 매스 게임의 몇 가지 사례만을 골라 들기로 한다.

① 농기춤: 대개 '큰농악'을 칠 때에 농악대가 2열 횡대를 지으면 '농기'가 그 안으로 들어가고 이어서 잡이들은 그 농가를 중심으로 원형을 만들면서 농기에 대하여 3배(拜)한 다음 늦은 삼채로 농기를 중심으로 하여 시계 반대방향으로 원무를 추다가 마지막에는 다시 2열 횡대를 짓는 매스 게임이다.[53] 농기의 기수는 때로 농기의 혁대에 농기를 받치고 농기의 솟대

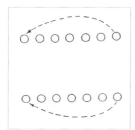

〈그림 19〉 농기춤

---

53 『韓國民俗綜合調査報告書』 13집, 5쪽, 100쪽 및 124쪽 참조. '농기춤'의 그림은 필자가 그린 것이 아니라 위의 조사보고서에서 그린 것이다. 다른 매스 게임의 그림도 동일하다.

를 쳐다보면서 곡예사처럼 깃대의 균형을 유지한다. '농기춤'은 큰농악과 호미씻이의 시작 때에 처음 출연하는 매스 게임이었다.

② 멍석말이: 상쇠는 일체가락이나 삼채가락을 치고 외상모를 돌라면서 우로 전진하여 멍석을 마는 모양처럼 안으로 나선형으로 감아돌아 잦은이채를 몰아치면서 빠른 속도로 조여들어갔다가 방향을 바꾸어 좌로 돌며 나사 모양으로 풀어나온 다음 가시 딴 곳에 멍석말이를 하는 매스 게임이었다.[54]

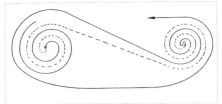 

〈그림 20〉 멍석말이

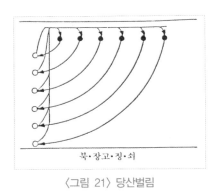

북·장고·징·쇠

〈그림 21〉 당산벌림

③ 당산벌림: 사물은 왼편에, 법고는 오른편에, 무동은 맞은편에 서서 ㄷ자형으로 벌려 선 다음, 처음에는 상쇠, 다음에는 법고잡이, 그 다음에는 무동이 상쇠의 인도에 따라 각각 집단별로 중앙에 들어와서 원무를 하고 제자리에 돌아갔다.

다음에는 법고잡이들이 사물에서 좀 물러났다가 우로 돌아 원을 그리고 나서 쇠가락에 맞추어 좌우치기를 하고, 이 좌우치기 가락에 잡이들이 일정한

54 『韓國民俗綜合調査報告書』 7집, 439쪽, 같은 보고서 8집, 529쪽 및 같은 보고서 13집, 21쪽, 35쪽, 73쪽 및 120쪽 참조.

쇠가락에 맞추어 전후좌우 3보씩 전진과 후퇴를 하는 매스 게임이었다.[55]

④ 두통백이: 상쇠의 일체가락에 맞추어 법고잡이와 무동이 각각 우로 돌아 각각 따로 두 개의 원을 만들어 원무를 추는 매스 게임이었다.[56] 외부에서 보면 호미씻이의 마당에 두 개의 각각 큰 원이 잡아도는 매스 게임을 하는 것이다.

⑤ 삼통백이: 상쇠가 삼채를 치면 전원이 우로 크게 원을 그리며 돌다가 사물·법고·무동(꽃나비)이 각각 따로 세 개의 원을 그리며 우로 도는 매스 게임이었다. 무동은 수건춤을 추기도 했고 박수를 치기도 했다.[57]

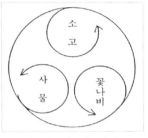

〈그림 22〉 삼통백이

⑥ 사통백이: 상쇠의 덩덕궁이 가락에 맞추어 사물, 소고, 무동, 법고 등이 정방형을 그리며 마주 서서, 처음에는 사물과 무동이 서로를 향하여 전진하여 서로 사이를 뚫고 나가 맞은 편까지 갔다가 돌아서면, 다음에는 소고와 법고가 마주보고 전진하여 엇갈려나갔다. 사물과 무동이 다시 전진하여 서로 사이를 뚫고 비껴가 본디 자리로 가고 나면, 소고잡이와 법고잡이도 서로 마주보고 전진하여 서로 사이를 뚫고 나가 본디 자리로 갔다. 각각 제자리에 간 다음 사물·소고·무동·법고가 저마다 우로 돌며 각각 네 개의 원을 그리어 원무를 했다. 네 개의 원의 원무가 끝나면, 먼저 사물이 상쇠를 선두로 원을 풀어 마당을 우로 크게 돌고, 소고잡이와 법고잡이들

55 『韓國民俗綜合調査報告書』 9집, 338쪽 및 같은 보고서 13집, 12~13쪽 및 118쪽 참조.
56 『韓國民俗綜合調査報告書』 13집, 29쪽 참조.
57 『韓國民俗綜合調査報告書』 13집, 36쪽 및 120쪽 참조.

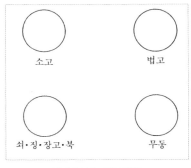

〈그림 23〉 사통백이

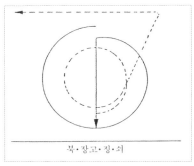

〈그림 24〉 절구댕이

이 원을 풀어 사물을 뒤따르고, 끝으로 무동이 원을 풀어 법고잡이를 뒤따르면서, 전 농악대가 큰 원을 그리고 마치는 매스 게임이었다.[58]

⑦ 절구댕이: 상쇠의 덩덕궁이 가락에 맞추어 소고잡이와 법고잡이들이 쌍줄로 나와서 사물과 나란히 섰다가 이 줄이 앉으면 저 줄이 서고 저 줄이 앉으면 이 줄이 서는 춤사위를 두 번 또는 세 번 반복하는 매스 게임이었다.[59]

⑧ 가새벌림: 상쇠가 삼채가락(덩덕궁이)을 치면서 전 농악대가 원무를 하다가 상쇠가 방향을 안으로 굽어 쇠잡이들을 이끌고 전진하여 상법고 앞에 이르면 상법고는 상쇠 뒤에, 부법고는 부쇠 뒤에 서서 법고잡이들이 사물의 사이사이에 끼었다. 무동은 그대로 사물에 법고가 낀 줄의 뒤를 따랐다. 이렇게 한 바퀴 돌고 저편으로 가서 중앙선을 타고 정면으로 오다가 이쪽쯤 와서 상쇠가 우로 돌아가면 상법고는 좌로 돌아가고, 부쇠가 우로 돌면 부법고는 좌로 돌아갔다. 이렇게 되면 사물은 우로 돌아 다시 전편으

---

58 『韓國民俗綜合調査報告書』 7집, 439쪽 및 같은 보고서 13집, 13~14쪽 및 119쪽 참조. 강원도 지방에서는 '사통백이'를 '진법놀이'라고도 부르면서 '팔진법'과 통합시키기도 하였다.
59 『韓國民俗綜合調査報告書』 13집, 13쪽 및 118쪽 참조

로 돌아가고 법고는 좌로 돌아 다시 전편으로 돌아가는데, 무동은 홀수 짝수로 갈라서 홀수는 사물에 붙고 짝수는 법고에 붙었다. 양편이 저쪽 끝에 가면 서로 마주 돌아 중앙선을 타고 일렬로 합쳐 이쪽으로 왔다. 이 과정의 동작을 몇 차례 반복하는 매스 게임이었다.[60]

⑨ 쓰레질: 사물·법고·무동(꽃나비)이 3열을 지어 정면을 향해서 종대로 늘어선 다음, 사물의 가락에 맞추어 법고와 무동이 점점 앉았다 점점 섰다 하였다. 삼채가락에 사물은 그대로 서 있고 법고와 무동이 합하여 우로 크게 돈 다음, 또 쇠가락에 따라 그 자리에 서서 점점 앉았다 점점 섰다 하였다. 삼채가락에 사물과 법고과 두 줄로 나란히 가다가 서로 좌우

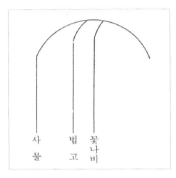

〈그림 25〉 쓰레질

로 갈려 한 바퀴 돌았다. 이때 무동은 두 줄의 뒤를 따랐다. 사물과 법고가 나란히 서서 우로 돌고 무동도 밖에서 우로 돌았다. 이 전 과정의 춤사위를 쓰레질이라 하였다.[61]

⑩ 등지기: 잡이들이 어림굿을 치며 홀수 짝수로 서열별로 두 줄로 늘어서서 농악을 치다가 두 줄이 서로 마주 대하고 왼쪽 줄이 한 가락 치면 한 걸음, 오른쪽 줄이 한 가락 치면 한 걸음씩 이런 식으로 서로 다가가 사이사이로 지나가서 두 줄로

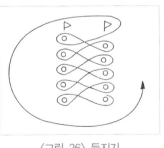

〈그림 26〉 등지기

---

60 『韓國民俗綜合調査報告書』 7집, 438~439쪽 및 같은 보고서 13집, 14쪽 참조.
61 『韓國民俗綜合調査報告書』 13집, 35~36쪽 및 120쪽 참조.

선 다음 뒷걸음으로 다시 두 줄 사이를 좁혀 등을 대고 설 때까지 갔다. 이때 잦은 타령의 가락을 치며 이편이 저편을 뒤로 업었다가 저편이 이편을 뒤로 업었다가 하는 동작을 계속했다. 잡색들이 '콩떡' 하고 외치며 등을 맞댄 채 한편으로 업으면 '쑥떡' 하고 외치며 반대편이 업었다. 한동안 이렇게 업었다 젖혔다 하는 놀이를 했다. '콩떡쑥떡'이 끝나면 2열을 다시 넓혀 새끼풀기를 해서 기의 맨 뒤쪽부터 돌아 기의 앞쪽으로 풀어가서 기본진으로 돌아가는 매스 게임이었다.[62]

〈그림 27〉 삼방진

⑪ 삼방진(三方陣): 잡이들이 삼방진가락을 치며 쇠잡이와 징잡이들은 시계반대방향으로 원을 만들고, 장구잡이와 북잡이들은 시계방향으로 원을 만들며 돌며, 법고잡이들은 시계반대방향으로 원을 만들어 멍석말이를 하는 양식처럼 돌아서 삼방진을 만들었다. 이어서 상쇠는 쇠잡이들과 징잡이들을 인솔하여 장구잡이와 북잡이들이 돌고 있는 원을 밖으로 돌아 이들을 쇠잡이와 징잡이 뒤에 달아 따라오게 하고 다시 법고들이 돌고 있는 원밖으로 돌아 멍석풀이를 하는 것처럼 이들을 풀어서 후미에 따라오도록 하는 매스 게임이었다.[63] 이것은 삼통백이와 멍석말이를 결합한 매스 게임 양식이라고 볼 수 있다.

⑫ 오방진(五方陣): '농기'와 새납을 원 중심의 '중앙'에 둔 다음, 상자의 인도 하에 동서남북에서 각각 멍석말이를 하고, 끝으로 농기를 둘러싸고

---

62 『韓國民俗綜合調査報告書』 13집, 54쪽 및 121쪽 참조.
63 『韓國民俗綜合調査報告書』 7집, 439쪽 및 같은 보고서 13집, 74쪽, 94쪽 및 122쪽 참조.

중앙에서 길군악을 몰다가 잦은 가락(조롱쇠)으로 바꾸어 멍석말이를 하여 상쇠는 가운데서 돌고 사물은 그 다음 쌓고 법고잡이는 그 다음 쌓고 무동은 밖에서 돌며 꽉 조인 후에 상쇠가 작은 가락을 마치고 삼채를 치며 시계바늘이 도는 방향으로 돌면서 멍석풀이를 반복하는 매스 게임이었다.[64]

⑬ 방울진: 상쇠는 삼채가락을 치면서 시계방향으로 원진(圓進)하다가 원을 점점 접혀서 나선형을 돌고 쇠·징·장구·북·소고·법고의 순으로 그 주변을 돌아 잡이들이 따라오도록 따라치기를 한 다음에, 상쇠가 방향을 바꾸어 시계반대방향으로 원을 점점 넓혀서 일렬 원진무를 추는 매스 게임이었다.[65]

⑭ 팔진법(八陣法): 쇠, 징, 장구, 북 등이 한 조가 되고 소고, 법고, 무동 등이 한 조가 되어, 2열 원을 만들어 행진무(行進舞)하다가 각 열이 8번 각을 만들면서 행진하는 매스 게임이었다. 행진무 때에는 주로 좌우치기를 하였다.[66]

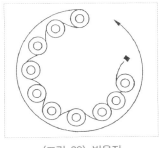
〈그림 28〉 방울진

〈그림 29〉 팔진법

---

64 『韓國民俗綜合調査報告書』 13집, 12쪽, 82~83쪽, 90쪽 및 101쪽 참조.
65 『韓國民俗綜合調査報告書』 7집, p.439 및 같은 보고서 13집, 52쪽, 74~75쪽 및 122쪽 참조. 보통은 '방울진'과 '달아치기'는 통합된 매스 게임이었다.
66 『韓國民俗綜合調査報告書』 9집, p.338 및 같은 보고서 13집, 22쪽, 29쪽 및 119쪽 참조.

⑮ 돌굿: 상쇠와 잡색은 원 안에서 돌고 나머지 잡이들은 원 밖에서 돌다가 상쇠가 쇠가락을 바꾸는 것을 신호로 도는 방향을 계속 바꾸어 주므로 돌굿이라고 했다. 이렇게 계속하여 오른편과 왼편으로 방향을 바꾸어 가다가 상쇠가 느린 가락을 치고 징잡이가 이에 응하여 징을 한

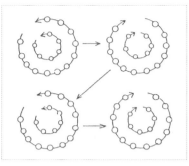

〈그림 30〉 돌굿

채 치면 한 바퀴 돌고 나서 상쇠의 잦은 가락의 신호에 맞추어 또 방향을 바꾸어 돌기를 반복했다. 이때 무동과 잡색과 때로는 부녀자들도 원 안에 들어가 어울려 춤을 추는 매스 게임이었다.[67]

⑯ 두레풍장: 상쇠를 중심으로 사물이 안으로 가깝게 조여 가며 둘러쌓고, 법고잡이들은 밖에서 사물을 가깝게 주이면서 둘러쌓으며, 무동은 그 밖에서 둘러쌓아 3중의 원을 만들어서, 빠른 속도로 농악을 치며 회전하는 매스 게임이었다.[68]

⑰ 연풍대: 상쇠가 굿거리가락을 치면 농악대가 오른발 왼발 순으로 한 발뛰기를 하고 이어서 회전하는 매스 게임이었다. 때로는 사물과 법고잡이와 무동은 정방형으로 둘러서고 상쇠와 잡색은 가운데로 들어가서 일채가락에 맞추어 앉았다가 뛰어 일어서는 사위로 돌면서 춤을 추었다. 상쇠와 잡색이 제자리로 돌아가고, 상쇠가 중모리가락으로 몰면 사물과 무동은 밖에서 돌고 법고는 안으로 들어가 우로 돌며, 상쇠가 잦은 가락으로 몰면 옆걸음 치며 돌림법고를 하기도 하였다.[69]

67 『韓國民俗綜合調査報告書』 13집, 54쪽 및 121쪽 참조.
68 『韓國民俗綜合調査報告書』 13집, 36쪽 참조.

⑱ 호호굿: 상쇠가 매우 빠른 2박과 3박의 혼합박자로 된 열두마치의 '호호굿가락'을 치면 전 농악 대원이 시계 반대방향으로 휠휠 뛰며 원진무를 추면서, 상쇠가 군호를 부르듯 '호! 호!'하고 앞소리로 먹이면 전 농악 대원들이 '호호!' 하고 받아 합창하면서 전투훈련을 하는 것처럼 씩씩하게 돌아가는 매스 게임이었다. 농악대는 '호호굿가락'을 치며 이와 같은 동작을 반복하다가 전 농악대가 더욱 잦은 호호가락을 치며 원의 중심을 보고 서서 우로 옆걸음 2회와 좌로 옆걸음 2회를 한 다음에 앉았다 일어서는 동작을 2회 반복하고, 다시 전농악대가 원의 중심으로 밀집해 들어가서 앉았다 일어서는 동작을 2회 반복한 다음에 다시 '호호굿'을 연출하였다. 호호굿은 두레농악대의 매스 게임 중에서 가장 씩씩하고 전투적인 집단무용이었다.[70]

위에서 든 농민들의 매스 게임의 양식은 몇 가지 예를 든 것이 불과하다. 각 지방의 농악에 따라 이 밖에도 다양한 매스 게임의 양식이 있었으며, 또 위의 양식에서 변형된 다수의 매스 게임 양식이 존재하였다.

두레의 농악에서 창조된 농민무용의 특징은 잡이의 춤과 매스 게임 모두가 무엇보다도 ① 씩씩하고, ② 약동적이며, ③ 집단적이고, ④ 전투적이며, ⑤ 낙천적인 곳에 있었다고 할 수 있다.

9. 지신밟기놀이

두레의 농악에서 파생된 농민의 민속의 하나로 '지신밟기'라는 것이 있었다. 이것은 지방에 따라서는 '마당밟기', '매귀(埋鬼)', '매굿', '고사반',

---

69 『韓國民俗綜合調査報告書』 13집, 15쪽, 35쪽 및 102쪽 참조.
70 『韓國民俗綜合調査報告書』 3집, 559쪽 및 같은 보고서 13집, 63쪽, 72쪽, 74쪽, 83쪽 및 88쪽 참조. '호호굿'은 지방에 따라 '호호딱딱'이라고도 불렸다.

'두레놀이' 등으로 불리기도 하였다. 이것은 두레의 농악 중에서 '집들이 농악'과 퇴귀의 민속신앙이 결합된 농민문화의 한 항목이라고 볼 수 있다. 한국 농민들의 민속신앙에는 원시사회 이래로 재해와 질병에는 그를 매개 하여 가져오는 악귀가 있으므로 이 악귀를 추방함으로써 화를 제거하고 복을 찾아오게 할 수 있다는 신앙이 이어져 내려왔다. 이 '악귀추방'의 일 은 주로 '무당'의 일이었는데 , 두레와 농악이 성행하게 된 이후에는 농악 을 쳐서도 악귀를 추방할 수 있다는 민속신앙을 만들어내어 농악의 놀이 와 악귀추방의 민속신앙을 결합시킨 것이었다.

지신밟기라고 하는 것은 음력 정월 대보름(上元)경에 두레꾼들이 농악 대를 편성하여 마을 집집마다 돌아다니며 농악을 치고 일정한 양식의 고 사굿을 해주면 문간, 마당, 뜰, 부엌, 곳간, 장독 등에 숨어 붙어 있는 악귀 들이 추방되어 그 집에 일 년 동안 화가 멀어지고 복이 찾아온다고 하여 행하는 '농악굿'이라고 정의할 수 있다. 주목해야 할 것은 농민들이 집안의 이러한 처소에 붙어 숨어 있는 악귀를 추방하는 신통력에 대하여 무당의 힘은 크게 신뢰했지만, 농악의 힘은 신통력을 신뢰한 것이 아니라 농악의 즐거움을 신뢰했다는 사실이다. 따라서 지신밟기는 신앙적 민속이라기보 다는 오히려 오락적 민속의 성격이 강한 것이었다. 한국 전통사회의 농촌 에서 음력 설날부터 정월 대보름(때로는 정월 그믐날)까지는 일종의 축제 와 놀이의 기간이었으며 그 절정을 이루는 것이 지신밟기 놀이였다.

음력으로 새해가 들어서고 설날이 지나면 두레꾼들은 지신밟기를 준비 하기 시작하여 성급한 두레꾼들은 정월 3, 4일경부터 지신밟기를 시작하는 경우도 있지만, 보통은 정월 14일이나 15일부터 지신밟기를 시작하였다. 지신밟기가 시작되는 낮에는 두레꾼들은 농청에 모여 준비해두었던 농악 대를 편성하여 '서낭당(城隍堂)'을 찾아가서 '서낭굿', '당굿'이라고 하는 농악과 고사를 지내고 다음에 마을의 집집을 돌면서 지신밟기의 농악을 치고 풀이를 해주었다.[71] 지신밟기의 구성은 지방에 따라 약간의 차이가

있으나 그 기본형은 동일하므로 대체로 다음과 같이 전국적 이념형을 정립하여 제시할 수 있다.[72]

① 기굿: 지신밟기를 시작하는 날 새벽에 새납(날라리)잡이가 새납을 세 번 불면 두레꾼들이 농청에 모여 농악대를 편성하고 오전 8, 9시경에 '농기'를 중앙에 세우고 영기를 그 좌우에 세운 다음 농기를 둘러싸며 원형을 이루어 놓고 농기에 대하여 3배한 후에 시계 반대방향으로 원무를 추었다. 이것이 기굿이었다. 기굿을 마치면 길군악을 치면서 일렬종대로 열을 지어 서낭당으로 향하였다.

〈그림 31〉 두레 농악의 서낭굿(안산문화원)

---

71 『韓國民俗綜合調査報告書』 4집, 516~519쪽 참조. 마을에 공동의 방앗간이 있는 경우에는 '서낭굿'을 하고 돌아오면서 '방앗간굿'을 치고, 공동우물이 있는 경우에는 '샘굿'을 친 다음 '집돌이농악'을 시작하였다.

72 '지신밟기'의 구성은 지방에 따라서도 큰 차이가 없지만 그 사설(辭說)인 '풀이'는 특히 지방에 따라 큰 차이가 있었다. 여기서는 역시 사회학적 관점에서 그 '구성'의 지역 차이를 넘은 공통성을 중심으로 이념형을 정립하고자 하였다.

② 서낭굿: 이것은 '당굿' 또는 '당산굿'이라고도 불렀다. 농악대는 농기를 앞세우고 길군악을 치면서 서낭당에 도착하면 농기를 세워 놓고 서낭굿을 시작하였다. 강원도 평창 지방 등의 경우에는 먼저 농악대가 "서낭님 서낭님 동네 밖에 서낭님"[73] 하는 가락을 치고 나서 서낭당에 주과포와 메로 제물을 차리고 잔을 올라며 축문을 읽고 3배를 드린 다음 마당굿과 같이 농악을 한바탕 쳤다. 이것이 서낭굿이었다. 서낭굿이 끝나면 농기를 앞세우고 마을로 돌아와 집돌이를 시작하였다.

③ 문굿: 농악의 유사(화주)가 먼저 집집이 들려 허락을 받은 다음, 두레꾼들이 허락 받은 집의 대문에 도착하여 "주인 주인 문여소 나그네 손님 들어가오"[74] 또는 "문여소 문여소 수문장군 문여소"[75] 하는 가락의 문굿을 쳤다. 두레꾼들이 문굿을 치면 주인이 나와 이들을 반가이 집안으로 맞아들였다.

④ 마당굿: 주인의 인도 하에 마당으로 들어선 두레꾼들은 일렬로 원진(圓陳)을 만들어 마당을 돌면서 원진무를 추었다. 이것을 '마당굿' 또는 '터주굿'이라고 하였다. 농악대가 마당굿을 치는 동안에 허두잡이가 집주인에게 마루(대청)에 고사상을 차리게 하였다.

⑤ 성주풀이: 이것은 '고사굿', '고사반'이라고도 불렀다. 마루에 고사상을 차리는데, 보통 소반에 쌀을 가득 담은 말을 올려놓고 그 위 대주 식기에 쌀을 가득 담은 것을 올려놓으며, 그 식기 위에는 양초에 촛불을 켜서

---

73 『韓國民俗綜合調査報告書』 8집, 539쪽 및 같은 보고서, 13집, 28쪽 참조.
74 『韓國民俗綜合調査報告書』 13집, 88쪽 참조 이 '풀이'는 경상북도 청도 지방의 사설이다.
75 『韓國民俗綜合調査報告書』 9집, 338쪽 및 같은 보고서 13집, 28쪽 참조.

꽂아 놓았다. 고사상이 차려지면 농악대들은 「성주풀이」, 「노적타령」, 「나락타령」, 「떡타령」, 「나물타령」, 「액막이」 등 축원의 노래를 상쇠의 인도하에 합창하였다. 이것이 '성주풀이', '성주풀이굿', '고사굿'이었다.[76]

이때 부르는 성주풀이의 노래는 지방에 따라 큰 차이가 있었다. 예컨대 경상북도 청도 지방의 「성주풀이」는 다음과 같았다.

에헤루 지신아
지신아 밟아보자
에헤루 지신아
성주야 지신을 밟아보자(……)
가자가자 찾아가자
팔도강산을 찾아가자
함경도라 백두산은
지신아
압록강이 둘러쌓고
지신아
황해도라 구월산은
지신아
임진강이 둘러쌓다
지신아
서울이라 삼각산은
지신아
한강이 둘러쌓고(……)
지신아
경상도라 태백산은
지신아

---

76 『韓國民俗綜合調査報告書』 3집, 819~823쪽 참조.

〈그림 32〉 두레 농악의 서낭굿(안산문화원)

낙동강이 둘러쌓고
지신아(……)[77]

경상남도 동래 지방의 '지신밟기'의 「성주풀이」는 또 달라 다음과 같았다.

새상천지가 개벽하고
태고천지 돌아올 때(……)

---

77 『韓國民俗綜合調查報告書』 13집, 340쪽.

신농씨를 나타내서
농사법을 가르칠 때
농사짓게 힘을쓰니
풀은 베어 하식하고
곡식베어 밥을 지어
처음으로 먹게 하니
엄유 시인 나타나서
하던열수 둘러보고
우주봉산 터를 닦아
초가삼간 집을 지어
남남간에 부부삼아
아들낳고 딸낳으니
아들딸이 장성하니
선지공덕이 장하도다
억조창생 원님들아
성주님을 잘 모시소(……)[78]

경상남도 밀양 지방의 지신밟기의 「성주풀이」는 위의 것들과는 또 달라
다음과 같았다.

여루여루 지신아
성주지신을 올리세
좋은날 같이 받아
오색놓고 금토놓고
경상도 안동땅
제비원에 솔씨받아
부진농사 부려서
타박솔이 들었구나

---

78 『韓國民俗綜合調査報告書』 13집, 364쪽.

〈그림 33〉 두레농악의 지신밟기(안산문화원)

삼정승이 가꾸어서
항장목이 되었구나
앞집에는 김대목
뒷집에 박대목
첫닭 울어 밥해 먹고
두 홰 울어 사발하여
오른 어깨다 대톱걸고
왼 어깨다 소톱걸어
알매망태 거러지고
거지봉안 들어가니
선천지 후천지는

억만세계가 무궁하라
산이조종은 골동산이요

수리조종은 항하수라
올농사 일매지게
좋은 수리 생겼으니
팔도야산이 주산되고
한라산이 안산이요
두만강이 청룡되고
압록강이 백호로다(……)[79]

이 밖에도 각 지방에 따라 「성주풀이」는 다양한 내용으로 존재하였다.[80]

⑥ 조왕굿: 부엌에 붙어 숨어 있는 악귀를 쫓아내는 굿이었다. 농악대는 부엌(정지)에 들어가 빠른 박자의 농악을 치고 상쇠의 앞소리로 '조왕풀이'의 사설을 읊었다. 조왕굿의 농악은 지방에 따라서도 별 차이가 없었으나 그 사설은 지방에 따라 큰 차이가 있었다.

⑦ 장독굿: 이것은 '철용굿' 또는 '장구방굿'이라고도 하였다. 장독대에 가서 농악을 치고 상쇠의 앞소리로 사설을 읊었다. 역시 장독굿의 농악은 지방에 따라서도 별 차이가 없었으나 그 사설은 지방에 따라 큰 차이가 있었다. 예컨대 경상남도 동래지방에서는 '장독굿'의 사설은 여러 가지가 있었는데, 그 중의 하나는 다음과 같았다.

어히어루 지신아
장독지신 올리자
꿀치자 꿀치자
이 장독에 꿀치자
강원도벌이 날아와

---

79 『韓國民俗綜合調査報告書』 13집, 384쪽.
80 『韓國民俗綜合調査報告書』 2집, 434~40쪽 참조.

이 장독에 꿀치네
꼬초장은 매워야
지령장은 짭아야
막장은 달아야
된장은 누렇어야
잡귀잡신은 물알로
만복은 이리로.[81]

한편 바로 이웃 지방인 경상남도 밀양지방 장독굿의 사설은 다음과 같
았다.

어여루 지신아
장독가세로 올리세
이 장독이 생길 적에
명산잡아 생겼구나
앞밭에 콩심어
부지런히 가꾸어서
가을이라 추수하여
여기저기 재어놓고
바닷물을 길어다가
염밭을 다룬 후에
염밭 따라 소금내어
여기저기 재어놓고
항하수를 길어다가
이거저거 품어놓고
콩을 씻어 메주 쑤어
뜨신 방에 달아놓고
거미줄 닦은 후에

---

81 『韓國民俗綜合調査報告書』 13집, 380쪽.

〈그림 34〉 두레농악의 지신밟기(안산문화원)

깨끗이 씻어놓고
좋은 날 갈이받아
오색토록 금토놓고
이집이라 대부부인
이장을 담을려고
중탕에 목욕하고
하탕에다 손발 씻고 상탕에 물을 떠서
조왕축제 푸념이다. (……)[82]

이 밖에도 모든 지방에서 특유한 '장독풀이' 사설이 존재했었다.

⑧ 샘굿: 이것은 '우물굿' 또는 '용왕굿'이라고도 하였다. 집안에 개별 가족용 우물이 있는 경우에는 우물에 가서 농악을 치고 상쇠의 앞소리로

---

82 『韓國民俗綜合調査報告書』 13집, 387~388쪽.

그 사설을 읊고 합창하였다.

⑨ 고방굿: 농악대는 고방(庫房)으로 가서 덧배기가락으로 농악을 치고 상쇠의 앞소리로 고방풀이의 사설을 읊었다.

⑩ 정락굿: 농악대는 변소간에 가서 농악을 치고 상쇠의 앞소리로 그 사설을 읊었다.

⑪ 마구간굿: 농악대는 마구간에 가서 농악을 치고 상쇠의 앞소리로 '마구간풀이'의 사설을 읊었다.

농악대가 이상과 같이 대문·마당·대청(성주풀이)·부엌·장독·우물·고방·변소·마구간에서 농악을 치구 그 '풀이'의 사설을 읊고 나서는 마당에서 다시 한 번 일렬로 원진무를 추며 농악을 벌였다. 이때 주인은 악귀를 쫓아준 사례로 농악대에게 약간의 금전이나 쌀을 내거나 술과 안주를 제공하였다. 농악대는 다시 다음 집을 찾아 '지신밟기'를 해 주는 것이다.
농악대가 '지신밟기'에서 얻은 전곡(錢穀)은 정월 대보름날 밤에 열리는 '줄다리기(索戰)'의 비용으로 충당되는 것이 보통이었다. 이 때문에 '두레'의 분포와 줄다리기의 분포는 밀접히 연관되고 중첩되어 있었다.[83]
정월 대보름날 낮에 지신밟기를 하고 밤에 줄다리기가 끝나면 이긴 편이 선두에 서서 경상북도 안동지방에서는 「쾌지나 칭칭나네」의 '칭칭이놀이'를 하며 즐겼다.

하늘에는 별도 많다

---

[83] 전라남도 영광 지방에서와 같이, 지방에 따라서는 '줄다리기'와 '농악'을 결합하여 '줄굿'이라는 농악을 치면서 행하는 줄다리기놀이도 있었다.

쾌지나 칭칭나네
시내강변 돌도 많다
쾌지나 칭칭나네(······)[84]

또한 경상북도 달성·경산 지방에서는 「쾌지나 칭칭나네」 대신에 '호호 방아야 놀이'를 하고, 경상남도 지방에서는 '떫애기 놀이'를 하였다.[85] 어떠한 놀이이든 간에 모두 '히므이 무용'의 특징을 가진 씩씩하고 약동적인 놀이들이었다.

지신밟기놀이는 농민들의 퇴귀(退鬼) 신앙과 두레의 농악이 결합한 것이지만, 그 내용을 보면 농민들도 두레의 농악대가 지신밟기를 해준다고 악귀가 물러간다고 신앙한 것이라기보다는 이것을 오락과 놀이의 하나로 즐긴 것으로 보인다.

10. 마당놀이

'마당놀이'는 지방에 따라 '판굿' 또는 '마당굿' '놀음마치'라고 불린 것으로서, 두레의 농악대가 '지신밟기'를 한 후에나 또는 봄철의 화전놀이, 가을철의 추석놀이 또는 추수 후의 걸립놀이로서 마을의 큰 집의 마당에서 놀이였다. 마당놀이는 본질적으로 두레의 호미씻이를 큰 집의 마당으로 자리를 옮겨 축제의 성격을 줄이고 오락과 연예에 무게를 주어 농악판을 벌인 것이라고 볼 수 있다.

마당놀이와 호미씻이의 큰 차이는 호미씻이가 두레의 공동노동 완료의 농민축제로서 축제적 성격을 갖고 두레성원들과 마을성원들이 참여하는

---

84 송석하, 「지신밟기 무용」, 앞의 책, 20~21쪽 참조.
85 송석하, 「지신밟기 무용」, 앞의 책, 22~23쪽 참조.

집단음악과 집단무용을 중심으로 구성된 데 비하여 마당놀이는 농민의 오락적 성격을 갖고 마을 성원들을 관객으로 해서 집단놀이와 함께 개인놀이를 동일하게 중시한 곳이 있었으며, 마당놀이를 해준 보수를 받은 데 있었다고 할 수 있다.[86] 따라서 마당놀이에서는 농악기의 연주, 가락에 맞추는 선창과 합창, 집단무용 뿐만 아니라, 잡색들을 중심으로 펼쳐지는 재담과 연극, 잡이와 잡색들의 각종 개인놀이가 매우 중시되어 공연되었다.

마당놀이의 구성은 지방에 따라 상당한 차이가 있었다. 현재 그 잔영을 볼 수 있는 것으로부터 소급하여 충청도 부여지방의 마당놀이의 구성을 보면 다음과 같다.[87]

① 인사굿: '마당놀이'를 시작할 때의 인사를 대신한 농악이다. 쇠잡이들이 무동·법고·사물(꽹가리·징·장구·큰북)순으로 3열 종대로 열을 지어 마당에 들어가서 인사하고, 사물·법고·무동 일렬 원형 우로 돈 다음, 쇠가락에 맞추어 4방으로 밖을 향해 서서 다시 쇠가락을 맞추어 인사하는 놀이이다.[88]

② 도둑굿: 도둑굿가락을 치며 우로 도는 농악춤이다. 이때 도둑굿가락을 두 번치고 세마치로 돌리고 두마치로 넘겼다가 세마치로 돌렸다. 이때 소고는 양상모를 돌렸다.

③ 칠채: 칠채를 치면서 우로 도는 농악춤이다. 칠채 다음에는 세마치로 넘기고 다시 두마치로 몰았다가 허튼 세마치로 몰며 우로 돌았다.

④ 쩍쩍이: 쩍쩍이가락을 치면서 옆걸음을 침과 동시에 법고춤이나 무동춤을 추면서 우로 도는 농악춤이었다.

---

86 '마당놀이'의 수입은 마을의 서당을 차리든가 농청을 짓는 등 마을의 '공동비용'에 사용하는 것이 관행이었다.
87 『韓國民俗綜合調查報告書』 13집, 34~36쪽 참조.
88 '인사굿'은 마당놀이가 끝날 때에도 다시 반복했는데, 전통적 농악의 인사굿을 오늘날에는 변용하여 행하고 있다.

〈그림 35〉 마당놀이(양주농악, 안산문화원)

⑤ 연풍대: 느린 가락의 굿거리를 치면서 춤을 추며 우로 돌고 이때 새납을 길게 불었다. 이어서 꽹가리와 징이 세마치가락을 주고 받다가 두마치로 넘어감과 동시에 뒤로 돌아 좌로 돈 다음 원안으로 두번 들어갔다가 두번 나오는 농악춤이었다.

⑥ 멍석말이: 상쇠는 잦은 세마치가락을 치고 외상모를 돌리면서 우로 전진하여 안으로 나선형으로 감아돌아 멍석말이를 하고 잦은 두마치를

몰아치면서 빨리 조여들어간 다음 풀어서 나왔다가 딴 곳에 가서 다시 멍석말이를 하고 풀었다.

⑦ 쓰레질: 느린 세마치를 치면서 사물·법고·무동의 3열을 정면을 향하여 종대로 늘어세운 다음 빠른 가락을 치면서 이 가락에 따라 법고와 무동이 점점 앉았다가 점점 일어섰다. 이어서 세마치가락에 사물은 그대로 서 있고 법고와 무동을 합하여 우로 크게 돈 다음 다시 쇠가락에 따라 그 자리에 서서 점점 앉았다가 점점 일어섰다가 하였다. 끝으로 세마치가락에 사물과 법고가 두 줄로 나란히 가다가 서로 좌우로 갈려 한 바퀴 돌았다.

⑧ 좌우치기: 세마치장단에 사물·법고·무동이 3열 종대로 늘어선 다음 왼편으로 두 발 옆걸음, 오른편으로 두 발 옆걸음, 뒤로 두 발 뒷걸음, 앞으로 두 발 앞걸음을 하여 좌우치기를 하였다.

⑨ 삼통백이: 세마치를 치면 전원이 우로 크게 원을 그리며 돌다가, 사물·법고·무동이 각각 따로 3개의 원을 그리며 우로 돌았다.

⑩ 장구놀이: 상쇠는 잦은 마치를 몰았다가 세마치로 돌리고 전원을 일렬로 우로 돌리면서 장구잡이 셋을 원 안으로 달고 들어가 상쇠와 장구잡이가 서로 마주보고 서서 장구놀이를 하였다.

⑪ 두레풍장: 상쇠를 중심으로 사물이 안으로 가깝게 조여가며 둘러쌓고 그 다음 밖에서 법고가, 맨 끝의 밖에 서는 무동이 둘 쌓아 3중의 원을 만들어서 세마치장단을 점점 몰아가며 흥거운 농악춤을 추었다.

⑫ 열두발 상모 돌리기: 쇠잡이가 세마치를 치며 우로 크게 돈 다음 제자리에 서서 쇠자락을 치면 법고잡이 하나가 열두발 상모를 쓰고 나와 중앙에서 긴 상모를 돌렸다.

한편 다른 예로서 전라남도 화순지방 두레 농악의 '마당놀이'는 다음과 같이 구성되어 있었다.[89]

① 길굿: 상쇠는 정문 삼채와 느린 삼채 순으로 길군악을 치면서 마당에서

일렬 종대를 지어 입장하였다.

② 가새진: 상쇠는 느린 삼채를 치면서 잡이들을 지휘하여 원을 좁혀 원내로 들어갔다가 돌아가는 방향을 바꾸어 밖으로 빠져나오며 결국은 일렬원을 형성하고 모든 잡이들은 원의 중심을 보고 서서 농악춤을 추었다.

③ 짝들음: 쇠잡이들만 원의 중심으로 들어가 상쇠의 쇠잡이(부쇠·3쇠·4쇠)들이 '짝들은'이라 하여 마주 보고 상쇠가 치는 가락을 쇠잡이들이 받아치면서 각기 상모놀이를 하며 즐겁게 농악춤을 추었다.

④ 이십팔수: 동서남북 4방의 칠성을 상징하는 '이십팔수'라고 부르는 가락을 치면서 다른 잡이들은 원의 중심에서 제자리에 서 있고 쇠잡이들만 을(乙)자진을 만들면서 징잡이 앞으로 가서 같이 어울렸다.

⑤ 일채: 쇠가락 일채를 치면서 잡이 전원이 시계 반대방향으로 원진무를 추었다.

⑥ 이채: 쇠가락 이채를 치면서 잡이 전원이 시계 반대방향으로 원진무를 추었다.

⑦ 삼채: 쇠가락 삼채를 치면서 잡이 전원이 시계 반대방향으로 원진무를 추었다.

⑧ 호호굿: 잡이들 전원이 시계 반대방향으로 원진무를 추면서 호호가락을 치고 잡이들이 일제히 '호허이'하는 구호를 불렀다.

⑨ 사채: 쇠가락 사채를 치면서 잡이 전원이 시계 반대방향으로 원진무를 추었다.

⑩ 오채: 쇠가락 오채를 치면서 잡이 전원이 시계 반대방향으로 원진무를 추었다.

⑪ 노래굿: 느린 삼채를 치면서 일렬로 원진무를 추다가 4열을 만들면서 계속해서 원진하고 모든 잡이들은 연주를 중지한 채 장구만 살풀이가락을

---

89 『韓國民俗綜合調査報告書』 13집, 63~65쪽 참조.

치는 가운데 상쇠가 앞소리를 먹이면 모든 잡이들은 뒷소리를 받았다.

⑫ 육채: 쇠가락 육채를 치면서 잡이 전원이 시계 반대방향으로 원진무를 추었다.

⑬ 도둑잡이: 쇠가락 삼채를 치고 멍석말이 진법을 세 번 반복하는 이른바 3방진놀이를 한 다음 잡이들을 길게 외줄로 세우고 '다리치기'와 '새조시'를 3번 반복하는 등 상쇠의 지휘에 따라 농악판을 벌였다. 상쇠는 2열 종대의 잡이들을 선도하여 양쪽으로 벌려 원을 만들고 잡색들은 원의 중심으로 들어가 '투전놀이'를 하는데 새납잡이는 여기에 다가가서 귀에다 대소 새납을 힘차게 불어대면 잡색, 포수, 비리쇠, 상쇠 등이 '도둑잡이'의 연극과 재담을 하였다.

⑭ 칠채: 쇠가락으로 칠채를 치고 잡이 전원이 시계 반대방향으로 원진무를 추었다.

⑮ 개인놀이(구정놀이): 전라좌도 화순 지방의 농악과 '마당놀이'에서 널리 행해진 개인놀이로는 ㉠ 소고놀이, ㉡ 북놀이, ㉢ 장구놀이가 가장 보편적이었다.

㉠ 소고놀이: 상쇠가 빠른 가락을 치고 잡이 전원이 원의 중심을 향하여 서 있으면, 소고잡이들만 원의 중심으로 들어가 시계 반대방향으로 원무하거나, 원의 중심을 본 채 옆걸음치며 마지막에는 '연풍대'를 연출하여 오른발 왼발 순으로 한발뛰기로 회전하면서 시계 반대방향으로 원진무를 추었다.

㉡ 북놀이: 처음에는 느린 삼채를 치고 이어서 '덩덕궁이'를 차며 마지막에는 잦은 삼채에 북을 빨리 치는 놀이였다.

㉢ 장구놀이: 장구잡이들은 시계 반대방향으로 돌면서 가지각색의 장단을 치거나 또는 원의 중심을 보고 옆걸음을 치며 또한 '연풍대'를 연출하여 한 사람씩 오른발 왼발을 교대로 한발뛰기를 하여 회전하면서 시계 반대방향으로 이동하였다.

또 하나의 다른 사례로 경상남도 동래·부산 지방의 두레농악의 마당놀이의 구성을 들어보면 대체로 다음과 같았다.[90]

① 모둠굿: 상쇠가 단마치 일채가락을 치면 징·북·장구·소고·법고 순으로 줄을 서며, 상쇠는 일채를 잠깐만 치고 다음 이채를 치다가 '길군악'을 치면서 마당 안을 일렬로 행진하였다.

② 길굿: 상쇠가 이채·삼채·사채 가락을 치면서 3열을 지은 다음 길군악을 치면서 인사굿을 준비하였다.

③ 인사굿: 상쇠가 삼채와 오채가락을 치면서 전 농악대가 3열종대로 서서 마당놀이의 관중들에게 인사를 하는 굿이었다.

④ 맞춤굿: 상쇠가 삼채와 구채가락을 침과 동시에 농악대는 시계 반대방향으로 일렬 원진무를 추면서 마당놀이를 전개하기 위하여 맞춤굿가락과 농악대의 동작을 맞추었다.

⑤ 문굿: 농악대 전원이 원의 중심을 보고 앉은 다음에 상쇠가 두 사람 사이를 돌아다니면서 달아치기를 하면 두 사람은 일어서서 상쇠를 따라갔으며, 상쇠의 이 동작이 모두 끝나면 결국 전 농악대가 일렬 원진을 하게 되어 돌다가, 상쇠가 꺾으면 다시 반대방향으로 일렬 원진을 하다가, 상쇠의 인도 하에 2열종대를 만들어 앞으로 나와 영기 앞에 섰다. 다음에 상쇠는 상모놀이를 하면서 앞뒤로 돌아다니고 잡색들은 덧배기 춤을 추고 다녔으며, 마지막에는 2열종대를 양쪽으로 벌려 다시 일렬 원형으로 이동하였다.

⑥ 오방진: 상쇠의 빠른 덧배기가락에 맞추어 전 농악대는 동, 서, 남, 북, 중앙 등 5방으로 멍석말이와 멍석풀이를 반복하였다.

⑦ 승전굿: 상쇠의 인도 하에 전 농악대가 시계 반대방향으로 일렬 원진하면

---

90 『韓國民俗綜合調査報告書』 13집, 101~104쪽 참조.

서 승전하여 입성하는 것처럼 굿거리가락에 덧배기춤을 추면서 돌았다.

⑧ 마당굿: 잡이들은 마당굿가락을 치며 원의 중심을 보고, 상쇠와 부쇠는 원 안으로 들어와 상모놀이를 하며 춤을 추다가 앞을 보고 좌우 옆걸음 친 다음 서로 마주보고 서서 이어 자리바꾸기를 하였다. 다음은 잦은 마당굿가락을 치며 '연풍대'를 연출하여 오른발 왼발 순으로 한발뛰기를 하면서 회전하고 이어서 자반뒤기를 하면서 시계 반대방향으로 원선상을 내달았다.

⑨ 영산다드래기: 농악대 전원이 다드래기를 치며 시계 반대방향으로 오른발 왼발 순으로 한발뛰기와 빨리 뛰는 걸음 그리고 2박에 발을 바꾸어 걸어가는 까치걸음 등을 하였다. 이때 소고잡이들은 '일사'를 하고 쇠잡이들은 '꽂아 상모'를 하였다.

〈그림 36〉 두레 농악의 개인놀이(설장고춤, 안산문화원)

⑩ 호호굿: 농악대 전원이 마당굿가락을 치며 갈지(之)자 걸음으로 오른발 왼발을 밖으로 뛰어 시계 반대방향으로 원진하고, 상쇠가 쇠소리를 끊고 '호호' 하고 소리를 치면 농악대는 악기를 딱딱 치면서 빨리 뛰어 돌아갔다. 마지막에는 전원이 다드래기를 치며 '연풍대'를 연출하여 돌았다.

⑪ 우물굿: 농악대 전원이 우물굿가락을 치며 시계 반대방향으로 원진하면서 먼저 쇠소리가 멈추면 오른발 왼발 순으로 한발뛰기를 하고 이어서 회전하는 연풍대와 2회를 자반뛰기로 돌고 앉았다 일어서는 '엎어베기'의 동작을 복하였다.

⑫ 농사굿: 잡이들이 행진하여 ㄷ자형을 만든 다음 소고잡이들이 농악을 치면서 농사일의 각 단계 작업을 집단무용으로 나타내었는바, ㉠ 씨뿌리기, ㉡ 모찌기, ㉢ 모심기, ㉣ 김매기, ㉤ 벼베기, ㉥ 타작, ㉦ 벼쓸어모으기, ㉧ 벼(가마니)쌓기 등이 농악과 집단무용으로 연출되었다.

⑬ 풍년굿: 전 농악대가 ㄷ자형을 만들어 섰으며, 소고잡이들은 앉아서 춤을 추고 잡색들은 안으로 들어와 흥겹게 덧배기춤을 추었다.

⑭ 들법고: 고깔을 쓴 소고잡이들만 소고를 침과 동시에 1박에 두발뛰기를 하면서 시계방향으로 일렬 원진하고, 방향을 바꾸어 소고를 치면서 앉았다 일어서기를 몇 번 반복한 다음, 이어서 연풍대로 제자리에 돌아왔다.

⑮ 개인놀이: 경상도 동래·부산 지방의 농악과 마당놀이에서 널리 행해진 개인놀이로서는 ㉠ 쇠잡이의 상모놀이, ㉡ 소고놀이, ㉢ 장구춤, ㉣ 북춤, ㉤ 열두발 상모 등이 유명하였다.

㉠ 쇠잡이의 상모놀이: 징과 마주 보고 앞뒤로 왔다갔다하면서 앉았다 일어서기와 연풍대를 하면서 상모는 '일사'와 '꽃이상모'를 돌렸다.

㉡ 소고놀이: 소고잡이는 상쇠 앞으로 나가 앉았다 일어서기와 소고차고돌기 그리고 연풍대와 자반뒤기 등을 하는데, 이때의 상모놀이난 '일사', '양사', '꽃이상모'를 돌렸다.

ⓒ 장구춤: 장구잡이는 외장구(보통 치는 것)와 양장구(궁글채로 궁편과 채편을 치는 것)를 침과 함께 상쇠와 마주보고 춤을 추면서 잦은모리 가락에 맞추어 가볍게 뛰며 3진 3퇴하고 이어서 연풍대와 자반뛰기를 계속하였다.

ⓔ 북춤: 북춤은 집단놀이와 개인놀이가 있었다. 집단놀이는 일렬 원진무, 마주보고 서서 좌우로 옆걸음치기, 원의 중심과 원 밖으로 3진 3퇴, 빠른 가락으로 자반뛰기 등이 있었으며, 개인놀이는 먼저 느린 굿거리로 입장하여 양손을 벌려 어깨춤을 추고 잦은모리 가락에는 1박에 두발뛰기 걸음으로 원무하다가 연풍대로 돌아가며 한 발로 북을 받친 채 제자리에서 회전하고 휘모리 가락에 맞추어 까치걸음으로 원진하다가 마지막에는 연풍대로 돌아갔다.

ⓜ 열두 발 상모: 법고잡이가 먼저 서서 열두 발의 긴 상모를 돌리다가 앉았다 일어서면서 돌리고 이어서 한 손을 땅에 짚고 돌리면서 서서히 일어선 다음에 양발을 뛰면서 좌우로 돌리고 마지막에는 상모가 돌아가는 사이를 좌우로 뛰었다.

여기서는 세 지방의 세 개의 사례만을 들었지만, 이 밖에도 경기도·강원도·황해도·제주도의 각 고을마다에 독특한 구성의 마당놀이가 있었으며, 평안도와 함경지방의 일부 고을에도 마당놀이가 있었다.[91]

마당놀이는 농민들의 연예문화(演藝文化)의 하나였다. 때때로 마당놀이는 걸립패농악과 결합되기도 했으며, 그 특징의 하나는 주체가 두레꾼 또는 근로농민이어서 '농민문화'의 중요한 항목을 이룬 농민연예문화의 하나였다.

---

91 『朝鮮の鄕土娛樂』, 336~357쪽 참조.

〈그림 37〉 남사당패의 탈놀이(안산문화원)

필자의 생각으로는 '남사당패 농악'은 농민문화의 한 항목으로서의 마당놀이에서 분화되어 나간 것이라고 본다. 남사당패 농악은 농악과 개인놀이를 전문으로 하는 사람들이 완전히 독립된 직업적 농악대와 연예대를 조직해 가지고 장마당과 큰 마을과 도시를 순회하면서 흥행을 하여 그 보수를 받아서 생계를 유지하였다. 남사당패 농악은 농악뿐 아니라 줄타기, 땅재주, 버나돌리기, 광대놀이 등 곡예와 연극을 풍부하게 넣어 흥행성을 높였으며 재주가 뛰어나고 전문적이었다. 또한 남사당패의 농악은 마당놀이의 규모가 매우 크고 화려하며 기예가 뛰어난 것이어서 무대 연예적 성격을 많이 가진 것이었다. 그러나 남사당패 농악의 근저에 있는 것은 두레 농민의 마당놀이였음을 그 구성을 보면 바로 알 수 있게 된다.

두레농민의 마당놀이는 농민의 연예문화를 창조했으며 동시에 민족문화의 정수의 하나를 창조했다고 말할 수 있을 것이다.

11. 머슴날

두레 공동체의 머슴들이 만든 명절로 조선왕조 말기·일제강점기 초기까지는 '머슴날(雇傭節)'이라는 머슴들의 명절이 있었다. 이것은 매해 음력 2월 초하루를 머슴날로 정하여, 이날은 온 마을 사람들이 머슴을 특별히 우대하고, 머슴들은 농청에 농기를 세우고 농악을 올리며 자기들의 큰 잔치를 벌리어 즐기는 날이었다.

김윤식은 『속음청사』에서 18894년 충청도 면양에서의 '머슴날' 행사에 대하여 다음과 같이 기록하였다.[92]

> 2월 초1일. 오늘은 곧 농가의 머슴날(雇傭佳節)이다. 마을마다 농기를 세우고 징(鉦)과 북(鼓)을 울리며 이를 즐긴다.

김윤식이 머슴날의 기록에서 이것을 한문으로 '고용절(雇傭節)'이라고만 하지 않고 '고용가절(雇傭佳節)'이라고 하여 '가(佳)'자를 넣은 것은 이것이 머슴들의 잔칫날이요 명절임을 강조한 것이라고 이해된다. 김윤식의 '고용가절'은 필자가 '머슴날'의 한자 뜻 번역일 것이라고 추정하여 '머슴날'이라는 우리말로 설명하고 있다. 머슴날은 충청도 지방뿐만 아니라 두레가 시행된 모든 지방에서 널리 행해진 민속이었다.

충청남도 대덕군 진잠면 고로(古老)들의 설명에 의하면 마을마다 마을 머슴들이 모이는 농청이나 '큰사랑'이 있는데, 해마다 정월 대보름날에는 머슴들이 사랑방에 모여 그들의 대표인 '큰머슴'을 뽑았으며, 이 큰머슴이 그 해의 두레 조직의 수총각(首總角) 또는 총각대방(總角大方)이 되었다고

---

92 金允植, 「沔陽行遣日記」, 1894年 高宗 31年, 음력 2月 初1日條, 『續陰晴史』(國史編纂委員會版) 上卷, 299쪽, "今日卽農家雇傭佳節也 村村建農旗 鳴鉦鼓以娛之" 참조.

한다. 큰머슴은 마을 머슴들의 대표로서 머슴날 행사의 준비를 독려하여 음력 2월 초하루에 맞추어 농악대와 음식 준비를 서둘렀다. 음식은 머슴을 고용한 주인이 송편과 술, 고기를 준비하고, 그 해의 16세가 되는 머슴들이 '성인'이 되는 턱으로 각각 막걸리 2말씩을 준비하였다.

2월 초하루 머슴날이 돌아오면 농청이나 큰사랑에서 먼저 마을 머슴들의 행사가 시작되는데 머슴들의 나이 숫자에 맞추어 차린 송편상(술·고기를 곁들임)을 받아 시식을 하고, 그 해 16세가 되는 머슴들이 큰머슴을 비롯한 선배 머슴들에게 준비한 막걸리의 술잔을 드리고 큰머슴이 16세 되는 머슴에게 답례의 술잔을 내렸다. 이 의식이 끝나면 16세가 된 머슴은 그 이전에 '꼴머슴'으로부터 '중머슴'이 되는 것이었다 한다. 또한 그 해 마을에 새로 고입된 머슴이 있으면 그들로부터 큰머슴에게 술잔을 바치게 했다.

아침의 잔칫상과 의식이 끝나면 머슴들은 농청 마당에 농기를 세우고 농악을 치기 시작하였다. 이것을 '머슴날놀이'[93]라고 하였다. 머슴들은 추위도 잊은 채 하루 종일 농악을 치고 춤을 추다 지치면 음식잔치를 벌이며 다시 농악과 춤을 추고 소리를 합창하면서 밤이 깊도록 하루를 즐겼다. 머슴날에는 온 마을 사람들이 머슴을 특히 우대하고 존중하였다고 한다.

머슴날이 언제부터 시행되었는지 그 기원은 정확히 알 수 없으나 두레가 성행한 조선왕조 시대에 시행되었다는 것은 틀림없는 사실이었다. 한국의 전통사회에서 최하층 농업노동자의 일종인 머슴들의 머슴날이 제정되어 실행되었다는 사실은 주목할 필요가 있는 중요한 사실이라고 할 수 있다.[94]

---

93 송석하, 「傳承娛樂의 分類」, 앞의 책, 309쪽 참조
94 한국 전통사회에서 실행되었던 '머슴날(雇傭節)'은 서양의 개념에 비유하면 '메이데이(勞動節)'와 유사한 것으로서, 한국 전통사회의 농촌에는 일종의 '노동절'이 존재했었다고 볼 수도 있을 것이다.

12. 공동우물치기와 용왕굿

두레의 공동작업과 공동행사의 하나에 마을의 공동우물치기가 있었다. 상고시대 두레가 발생한 이래 마을의 식수는 공동우물에 의존하였고, 마을이 큰 규모의 경우에는 두세 개의 공동우물을 파서 사용하였다. 마을 안에 가호별(家戶別) 단독우물이 나타난 것은 마을 안에 귀족과 지주가 나타나서 신분·계급의 분화가 격화되고 사적(私的) 가족단위 생활이 강화된 후대의 일인 것으로 추정된다. 그러나 조선왕조 말기까지는 가호별 단독우물이 일반화되었음에도 불구하고 마을의 공동우물은 여전히 병존하여 마을 안에서 널리 애용되었다.

마을의 공동우물치기는 두레의 발생 이래로 두레의 책임이었다. 해마다 음력 3월 또는 7월에 두레꾼들은 길일을 택하여 공동작업으로 공동우물치기를 수행하고 '용왕굿'을 친 다음 그날 밤을 잔치로 즐겼다. 두레의 공동우물치기의 관행은 언어에도 삼투하여, 우리나라의 고어(古語)에는 우물을 공동으로 치는 도구나 지형이 낮은 곳으로부터 높은 곳으로 물을 공동으로 퍼 올리는 양수도구(揚水道具)를 '두레'라고 했으며, 공동우물(또는 후에는 모든 우물)의 물 퍼올리는 바가지를 '두레박'이라고 했는데, 이것은 모두 두레 공동체의 공동우물치기·공동관개사업과 관련되어 나온 용어라고 볼 수 있다.

두레꾼들은 공동우물 치기가 끝나면 공동우물가에서 용왕굿을 쳤다. 먼저 공동우물의 터주인 용왕을 위하여 간단한 고사상을 차리고 두레의 영좌가 '맑은 물이 마르지 않고 철철 넘치도록' 축원하는 3배를 올린 다음 두레의 농악대가 우물가에서 '용왕굿'이라는 농악을 치기 시작하였다. 두레의 농악대는 공동우물을 둘러싸고 한 바퀴 돌면서 원진을 만든 다음 우물을 향하여 3배하고 다시 뒤로 돌아서 마을과 마을 사람들을 향하여 3배한 다음 시계 반대방향으로 원진무를 하며 공동우물을 돌면서 상쇠의 인도 하에 '용왕굿가락'을 쳤다. 상쇠가 쇠가락을 딱 멈춘 다음에는 상쇠의 앞소리에 따라 '용왕풀이'의 축원의 노래를 합창하였다.[95] 후대에는 이 용왕풀이가 지신밟기에도 전용되었는데, 경상도 동래 지방의 「용왕풀이」의 예를 보면 다음과 같았다.

어히여루 지신아
용왕지신 올리자
동방청제 용왕님
남방적제 용왕님
서방백제 용왕님
북방흑제 용왕님
칠년대한 가뭄음에
물이나철렁 실어주소
구년장마 홍수에도
물이나철렁 맑아주소
잡귀잡신은 물알로
만복은 이리로.[96]

또한 경상남도 밀양지방의 「용왕풀이」는 다음과 같았다.

이여루 지신아
용왕지신을 누르자
하늘에는 옥황상님
물밑에는 용왕님
동해바다 용왕님아
서해바다 용왕님아
남해바다 용왕님아

---

95 『韓國民俗綜合調查報告書』 9집, 337 참조.
96 『韓國民俗綜合調查報告書』 3집, 822쪽 및 같은 보고서 13집, 380쪽.

북해바다 용왕님아
천년술을 당겨주고
만년술을 먹더라도
물맛이나 변치마소
이젠니가 이래도
칠년대한 가뭄에
천년술을 댕겨주고
만년술을 댕겨주네
천만년 먹더라도
물맛이나 변치마소.[97]

용왕풀이가 끝나면 두레의 농악대는 다시 용왕굿가락을 치며 공동우물을 둘러싸고 시계바늘 돌아가는 반대방향으로 원을 그리며 돌면서 오른발 왼발 순으로 한발뛰기를 하고 이어서 회전하는 연풍대와 2회를 자반뛰기로 돌고 앉았다 일어서는 엎어베기를 반복하면서 농악과 집단무용을 하였다. 용왕굿이 끝나면 두레꾼들은 농청으로 돌아와서 그날 밤은 농청에서 잔치를 벌였다.

13. 맺음말

지금까지 한국 전통사회에서 두레 공동체가 창조하여 발전시킨 농민문화 중에서 주로 농기와 농기싸움, 농악, 농민의 민요, 두레장원, 호미씻이, 농민무용, 지신밟기놀이, 마당놀이, 머슴날, 공동우물치기와 용왕굿 등을 고찰하였다. 여기서는 두레가 창조하여 발전시켰던 10개의 문화항목을 고찰했음에 불과하고, 이 밖에도 두레가 만들어낸 농민문화가 보다 많이 있

---

97 『韓國民俗綜合調査報告書』 13집, 387쪽.

었음은 더 말할 필요도 없다.

한국 전통사회에서 농민이 한국 민족의 절대다수의 구성원이었기 때문에 두레가 창조해낸 농민문화는 또한 바로 민족문화를 창조해낸 것이기도 하였다. 이러한 점에서 두레는 한국의 농민문화를 창조해낸 주체로서의 공동체였을 뿐 아니라 한국의 민족문화를 창조해낸 주체로서의 공동체이기도 하였다.

두레가 창조해낸 농민문화는 또한 전형적인 공동체문화였다. 두레와 두레가 창조해낸 농민문화들 속에는 이해타산과 상호반목과 상호불신과 소외를 철저히 극복하고 상호간의 신뢰와 사랑 속에서 더욱 친밀하고, 충분히 서로 이해하며, 더욱 자유롭고 평등하며, 상호간에 더욱 철저히 협동 부조하고, 불우한 성원을 철저히 공동부조하며, 성원 상호간의 전인격적 관계 속에서 감정적 응집과 공동체의식을 강화하고, 충만감을 갖고 느끼며, 도덕적 헌신을 하고, 성원들이 지속적으로 긴밀한 유대를 맺으면서 살아가는 '공동체적 삶'이 실현되고 있었다.

두레가 창조해낸 공동체적 농민문화는 자연에 대한 투쟁으로서의 공동노동과 결합하여 만들어지면서 매우 약동적이고 전투적이며 율동적이고 장쾌하며 정열적이고 낙천적이며 생산적이고 건실하며 매우 씩씩한 특성을 가진 민중문화와 민중예술이었다. 두레가 창조해낸 농민문화의 이러한 특성은 한국 농민과 한국 민족의 생활 속에도 이러한 특성을 배양해주어 어떠한 압제에도 굴복하지 않고 낙천적으로 이를 극복하여 약동하는 문화적 힘을 조성해주었다.

조선왕조 시대에 최하층 농민들이 장쾌하고 약동적인 농악 가락을 울리며 씩씩한 춤을 추면서 흥겹게 돌린 상모는 조선 봉건사회의 농민들이 양반과 지주들의 착취 밑에서도 자기들의 농민문화와 민족문화를 창조하면서 힘차게 성장하고 있었음을 상징적으로 나타내준 것이었다.

또한 일제치하의 캄캄한 어둠의 시대에도 한국 농민들이 홍색·청생·황색의 강렬한 색조의 복장을 하고 전투적인 농악가락과 튀어오르는 듯한 상무적인 씩씩한 춤을 추면서 상쇠의 '호! 호!' 하는 구령에 맞추어 우렁찬 합창을 마을이 떠나가도록 외치며 공동체의 단결을 다짐한 것은 제국주의 자들의 어떠한 야수적 탄압에도 굴하지 않고 밝은 미래를 약속하는 한국 민족과 한국 농민들의 불굴의 생명력과 낙천적이고 씩씩한 생활양식을 상징적으로 나타낸 것이었다.

일제의 관찰자들이 '두레'와 '농악' 등의 한국 농민문화를 보고 "조선 농부의 농사는 전적으로 축제의 소동"이라고 비판했던 것은 그들에게는 없는 한국 고유의 슬기로운 문화에 대한 질시에 넘친 것이었다. 일제 침략자들이 두레와 농악 등의 농민문화에 대한 간교하고 가혹한 탄압을 자행하여 이를 소멸시키려고 온갖 획책을 다한 것은 두레와 그것이 창조해낸 농민문화가 한국 민족의 불굴의 생명력과 생동력을 배양해주는 원천의 하나임을 간취했었기 때문이었다.

두레와 두레가 창조해낸 농민문화에는 개별 노동으로서는 힘겹고 고통스러운 작업이 될 수밖에 없는 일을 공동노동의 공동체를 만들어서 농악 등여러 가지 농민문화를 창조하여 융합시킴으로써 노동능률을 크게 제고시킴과 동시에 고통스러운 노동을 즐거운 노동으로 전화시키는 데 훌륭히 성공한 슬기가 실현되어 있었다. 또한 두레와 두레가 창조해낸 농민문화·민족문화·공동체문화는 함께 일하고 함께 즐기면서 상호부조와 공동부조의 협동적 생활양식을 발전시키고 민족공동체의 연대와 단결을 발전시켰다.

회고해 보면, 일제의 식민지 강점시기를 겪는 동안에 수많은 아름답고 창조적인 민족문화가 일제의 한국민족말살정책에 의하여 소멸되고 말살되어 버렸다. 두레와 두레가 창조해 낸 여러 가지 농민문화들도 그러한 문화항목들의 하나이다. 그리하여 오늘날에는 한국 민족성원 모두의 고향이며 한국 민족문화의 뿌리의 터전인 농촌사회가 '두레 공동체'를 상실하고 호미씻이의 축제 한 번도 없는 메마른 곳이 되어 가고 있다.

우리가 민족문화 유산과 민족적 전통 중에서 귀중한 문화항목들을 오늘날에도 우리시대에 맞게 창조적으로 계승 발전시켜 민족발전의 원동력의 하나로 삼아야 한다면, 두레와 두레가 창조해낸 농민문화들은 반드시 재검토해 보아야 할 우리의 문화항목들이 아닐까 한다.

(서울대학교 사회학연구회 편, 『敬山 崔弘基교수 화갑기념논문집, 현대자본주의와 공동체이론』, 한길사, 1998 수록. 2019.1.16. 개고)

6장

'아리랑'과 한국인의 사랑

〈그림 38〉 들에서 일하면서 부르는 아리랑(안산문화원)

1. 한국인이 사랑하는 '아리랑'과 '아라리'의 뜻

'아리랑'은 한국민족의 상징적인 대표적 민요이다. 아득한 옛날부터 한국민족의 사랑을 받으며 널리 불려진 노래일뿐 아니라, 오늘처럼 남·북이 분단되어 올림픽 단일팀이 하나의 국가(國歌)를 부르기 어려울 때는 '아리랑'을 국가처럼 합창하여 한 민족임을 확인한다. '아리랑'은 노래부문에서 한국인의 '상징'처럼 된 것이다.

그러면 '아리랑'은 무슨 뜻인가? 아무도 모른다. 현재까지 수긍할만한 해석이 없었다.

한 연구논문을 읽었더니 여러 자료들을 더듬다가 결론에서 아리랑은 "뜻은 없으며 흥을 돕고 음조를 메워나가는 구실을 하는 말"이라고 쓴 것을 보고 실소를 금할 수 없었다. 오래 탐색해 왔으므로 조금이라도 도움이 될까하여 필자의 견해를 밝힌다.

문제의 귀절은 "아리랑 아리랑 아라리요/ 아리랑 고개를 넘어간다"(경기아리랑) "아리아리랑 쓰리쓰리랑(또는 사투리로 서리서리랑) 아라리가 났네/ 아리랑 고개로 날 넘겨주소"(밀양아리랑, 진도아리랑, 정선아리랑) 등에 나오는 '아리랑' '쓰리랑' '아라리' '아리랑 고개' 같은 말의 뜻이다.

필자의 견해로는 '아리랑'의 '아리'의 첫째 뜻은 '고운'의 뜻이고, '랑'의 뜻은 '님'이다. '아리'가 고대한국에서 '고운' '곱다' '아름다운' '아름답다'의 뜻으로 쓰인 흔적은 현대한국어에서 '아리다운'(아리＋다운)에서 찾아볼 수 있다. 몽골어에서 '아리'는 아직도 '고운' '곱다'의 뜻으로 사용되고 있다. 그러므로 '아리랑'의 첫째 뜻은 '고운님'이다.

'아리'의 둘째 뜻은 '(사무치게) 그리운'의 뜻을 담고 있다. 현대한국어에서 (마음이) '아리다'의 동사는 사랑에 빠져 상사병에 걸렸을 때나 마음의 상처를 받았을 때의 표현이다. 이것이 형용사가 되면 '아리'는 상사병이 나도록 '사무치게 그리운'의 뜻이 된다. 이 때의 '아리랑'은 '(사무치게) 그리운 님'의 뜻이다.

'쓰리랑'은 '아리랑'의 둘째의 뜻과 동의어 또는 유사어이다. 마음이 '쓰리다'는 마음이 '아리다'와 유사어이다. 즉 '쓰리랑'은 마음이 아리고 '쓰리도록 그리운 님'인 것이다.

'랑'은 한자로서 삼국시대에는 '郞'자를 써서 젊은 남·녀를 모두 표현했었다. 통일신라시대 이후 조선왕조시대에는 남·녀를 구분하여 남자는 주로 '郞'자, 여자는 '娘'자로 표시하였다. 발음은 모두 '랑'이며, 뜻은 '님'이다. 신라 향가(鄕歌)의 죽지랑(竹旨郞), 기파랑(耆婆郞) … 등이 좋은 예이다.

'아라리'는 근현대에 뜻을 몰라 잃어버린 말인데, 필자는 이를 '상사병'

의 고대한국어라고 판단한다. 현대한국어에서는 상사병을 나타내는 '가슴아리'(가슴앓이)에서 그 흔적이 어렴풋이 보인다. '쓰리다'를 강조할 때 '쓰라리다'라고 강조사 '라'를 넣는 것처럼 '가슴아리'는 '가슴아라리' '아라리'와 같다.

『삼국유사』『삼국사기』「향가」 등에는 상사병에 걸린 사랑이야기가 몇 개 나온다. 인간사회에는 고대사회부터 상사병이 있었음은 쟁론할 필요도 없는데, 한자가 들어오기 전의 상사병에 해당하는 순수고대한국어를 한자가 수입된 후 언젠가 그만 잃어버린 것이다. 민요 '아리랑'에 들어있는 '아라리'가 바로 '상사병'의 순수 한국어인 것이다.

'아리랑' '아라리' 등 단어의 용례로 보아서 필자는 민요 '아리랑'은 먼 옛날 삼국시대의 노래라고 판단하고 있다. '아리랑'은 고구려·백제·신라·가라·탐라 모두에서 변형되면서 널리 애창되었다가, 수많은 변천을 거치면서 오늘에 이르는 동안에 '아리랑' '아라리'의 뜻은 모르게 되었지만, '앞소리' 또는 '후렴'으로 지금도 애창되는 것이라고 본다.

'아리랑'이 뜻도 모른 채 '앞소리' 또는 '후렴'으로 일천 수백 년을 내려온 것은 이 고대어 속에 현대어로는 치환할 수 없는 절묘한 뜻과 멋이 담겨져 있기 때문이다.

현대한국어는 이미 분화되어서, '고운님'과 '(사무치게) 그리운 님'을 복합한 1개 단어가 없어지게 되었다. 그런데 사랑에 빠지면 '고운님'과 '(사무치게) 그리운 님'은 둘이 아니라 하나로 복합된다. 그러니 '아리랑'을 대체할 현대한국어는 없는 것이다.

그 위에 '아라리'(상사병)는 '아리랑'과 절묘한 운율을 이루고 있다. '아리랑'과 '아라리'는 뜻과 소리에서 실로 절묘한 운율이고 동조 대응이며, 기막힌 멋진 표현이다. 현대한국어로는 "아리랑 아리랑 아라리요"의 이 멋있는 절묘한 표현을 도저히 대치할 수 없는 것이다.

구태여 현대한국어로 리듬을 접어두고 번역하면, "아리랑 아리랑 아라리요"는 "곱고 그리운님/ 곱고 그리운님/ (상사병이 나도록) 사무치게 그리워라"의 뜻이다. 또 "아리아리랑 쓰리쓰리랑 아라리가 났네"는 "곱고 고운님/ 그립고 그리운님/ (사무치게 그리워) 상사병이 났네"의 뜻이다.

노랫말 "아리랑 고개로 넘어간다"는 "아리랑〈이〉 고개를 넘어간다"의 표현을 운율에 맞추어 '아리랑' 다음의 토씨를 생략한 것이다. "곱고 그리운님이 고개를 넘어간다"는 뜻이다.

한국전통사회에서 마을공동체의 활동범위를 차단하는 것은 '고개'였다. '고개'를 넘어가는 것은 다시 만나기 어려운 공간으로의 '이별'을 의미하였다. "아리랑이 고개를 넘어간다"는 것은 "곱고 그리운 님과의 가슴아린 이별"을 뜻하는 것이다. 그런데 '아리랑'의 뜻을 모르게 된 이후에는 '아리랑'이 고개이름인 줄 알고 '아리랑고개'로 생각하여 다수의 가사들이 지어지기도 하였다.

2. 아리랑과 한국인의 사무친 사랑

아리랑은 '한국인의 사랑'을 가장 절묘하게 잘 표현한 노래로서, 삼국시대 이후 전승되어오는 동안에 모든 고장에서 자유롭게 가사와 곡을 창작하여 붙이게 되었다. '아리랑'의 가락(리듬)도 사랑과 이별의 그리움뿐만 아니라 희로애락(喜怒哀樂)을 모두 표현하게 되었다.

예컨대 '밀양아리랑' 계통의 '아리랑'은 씩씩하고 약동적이며 낙천적 정서를 표현하고 있다. 또한 '아리랑'은 모내기, 김매기에서 두레꾼들이 합창하는 중요한 '노동요'로도 발전하였다.

아리랑이 천 수백년을 다양하게 계승 발전해 오는 동안에 노랫말과 가락은 수천개가 창작 탄생되었지만, 변하지 않고 전승되어 오는 것이 "아리랑 아리랑 아리리요. 아리랑 고개로 넘어간다" "아리아리랑 쓰리쓰리랑 아라리가 났네. 아리랑 고개로 나를 넘겨 주소" 등의 노랫말이다. 이것이 뜻을 모르게 된 채 변함없이 반복되었기 때문에 이제는 '후렴'이나 '앞소리'처럼 되어 버렸다.

현재 '아리랑'은 임진왜란 무렵 때부터의 것이 채록되어 있다.

(임진왜란 무렵)
할미성 꼭대기 진을 치고
왜병정 오기만 기다린다.
아리랑 아리랑 아라리요.
아리랑 고개로 날 넘겨주게

(병자호란 무렵)
오라배 상투가 왜 그런고
병자년 지내고 안그런가
(아리랑 후렴)

(흥선대원군 집정 무렵)
조선 팔도 좋다는 나무는
경복궁 짓느라고 다 들어간다
(아리랑 후렴)

현재 표준적으로 불리는 다음의 아리랑 노랫말은 아리랑 부분 외에는 일제강점기에 수정 작사된 '신 아리랑'이다.

아리랑 아리랑 아라리요
아리랑 고개로 넘어간다.
나를 버리고 가시는 님은
십리도 못가서 발병난다.
아리랑 아리랑 아라리요

아리랑 고개로 넘어간다.
나를 데리고 가시는 님은
백리를 가도 날아서 간다.
(후렴)

여기서 '나를 버리고 가시는 님은 십리도 못가서 발병난다'는 노랫말은 다음 절인 '나를 데리고 가시는 님은 백리를 가도 날아서 간다'는 노랫말에서 대응되었다. 밀양 아리랑 계통의 '아리랑 고개로 나를 넘겨주소'는 '곱고 그리운 님이여 고개를 넘어 멀리 떠날 때도 나를 데리고 가소'의 뜻이다.

승려 시인 한용운(韓龍雲)이 일찌기 "님만 님이 아니라 기룬(그리운) 것은 다 님이다"는 명구를 쓴 바와 같이, '아리랑'(곱고 그리운 님)은 남·녀의 연정만을 표현한 것이 아니었다. 한국민족은 "곱고 (아름답고) (사무치게) 그리운 것"은 모두 "아리랑"으로 표현하게 되었다.

일제강점기 캄캄한 어둠의 시대에는 남·녀의 연정보다 민족의 '자유' '해방' '독립'이 더 절실한 '아리랑'이었다. 한국인들은 일제 침략자들을 '아리랑'으로 풍자 비판 저항하고, 민족의 '자유' '해방' '독립'을 '아리랑'으로 노래하였다.

    ① 인천 제물포 살기는 좋아도
       왜놈의 등살에 못살겠네. (아리랑 후렴)
    ② 일본 대판이 얼마나 좋아서
       꽃같은 나를 두고 연락선 탔는가(아리랑 후렴)
    ③ 산천초목은 의구(依舊)한데
       이땅의 주인은 어데갔나.(아리랑후렴)
    ④ 풍년 들어도 먹을게 없어

북국의 벌판을 찾아 갔나(아리랑후렴)

⑤ 논밭은 헐어서 신작로 되고
　집은 헐어서 정거장 된다. (아리랑후렴)

⑥ 말깨나 하는놈 재판소 가고
　일깨나 하는놈 북망산 간다.(아리랑후렴)

　일제를 타도하기 위해 싸우던 독립군·광복군들도 '광복군 아리랑'을 불렀다. 그러므로 '아리랑'은 한국인들이 사랑하고 소망하는 '곱고 그리운 님' '아름답고 사무치게 그리운 것'은 모두 '아리랑'으로 상징화되었다. 우리시대 한국민족에게 가장 곱고 사무치게 그리운 '아리랑'은 어떤 '아리랑'일까? "통일아리랑"이 아닐까?

　　　　　　　　（『동아일보』 2003년 1월 16일자 및 30일자 게재）

7장

민족가요 '아리랑'
변증설(辨證說)

1. 머리말

□ '아리랑'은 한국민족의 대표적 민요이다. 한국민족이 사는 곳에서는 지구 어디서나 '아리랑'을 들을 수 있다. 한반도의 거의 모든 고을마다 세월의 흐름에 따라 닦여진 독특한 가락의 아리랑이 있는 것을 보면 이 민요는 아득한 옛날 한국민족의 조상들이 창작하여 온 나라에 퍼져서 즐겨 부르던 노래가 후손에게 전승된 것임을 알 수 있다.

한국 문화재청의 조사에 의하면 현재 파악된 것만도 약 60여종에 3600여수의 아리랑이 있다고 한다. 이러한 아리랑에는 한국인들의 사랑·그리움·기쁨·슬픔·이별·상봉(만남)·반김·미움·한(恨)·탄식·원망·염원·행복·희망 … 등 모든 정서가 짙게 배어 있다. 아리랑은 한국인들이 모든 애환을 담아 노래한 서정 민요인 것이다.

놀라운 것은 수많은 '아리랑'이 수백 수천의 수많은 사연을 사설로 엮으면서도 한가지 '아리랑 아리랑 아라리오' '아리랑 고개를 넘어간다' '아리 아리랑 쓰리 쓰리랑 아라리가 났네'의 여음(餘音)으로 하나로써 꿰뚫려 있다는 것이다. 더욱 놀라운 것은 한국인들이 '아리랑'을 무척 사랑하고 온 민족이 수시로 노래하면서도 '아리랑 아리랑 아라리오' '아리랑 고개를 넘어간다' '아리 아리랑 쓰리 쓰리랑 아라리가 났네'의 조상들이 남긴 노래말의 뜻을 잃어버렸다는 사실이다. 이 사실은 민요 '아리랑'이 말뜻을 잃어버릴 만큼 아득한 옛날에 창작되어 전승된 민요임을 알려주는 것이기도 하다.

동서고금을 막론하고 '민족'에 관심이 있는 연구자는 '민요'를 민족과 민중의 사랑이 담겨진 정수의 시가로 생각하여, 수집하고 연구해 왔다. 필자도 '아리랑'의 말뜻을 몰라 참으로 오랫동안 헤매어 왔다. 달리는 세월 때문에 더 이상 미룰 수 없어서 2003년 1월 국내 일간지에 '아리랑'의 말

뜻에 대한 필자의 생각을 간단한 논문으로 발표했었다.[1]

그 요지는 '아리랑'의 '아리'는 ① '고운' '아릿다운'의 뜻과 ② 가슴이 '아리'도록 '사무치게 그리운'의 뜻이 함께 중첩되어 담긴 옛말임을 간단히 논급하였다. 또한 '랑'은 '님'으로서, 한자가 삼국시대에 처음 보급되기 시작할 때 '랑(郎, 娘)'으로 이국적 멋을 내어 호칭어로 사용되었음을 밝히면서, 신라 향가의 '죽지랑가'(竹旨郎歌), '기파랑가'(耆婆郎歌)의 예를 증거로 들었다. 또한 '아라리'는 '가슴앓이' '상사병'의 옛말임을 밝혔었다.

그후 거의 10년이 되어서 '아리랑'이 유네스코 인류무형문화유산 대표목록에 등재되었다는 반가운 소식을 듣고 인터넷에 접속해 보았더니, 정치쟁점을 넘어선 민족가요의 문제이므로 필자의 '아리랑' 어원 해석이 북한에서도 거의 정설로 채택되었고,[2] 남한에서도 유력한 학설로 되어가고 있

---

1 신용하, 「아리랑의 뜻과 한국인의 사랑 ①, ②」, 『동아일보』 2003년 1월 16일자 및 30일자 게재 참조.
2 『통일뉴스』 「북한상식, '아리랑'의 어원은?」 2009년 9월 13일 입력.
「아리랑의 어원은 무엇일까? 북한의 웹사이트 <우리민족끼리>는 (2009년) 9월 13일자 '역사상식'이라는 기사에서 "8월 10일 풍채 수려한 대동강의 능라도 5월 1일 경기장에서는 세계기네스기록집에 오른 대집단체조와 예술공연 "아리랑"이 올해의 첫 막을 올리었다"고 "아리랑" 공연을 상기시키고는 "아리랑"의 어원에 대해 궁금증을 불러일으켰다. 그러면서 사이트는 노래 "아리랑"에서 공통적으로 쓰이는 표현이 '아리랑' '쓰리랑' '아리랑 고개를 넘어간다' 라면서 이들 세 가지 표현에 대해 각각 다음과 같이 해석했다.
먼저, 이들 세 가지 표현 중에서 '아리랑'을 볼 때 '아리'는 두 가지 뜻으로 해석된다. 첫째로 '아리랑'은 '고운 님'을 의미한다. 사이트는 그 이유로 "'아리'는 '고운' '곱다' '아름다운' 또는 '아름답다'는 뜻이며, 그 흔적은 현대조선말에서 '아릿다운'으로 나타나고 있"으며, 또한 '랑'은 '님'이라는 뜻"이라고 설명했다.
둘째로 '아리'는 '사무치게 그리운'의 의미를 담고 있다. 사이트는 "'아리랑'에서 '랑'은 '님'의 뜻으로 되지만 세 나라(삼국) 시기에는 젊은 남녀를 모두 표현하였다"고 설명했다.
다음으로 사이트는 "'스리랑'은 '마음이 쓰리도록 그리운 님'이라는 뜻"이라고 밝혔다.
또한 '아리랑 고개로 넘어간다'는 '곱고 그리운 님이 고개를 넘어간다'는 뜻이다.

음을 알게 되었다.[3]

이에 좀더 설명해야 할 의무를 느껴 이 글을 쓴다. 글 제목에 '변증설' (辨證說)을 붙임은 선학 오주(五洲) 이규경(李圭景) 선생이 주제를 설명할 때 쓴 방식을 외람되지만 따른 것이다.

2. '아리랑'의 뜻

② 앞서 쓴 바와 같이 '아리랑'의 '아리'는 ① '고운', '아리다운'의 뜻과 ② 가슴이 '아리'도록 '사무치게 그리운'의 뜻이 함께 중첩되어 담긴 말

사이트는 이에 대해 "옛날 봉건사회에서 마을공동체의 활동범위를 차단하는 것은 '고개'였으므로 '고개'를 넘어간다는 것은 다시 만나기 어려운 '이별'을 의미하였다"고 설명했다.

사이트는 "이와 같이 '아리랑'이란 말은 어원적 의미로 볼 때 남녀사이의 사랑에 관한 감정을 표현한 것"이었지만 "외세에 의한 수난을 거치면서 우리 민족이 소원하는 모든 것이 담겨지기도 하고 나라와 민족을 사랑하는 애국적 언어로도 변화되었다"고 정리했다.(이계환 기자, 입력 2009. 9. 13.)

북한은 공식 개념 정의는 집단적 토론 후의 합의된 결론을 모든 기관이 공유하므로 '우리 민족끼리'의 2009년 위의 '아리랑 어원' 설명은 필자의 2003년 '아리랑 어원' 해석을 정설로 채택한 것이라고 볼 수 있다.

3 『기록으로 만나는 대한민국』(행정안전부 국가기록원), 2018, 「아리랑: 또 하나의 애국가」「그렇다면 아리랑은 어떤 뜻이 담긴 말인가? 아리랑의 '아리'는 '아름답다', '곱다' 등의 뜻을 가진 옛말이며, '랑'은 '님'을 가리키는 말이다. 신라 향가에 죽지랑, 기파랑이 나오는 것처럼 여기서 '랑(郞)'은 젊은 남녀를 말하고 있다. 즉 '아리랑'은 '고운 님'이라는 뜻을 갖고 있다. '쓰리랑'에서 '쓰리'는 마음이 아프다, 쓰리다 라는 뜻을 담고 있는 말로 '쓰리랑'은 '마음이 쓰릴 정도로 그리운 님'을 뜻한다고 하겠다. '아라리요'는 '가슴이 아리다'는 뜻을 갖고 있는 말로, 이 모든 것을 종합해 볼 때 "아리랑 쓰리랑 아라리요"라는 노랫말은 "마음이 아리고 쓰리도록 고운 님"이라는 뜻을 담고 있다.」(집필자 남애리)

남한은 합의된 정설을 택하기 어려운 사회이지만, 매우 중요한 국가기관인 국가기록원의 2018년 위의 설명은 2003년 필자의 '아리랑 어원' 해석을 거의 정설로 채택하고 있는 것이라고 볼 수 있다.

이다.

우선 '아리'가 '고운' '곱다'의 뜻임은 현대한국어의 '아리다운' '아리답다'에서 흔적을 찾을 수 있고, 파생어로서는 '아름다운' '아름답다'에서 유사어를 찾을 수 있다.

그렇다면 '아리'가 '고운' '곱다' '아리다운' '아름다운'의 뜻을 가진 옛말임을 시사해주는 당시의 자료는 전혀 없을까? 종래 이것을 『삼국사기』의 '알영'(閼英)에서만 찾으려고 해 왔다.

그러나 『삼국유사(三國遺事)』를 더 주목해야 한다. 『삼국유사』의 우물이름과 박혁거세 왕비의 이름 '아리영(娥利英)'에 해답의 열쇠가 있다. 『삼국유사』에는 박혁거세의 왕비 '알영' 부인의 이름을 따온 우물 이름 알영정(閼英井)을 "일작 아리영정(一作 娥利英井)"이라고 하였다.[4] 따라서 박혁거세 왕비 이름은 알영(閼英), 일작 '아리영(娥利英)'이 되는 것이다. 여기서 '알'은 '아리'의 준말임을 명확히 알 수 있다. 즉 '알영(閼英)'은 '아리영(娥利英)'과 같고, 뜻은 이두식으로 한자에도 표시되어있는 것이다. '아리'의 '娥'(아) 훈독은 '어여쁠 아' '고운 아'이다. '리(利)'는 신라어 발음 표기 차자(借字)이다. '英'(영)의 훈독은 '꽃부리(입술) 영' '아름다울 영' 이다. 고대한국어로 뜻도 곱(아리)고, 한자발음 표기로도 고운의 당시 한국 고대어 '아리'(娥利)로써, '娥利英'(아리영)이라고 표기하여 한자로 '고운'의 뜻을 발음과 뜻을 함께 모두 합성하여 '곱고 고운'이라는 뜻으로 '娥利英'(아리영)으로 쓴 것이라고 해석된다.

즉 박혁거세의 왕후 이름 '아리영'에서 '아리'가 '고운'의 뜻을 시사함을 확인할 수 있는 것이다. 필자는 『삼국사기』의 '알영'만 주목하지 말고, 종래 등한시해 온 『삼국유사』의 '알영'이 곧 '아리영'이라는 기록을 특히 주목하도록 강조하는 바이다.

---

4 『三國遺事』, 卷第1, 新羅始祖 赫居世王조, "是日 沙梁里閼英井(一作娥利英井) 邊 有雞龍現 而左脇誕生童女." 참조

한자 도입 초기의 현상으로 삼국시대에는 한국말의 발음 차용(借用) 한자와 의미 표현 한자가 결합하여 인명·지명 표기에 매우 자주 사용되었다. '곰골'을 '固麻城'으로 표기하는 것과 같은 것이다. 여기서 '固麻'는 '곰(熊)'의 발음 차용이고 '城'은 '골'의 의미 표현 한자 표기이다.

그러므로 娥利英과 閼英은 '아리'와 '알'(우리말 아리=고운) + 英(한자 뜻 = 꽃부리 영, 아름다울 영(美))의 합성어라고 볼 수 있다.

『삼국사기』와 『삼국유사』의 삼국시대 신라 인명과 지명에 남아 있는 알지(閼智), 알천(閼川) 등도 동일한 예이다.

한자 '閼'은 ① 막다(塞) ② 일찍 죽다(夭折)의 뜻을 가진 글자이므로 인명에는 적합지 않은 한자이다. 閼智는 '알'(우리말 알) + 智(한자 뜻 = 슬기 지, 사리 밝을 智)의 합성어이다. 閼川은 '알' + 川(한자 뜻 = 내, 개울) 등으로 볼 수 있다.

'閼智'[5]는 '아리智'이며, '아리'(아리다운, 고운)와 '智'(슬기로운, 사리에 밝은 智)의 합성어로서 '곱고(인물이 수려하고) 슬기로운, 사리 밝은' 사람의 뜻이라고 해석된다. '閼川'도 역시 '알+川'의 합성어로서, '(풍경이) 아름다운 개천'의 뜻으로 해석할 수 있다.

'아리랑'의 '아리'의 한 부분은 '고운', '아리다운'의 뜻임이 명확하다.

한국어는 '고운'의 유사어로 '아리다운'만이 아니라 거의 동일한 '아름다운'이 있다. 동의어이지만 구태여 세밀하게 구분하면, '아리다운'은 '마음씨와 함께 자태가 고운'의 강조점이 있고, '아름다운'은 '자태와 함께 마음씨가 고운'의 강조점 이동이 담겨져 있다고 관찰된다.

자태와 관련해서는 '곡선'(최근의 세칭 S라인)이 중요한데, 한국에서는 이것을 접미어 '아리'로 표현하기도 한다. 예컨대 접착단어 '항아리'는 형태소로 분절하면 '항+아리'로서, '항'이 용기의 표현이고 '아리'는 자태가

---

5 『三國史記』 卷第2, 脫解尼師今 9년조 참조.

곡선으로 되었음을 표현한 것이다.

그러므로 아리랑의 '아리'는 우선 "마음씨도 곱지만 자태도 고운", "곱고 또 고운" '아리'인 것이다.

③ 주의할 것은 아리랑의 '아리'는 여기서 그치지 않는다는 사실이다. 아리랑의 '아리'는 '마음씨와 얼굴과 자태가 곱고 또 고운', "아리답고 아름다운" 데에 그치지 않고, 이 낱말 밖에 있는 전혀 다른 뜻의 낱말 "아라리요"를 연결하여 끌어오면서, "아프게 그리운", "사무치게 그리운"의 뜻을 합쳐서 담아 놓았다.

고대 한국어에서는 현대 한국어의 '아프다'를 주로 '아리다'라고 하였다. 특히 마음이 아픈 것을 '아리다'로 표현한 경우가 많았다. 현대 한국어에서도 마음에 상처를 입어서 마음이 아프거나, 상사병에 걸려서 마음아 아픈 경우에는 (마음이) '아리다'라고 표현하는 경우가 많다.

그러므로 '아리랑'이 '고운님'의 뜻만 가졌다가가도, 바로 뒤에 연달아 '아라리요'를 동반하면 (상사병에 걸릴 만큼 아프게) '사무치게 그리운'의 뜻이 '고운'의 뜻과 함께 겹쳐서 담겨져 융합되어 버리는 것이다.

그러므로 '아라리요'를 동반하는 '아리랑'은 "곱고 사무치게 그리운 님"의 뜻이 된다.

현대 한국어에는 '고운'과 '사무치게 그리운'의 뜻을 함께 담은 '아리'와 같은 한 개 낱말이 없다. 이미 '아리'가 '아름다운(고운)'과 '그리운'의 두 개 낱말로 분화되어 버린 것이다.

그러므로 이 두 개 뜻을 동시에 한 개 낱말에 담고자 할 때에는 오늘날에도 '아리'를 대체할 낱말은 없다.

결국 "아리랑 아리랑 아라리요"의 "아리랑"은 "아라리요"의 대상이 됨으로써 "아라리요"(사무치게 그리워요)의 뜻이 '아리랑'에 전이(轉移)되어 "사무치게 그리운 님"의 뜻이 '고운 님'의 뜻과 함께 담겨지게 된 것이다.

즉 '아리랑' 민요의 '아리랑'은 "곱고 사무치게 그리운 님"의 뜻이 되는 것이다.

3. '쓰리랑'의 뜻

④ '쓰리랑'의 '쓰리'는 동사의 '쓰리다'에서 나온 형용사이다. 다쳐서 몸이나 피부가 아프거나 마음이 아픈 것을 '쓰리다'라고 하였다.

고대뿐만 아니라 오늘날에도 '아리다', '쓰리다'를 '아프다'의 뜻으로 사용하는 경우가 많다.

'아리랑' 가요에서의 '쓰리랑'은 '아리랑'의 두 가지 뜻 가운데서 '고운'의 뜻은 빠지고, (마음이 상사병에 걸려서) '아픈' '사무치게 그리운' 님의 뜻만 남은 표현이다. 마음이 '쓰리도록' '사무치게 그리운' 님의 뜻이 강조된 것이다.

'스리랑'의 '스리'는 된소리 '쓰리'의 변음, 변용 또는 지방 사투리이다.

⑤ '아라리요'는 '아리'의 둘째 뜻과 관련된 '사무치게 그리운'만을 더욱 강조한 동사 표현이다. '아리다'와 '쓰리다'를 강조할 때는 강조사 '라'를 음소절에 끼어넣어서 "아라리다", "쓰라리다"로 표시한다. 마치 높임말을 표시할 때 '시'를 넣어서 "가다"를 "가시다"로 표시하는 원리와 같은 것이다.

"아라리다"의 동사는 현대 한국어에서는 거의 쓰지 않고 "아리다"는 말만 남아서 사용되고 있다. 오직 '아리랑' 민요에만 살아서 "아라리요'로 남아 있다.

"아라리요"는 번역하면 "사무치게 그리워요", "(상사병에 걸릴 만큼) 마음이 아파요"의 뜻이다. 그러나 이것도 부족한 번역이다. 그야말로 (상사병에 걸릴 만큼) '마음이 아프고 또 아린' 것이다.

4. '랑'의 뜻

⑥ '아리랑'의 '랑'은 아리랑 성립기에 청춘남녀를 공식적으로 존중하여 부를 때 이름 끝에 붙인 접미어로서, 현대 한국어의 '님'에 해당하는 낱말이라고 생각한다.

『삼국유사』에는 이름 끝에 '랑'을 붙인 것으로 연오랑(延烏郎), 장춘랑(長春郎), 파랑(罷郎), 부례랑(夫禮郎, 失禮郎), 죽만랑(竹曼郎), 죽지랑(竹旨郎), 기파랑(耆婆郎), 처용랑(處容郎), 미시랑(未尸郎), 설원랑(薛原郎), 거열랑(居烈郎), 실처랑(實處郎), 보동랑(寶同郎) … 등의 이름이 나온다.

『삼국유사』에 수록되어 있는 신라 향가 '죽지랑가(竹旨郎歌)'나 '찬기파랑가(讚耆婆郎歌)'에 나오는 '郎(랑)'자를 보면 현대어 '님'에 해당함을 바로 알 수 있다.

〈그림 39〉『삼국사기』, 『삼국유사』

죽지랑가

지난 봄 돌아오시지 못하니
살아 계시지 못하여 울 이 시름
전각(殿閣)을 밝히셨던
모습이 해가 갈수록 헐어가도다
눈의 돌음 없이 저를
만나보기 어찌 이루리
郎(랑) 그리는 마음의 모습이 가는 길
다복 굴헝에 잘 밤 있으리⁶

죽지랑의 아내가 된 신라 귀족 득오곡(得烏谷)이 혼인 이전 처음에 죽지를 사모해서 지은 이 멋진 노래의 "郞(랑) 그리는 마음의 모습이 가는 길"의 '郞'은 '님'으로 번역하여 "님 그리는 마음의 모습이 가는 길"로 번역하는 것이 가장 자연스러울 것이다.

어찌 귀족만 사랑을 했겠는가? 신라 평민도 '죽지랑'이 아닌 자기의 '아리랑'을 가졌을 것이 아닌가.

신라 경덕왕 때 승 충담(忠談)이 지은 '찬기파랑가'의 '郞'도 '님'의 번역이 가장 적절할 것이다.

찬 기파랑가

흐느끼며 바라보매
이슬 밝힌 달이
흰 구름 따라 떠간 언저리에
오래 가는 물가에
기랑(耆郞)의 모습이겠지 수풀이여
일오(逸烏)내 자갈 벌에서
郞(랑)이 지니시던 마음의 갓을 좇고 있노라.
아아, 잣나무 가지가 높아
눈이라도 덮지 못할 고깔이여.[7]

여기서 "'郞'(랑)이 지니시던 마음의 갓을 좇고 있노라"는 "'님'(기파랑)이 지니시던 마음의 갓을 좇고 있노라'라고 누구나 번역할 것이다.

삼국시대 신라에서는 준수한 귀족 남성 청년을 선발하여 정에 애국 청년단으로서 화랑도(花郞徒)를 편성했었다. 효소왕(孝昭王) 때에는 화랑을

---

6 『三國遺事』卷2, 紀異下, 「孝昭王代竹旨郞」조 참조.
7 『三國遺事』卷2, 紀異下, 「景德王·忠談師·表訓大德」조 참조.

1,000여 명이나 뽑았었다.[8] 이 화랑들은 호칭할 때 이름 끝에 언제나 '랑(郞)'자를 붙였었다.

또한 삼국시대 신라에서는 준수한 귀족 청소년 여성들도 선발하여 '원화(源花)'를 편성했었다. 진흥왕의 '원화' 창설 때에는 선발된 '원화'가 300~400명에 달하였다.[9] 이들을 호칭할 때에도 이름 끝에 '랑'의 접미어를 첨가했으나, 한자 표기는 '娘'으로 하였다.

『삼국유사』에는 귀족 '남모랑(南毛郞)'과 '교정랑(姣貞娘)'의 사랑싸움과 질투 이야기가 수록되어 있다. 또한 『삼국유사』에는 평민 여성 '도화랑(桃花娘)'과 '비형랑(鼻莉娘)'의 이야기가 수록되어 있다.

여기서 삼국시대에는 남녀를 가리지 않고 청춘남녀를 존중하여 호칭할 때에는 이름 끝에 '님'의 뜻으로 멋을 내어 '랑'을 접미어로 붙였으며, 한자 표기는 남성의 경우에 '郞'자, 여성의 경우에 '娘'자를 사용했음을 알 수 있다. 그리고 남·녀의 이름이나 지시대명사에 '랑'을 붙여서 즐겨 노래한 시대가 삼국시대임을 알 수 있다.

여기서 '아리랑'의 '랑'은 남성·여성을 구분하지 않고 청년남녀 모두에게 붙이는 현대어 '님'에 해당한다고 볼 수 있다.

또한 여기서 '아리랑'은 남녀 모두에게 적용되는 "곱고 사무치게 그리운 '님'"의 뜻임을 확인할 수 있다.

5. '아라리'의 뜻

7 '아라리'는 동사 "아라리다" "아라리요"의 명사이다. "아라리"가 "상사병"의 잃어버린 고대 한국어임을 밝힌 바 있다. 너무 사무치게 그리우면

---

8 『三國遺事』 卷3, 塔像第4, 「百栗寺」조 참조.
9 『三國遺事』 卷3, 塔像第4, 「彌勒仙花·未尸郞·眞慈師」 참조.

"상사병"에 걸리는데, 이것이 "아라리"이고, 현대 한국어로는 "가슴앓이"인 것이다.

"아라리"는 번역하면 "마음아라리"="가슴아라리"="가슴앓이"인 것이다.

어떤 이는 '아라리'를 간단히 '상사병'이라고 해석하면, 옛날에 무슨 그렇겠는가라고 망측한 생각이라고 비판할지도 모른다. 그러나 원래 '상사병'은 현대보다도 고대·중세에 훨씬 더 많은 것이고 일상화되어 있었던 것이었다고 본다. 왜냐하면 고대·중세의 신분제 사회에서는 자유연애가 엄금되어 있었고, 그 위에 신분제도의 장벽이 넘을 수 없게 높았기 때문이었다. 고대 엄숙한 사료 문헌에 뜻밖에 '상사병' 이야기가 가끔 수록된 것도 이러한 연유 때문이라고 볼 수 있다.

'아라리'는 망측한 것이 아니라 동서고금에 걸쳐서 인류 보편적인 '아름다운 정서'의 하나라고 생각된다. '아라리'는 '아리랑' 민요가 보존해온 아름다운 한국 고대어인 것이다.

6. 아리랑 '고개'의 뜻

8 아리랑 민요의 가사 가운데, "아리랑 아리랑 아라리요/아리랑 고개로 넘어간다"의 "아리랑 고개를 넘어간다"는 "아리랑⟨이⟩ 고개를 넘어간다"의 뜻이다. 노래 가사에는 운율을 맞추기 위하여 우리말의 '토씨'(助詞)를 생략하는 경우가 많다. 위의 구절도 그러한 경우이다.

그 증거는 바로 다음 구절인 "나를 버리고 가시는 님은/십 리도 못 가서 발병 난다"에서 나타난다. 여기서 "아리랑 고개를 넘어간다"의 아리랑은 "(나를 버리고 가시는) 님"이 '고개'를 넘어가는 것이다.

여기서 ⟨고개⟩는 "곱고 그리운 님"과 '나'를 '이별'시키는 '고개'로 상징화되어 있다.

우리나라는 산이 많은 나라이다. 도처에 산이 있고, 산마다 고개가 있다. 마을공동체가 '고개'를 자연적 경계로 나누어진 경우가 많다. 마을을 '골'(谷), '고흘', '홀'로 호칭하는 언어가 형성된 것도 고개를 경계로 한 "골짜기의 마을" 형성에서 나온 것이라고 해석된다. 이 경우 〈고개〉를 넘어간다는 것은 이 공동체를 떠나 다른 곳으로 감을 의미하며, 곧 '이별'을 상징하는 것이 된다. 특히 자유롭게 고개를 넘기 어려웠던 고대나 중세의 여성들에게는 〈고개〉는 바로 "곱고 그리운 님" 아리랑과 '이별'하는 곳으로 상징화되기 쉬운 것이다.

그러나 '아리랑'의 뜻을 잃어버리고 알지 못하게 된 이후에는 '아리랑' 가사에서 '아리랑 고개'를 자연스럽게 고개 이름으로 생략하고 작사한 아리랑이 상당히 많이 나타나게 되었다.

"아리랑 고개는 몇 고개인가
아리랑 고개는 열두 고개"

"아리랑 고개는 탄식의 고개
한 번 가면 다시 못 오는 고개"

"아리랑 고개는 얼마나 멀게
한 번 넘어가면 영영 못 오나"

"아리랑 고개는 열두 고개
정든 님 고개는 단 고개요"

"아리랑 고개에다 정거장 짓고
정든 님 오시기를 기다린다"

'아리랑 고개'의 가사가 다수이기 때문에 '아리랑'을 '사람'과 관련시키지 않고 '고개 이름'과 관련시켜 해석하려는 시도도 출현하였다.

예컨대 이병도 교수는 우리 민족이 북서쪽에서 동남쪽으로 이동해 들어 왔는데, '아리랑'은 '樂良'(아라, 아랑, 낙랑)과 음이 유사하므로 아랑(아라, 樂良)에서 나온 용어라고 지적하고, 슬픈 노래인 '아리랑'의 아리랑 고개를 황해도 자비령(慈悲嶺)일 것이라고 비정하였다.[10]

양주동 교수는 '아리랑'의 '랑'은 '嶺'(령)의 변음이고, '아리'는 '밝음'의 뜻으로서, '아리랑'은 '밝령(嶺)', '밝고개', '光明嶺'(광명령)의 뜻이라고 해석하여, 전국 여러 곳에 '밝고개'(밝달)가 있는 것으로 시사하였다.[11]

그 이후 한반도의 실재하는 고개 이름들에서 '아리랑 고개'를 비정하려는 시도가 때때로 전개되었다. 예컨대 문경새재, 강원도의 특정 嶺(령)마루, 정선 부근의 특정 고개, 서울 미아리의 특정 고개 … 등이 그 예이다.

그러나 필자는 '아리랑 고개'는 원래 '아리랑'과 '고개' 사이에 '토씨'(助詞) 또는 호칭 접미어가 생략된 것이고, '아리랑'은 '사람'과 관련된 "곱고 그리운 님"으로 해석하기 때문에, '아리랑 고개'를 구체적 지명에서 구하는 것은 정곡을 벗어난 것으로 본다.

그럼에도 근대 이후 '아리랑고개'를 '고개 이름'으로 노래한 '아리랑'과 해석이 많이 나오게 되었다. '아리랑고개'가 구체적으로 실제 존재한 고개 지명이면, 아리랑 노래의 숫자에 버금할 만큼 수많은 '아리랑고개'가 전국 방방곡곡 고을마다 실재해야 할 것인데, 실제로 그러한 지명은 한 곳도 정확히 찾지 못하였다. 그러므로, 이 경우 '아리랑고개'는 '추상적' 고개로 해석해야 할 것이다. 곱고 그리운 님이 넘어가신, '이별'의 고개, '슬픈' 고개, 곱고 그리운 님이 다시 찾아오신 '상봉(만남)'의 고개, '기쁨'의 고개, '희망'의 고개… 등 추상적 고개가 '아리랑 고개'가 아니겠는가?

---

10 李丙燾, 「'아리랑'曲의 由來」, 『斗溪雜筆』, 일조각, 1956, 310~313쪽.
11 梁柱東, 「古語研究抄」, 『思潮』, 1958년 10월호, 1958, 202~205쪽.

⑨ 요컨대, "아리랑 아리랑 아라리요"는 거칠게라도 번역하면 "곱고 그리운 님/곱고 그리운 님/사무치게 그리워라(요)"의 뜻이다.

"아리 아리랑/쓰리 쓰리랑/아라리가 났네"는, 번역하면 "곱고 그리운 님/곱고 그리운 님/사무치게 사무치게 그리운 님/상사병이 났네"의 뜻이다.

'아리랑'의 걸작의 특성은 '아리(랑)'(고운 님)과 '아리다'(아프다)와 '아라리'(상사병)의 다른 낱말들에서 '아리'의 공통음소를 추출한 다음 이들을 동일 음률을 넣어 재조합해서 하나의 강렬한 의미와 음률구를 만들어 버렸기 때문에 이제는 도저히 분절해 내어버릴 수 없는 하나의 멋쟁이 음률구를 창조해 낸 곳에 있다고 할 수 있다.

　"아리랑 아리랑 아라리요."
　"아리랑 아리랑 아라리가 났네."
　"아리 아리랑, 쓰리 쓰리랑, 아라리가 났네."

이 가사는 도저히 현대어 음률을 넣어서는 번역할 수 없는 멋진 원래 고대 음률의 노래 가사이지만, 뜻을 번역하면 다음과 같다.

　"곱고 그리운 님/곱고 그리운 님/사무치게 그리워라."
　"곱고 그리운 님/곱고 그리운 님/상사병이 났네."
　"곱고 그리운 님, 사무치게 그리운 님/상사병이 났네."

'아리랑'에서 "곱고 고운 님, 곱고 그리운 님, 사무치게 그리운 님, 상사병이 나도록 곱고 그리운 님"은 누구일까?

어원상 그것은 남녀간의 '연인'일 것이다.

그러나 한국인에게는 그것만이 아니다 한국인에게는 모든 그들이 "사랑하는 것", "사무치게 그리운 것"은 모두 "아리랑"이었다. 그러므로 "아리랑"은 남녀간의 '사랑'의 노래일 뿐 아니라, 한국인에게는 그들이 간절히 소망하는 것, 사무치게 그리운 것, 궁극적으로 반드시 성취해야 할 귀중한 것은 '아리랑'이었다.

스물세 살의 조선 청년 윤봉길은 빼앗긴 조국의 독립을 다시 찾으려고 부모형제와 어여쁜 젊은 아내와 두 아기 아들을 고향에 남겨두고 중국 청도에 건너가 있을 때 귀향을 바라는 어머니의 편지를 받았다. 윤봉길은 어머니에게 올리는 답장에서 "오늘날 우리 조선 청년에게는 처자에 대한 사랑보다도, 부모에 대한 사랑보다도 더 큰 사랑이 기다리고 있습니다"라고 썼다. 그리고 이듬해 1932년 4월 29일 상해 점령 일본군 총사령관 이하 군·정 수뇌들을 섬멸하고 그는 순국하였다. 그인들 어찌 고향의 부모형제와 어여쁜 아내와 두 아들이 그립지 않았겠는가. 윤봉길에게는 더 사무치게 그리운 '아리랑'이 바로 '민족해방'과 '조국독립'이었다.

한국인에게 "아리랑"이 담은 뜻은 매우 높고 넓은 것이었다.

7. '아리랑'의 성립 기원

10 민족가요 '아리랑'은 후렴 가사의 뜻을 잊어버리고 누구도 알지 못하고 있을 정도로 매우 오래된 민요이다.

필자는 '아리랑'은 고대(고조선 후기 및 삼국시대)에 성립된 가요이며, 늦게 잡아도 삼국시대부터 널리 불린 민요라고 생각한다.

그 근거로는 네 가지를 들 수 있다.

(1) 고려가요도 중요한 것은 뜻을 대부분 알고 있는데, '아리랑'은 그 뜻을 잊어버리고 잃어버렸으므로, 고려시대 이전의 가요일 수 있다는 점

(2) '아리랑'이 전국 방방곡곡에 널리 보급되어 있을 뿐 아니라, 지방마다 특색 있는 곡조와 가사를 창조하고 축적하여, '아리랑' 민요의 문화 축적이 매우 많고 두껍다는 점. 이 깊고 두터운 축적은 매우 오랜 역사를 나

타내 준다는 점.

(3) 신라 박혁거세의 왕비 '아리영'(娥利英)처럼 '고운' '아리다운' '아름다운'의 뜻으로 호칭에 '아리'를 많이 사용한 시기가 삼국시대라는 점

(4) '아리랑' 가사의 순수 우리말에 단지 한 글자, '님' 대신에 '랑'(郞)의 이국문자를 넣어 불특정 지시대명사처럼 호칭하면서 멋을 낸 것이 삼국시대 양식이라는 점.

『삼국유사』에서 일연 스님이 수록해 놓은 신라 향가 '죽지랑가' '찬기파랑가' 등은 신라 귀족 지배층의 전문적 창작시이다. 이 시기에는 이름 아래 '님'의 뜻으로 '郞'의 한자를 교체해 넣어 이국적 멋을 내었음을 볼 수 있다. 이 간단한 멋을 평민층이라고 취하지 못할 이유가 없다. 그들도 '아리'에 '랑'자를 접착시켜 멋진 가사를 만들었는데, 그 후 뜻을 잊어버릴 만큼 된 '오래'임은 적어도 '삼국시대'임을 시사해 주는 것이 아닐까?

여기에 또 하나 주목해 둘 것이 있다. 『삼국유사』에 주몽(朱蒙)이 아직 고구려를 건국하기 이전 북부여에 있던 청소년 시기에, 주몽을 고조선 왕족(단군)계통이라 하여 북부여 사람들이 "천왕랑(天王郞)"이라는 별명으로 불렀다는 기록이다. 그렇다면 북부여에서도 청소년을 호칭할 때 삼국시대 이전 고조선 말기에 '님'의 위치에 '郞'(랑)을 대체하여 호칭했다는 것이 된다. 북부여는 '음악'을 매우 사랑하고 전 국민이 '노래'를 좋아했던 나라였다.

⑪ '아리랑'의 가사의 하나를 채록한 18세기 말~19세기 초의 문집으로 주목할 자료에 『만천집(蔓泉集)』이라는 문헌이 있다.

이 문집은 종래 천주교 순교자 이승훈(李承薰, 1756~1801)의 문집으로 알려져 주목을 받다가, 천주교측에서 재조사해 본 결과 여러 사람의 작품을 무극관인(無極觀人)이라는 농촌지식인이 모아 편집해서 『만천집(蔓泉集)』이라고 제책한 것으로 밝혀졌다.[12]

『만천집』에는 '아리랑'에 관련된 다음과 같은 「농부사(農夫詞)」가 수록되어 있다.

농부사(農夫詞)	농부의 노래(번역)
神農后稷이 始耕稼ᄒ니	신농후직이 밭갈이 김메기 시작하여
自有生民 爲大本이라	백성 살리는 농사가 대본(大本) 되었네
鐘鼓 울어라 鐘鼓 울어라	농악을 울려라 농악을 울려라
薄言招我 諸同伴	우리를 부른다 모두 함께 모여라
啞魯聾 啞魯聾 於戲也	아리랑 아리랑 에헤야
事育生涯 勞不憚일세	살림살이 기르는데 아낌없이 힘쓰세
伊尹摰 성인도 有莘에서	이윤 같은 성인도 유신에서
밭 갈았고	밭 갈았고
陶淵明 처사도 歸田園이라.	도연명 같은 처사도 전원으로 돌아갔네
旗 들어라 旗 들어라	농기를 들어라 농기를 들어라
鼓鐘行 出里東門	농악을 울리며 나간다 마을 동문 나선다
啞魯聾 啞魯聾 於戲也	아리랑 아리랑 에헤야
太平萬事 農夫村일다.	태평만사가 농부촌일다
(중략)	(중략)
牛羊茅草 靑山暮요	소떼 양떼 풀뜯기에 청산이 저물고
鸂鶖長州 白露寒	오리 따오기 긴 모래밭 하얀 이슬이 차구나
호미 매여라 호미 매여라	호미 메어라 호미 메어라

---

12 『蔓泉集』은 金良善 목사가 1930년대에 수집하여, 광복 후 사후에 숭실대학 도서관에 기증된 도서이다. 이 책의 본문은 「雜稿」, 「詩稿」, 「隨意錄」의 세 편으로 구성되어 있는데, 雜稿편에 李承薰의 이름을 적은 「農夫詞」가 수록되어 있다. 천주교 내에서 진위 논쟁이 있기 때문에 아직 판단을 내릴 수는 없다. 그러나 누가 채록한 것이든 간에 「農夫詞」 자체는 18세기 말에 실재했었음은 명백한 것이다. 책 표지는 『蔓泉集』으로 되어 있고, 안표지에 『蔓泉遺稿』로 되어 있으며, 권말에 無極觀人이라는 필명으로 跋文이 있는데, 본명이 누구인지는 밝혀져 있지 않다.

黃昏月色이 滿旗竿일세　　황혼에 달빛이 깃대에 가득일세
啞魯聾 啞魯聾 於戲也　　아리랑 아리랑 에헤야
日夕農談 載酒還이라.　　해진 저녁 농사이야기 술 싣고 돌아오네

　위의 「농부사」에서 "啞魯聾 啞魯聾 於戲也(아로롱 아로롱 어희야)"는 "아리랑 아리랑 에헤야"의 우리말을 한자로 차음표기한 것으로 판단된다. 즉 '아리랑'이 '啞魯聾'이라는 한자말에서 나온 것이 전혀 아니라, 이 농촌 지식인이 '아리랑'의 우리말을 '啞魯聾'으로 차음표기한 것이다. '於戲也'도 마찬가지로 '에헤야'를 한자로 차음표기한 것이다.
　그러므로 『만천집』 「농부사」의 '啞魯聾'에서 '아리랑'이 나왔다는 일부의 설명은 전적으로 잘못된 것이다.

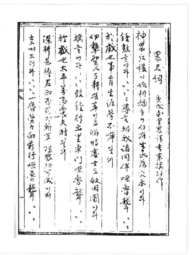

〈그림 40〉 『만첩집』의 농부사

　이와는 별도로 이 「농부사」는 '아리랑'에 대해서 많은 사실을 증명해 주고 있다.

우선 '아리랑'이 '노동가요'로서 불려졌다는 사실이다.

또한 '아리랑'이 바로 농민들의 '두레' 공동노동에서 애창되었음을 이 「농부사」는 잘 증명해 주고 있다. 「농부사」는 농민들이 '두레'를 편성하여 아침에 「농자천하지대본(農者天下之大本)」이라고 쓴 '농기(農旗)'를 들고 대오를 지어 '농악'을 치면서 들에 나가서 '호미'로 김을 매고, 황혼에 다시 농기를 들고 호미를 메고 노래를 부르면서 마을로 돌아오는 모습이 잘 묘사되어 있다.

이 「농부사」에서 '鼓鐘'(고종)은 문자 그대로는 '북과 꽹과리'이지만 조선왕조 시대 사대부들은 '농악'을 '鐘鼓' 또는 '鼓鐘'으로 기록하였다. '爲大本'을 읊은 것은 '농업이 천하의 대본이라'(農者天下之大本)이라는 농기와 사상을 가리킨 것이다. '농기'는 모두 '두레'에서 나온 것이었고, '두레'를 나타내는 것이었다.

특히 제2절의 (현대어로 번역하면) "농기 들어라/농기 들어라/농악을 울리며 나간다/마을 동문 나선다./아리랑 아리랑 에헤야/태평만사가 농촌일다"라는 구절에서는 두레의 공동노동에 나서는 농민들의 모습이 생생하게 묘사되어 있다.

8. 아리랑의 근대의 기록

⑫ 조선왕조 말기, 26대 국왕 고종(후의 광무황제)과 왕후(민 왕후, 후의 명성황후)는 연회와 가무를 좋아해서, 1874년 친히 정사를 한 후에는 거의 매일 연회를 열었다. 이 국왕의 연회에는 궁정 뜰에 등촉을 대낮같이 켜놓고 창우(倡優), 무희, 북잡이들이 어울려 새벽까지 실컷 놀다가, 인시(寅時, 오전 3시~5시)가 넘어서야 휘장을 쳐서 창을 가리고 잠자리에 들었다.[13] 백암 박은식도 국왕 고종의 이러한 '연회중독'을 날카롭게 비판하여

기록하였다.[14]

13 黃玹, 『梅泉野錄』卷1 上, 국사편찬위원회 판, 40쪽, "上親政以來, 日事流連, 每夜曲宴淫戱, 倡優·巫祝·工瞽, 歌吹媒嫚, 殿庭燈燭如晝, 達曙不休, 及寅卯辰時, 始掩黑臐, 施幃帳, 就御酣寢, 晡時乃興, 日以爲常, 世子年幼, 習觀以爲常節, 每朝陽射牖, 輒引兩殿衣曰, 願和媽媽睡, 由是百司懈玩, 衆務惰弛, 及親臨試士之時, 每黃昏始出宮, 少頃駕卽旋, 擧子倉皇燭而寫券, 上旣好遊宴, 亦以科試爲嬉戲之一事, 故無月無科, 或一月再設, 或愁惱無聊, 輒下科令, 都人士相遇稍疏, 必先問曰, 今日無科令乎, 於是外方遊士專爲觀光, 有經歲索米者." (임금은 친정(親政)한 이래 날마다 유흥을 일삼아 매일 밤 연회를 혈고 질탕하게 놀아, 광대·무당과 악공들이 어울려 노래하고 연주하느라 궁정 뜰에 등촉이 대낮과 같았다. 새벽에 이르도록 쉬지 않고 놀다가 인시(寅時)나 묘시(卯時), 진시(辰時)가 되어서야 비로소 휘장을 쳐서 창을 가려 어둡게 하고 잠자리에 들어 곯아떨어졌다. 해가 기울어서야 일어나니 이런 일이 일상사가 되어 세자는 어릴 때부터 익숙히 보아 일상으로 생각했다. 매일 아침 햇살이 창가를 비추면 양전(兩殿)의 옷을 잡아당기면서 "마마, 주무시러 가십시오." 하였다. 이로 말미암아 주무를 맡은 자들이 해이해졌다. 임금이 친히 임하여 선비를 뽑을 때에도 매번 황혼 무렵에 궁궐에서 나갔다가 잠시 후 어가를 돌려 들어가 버리므로 응시생들이 바쁘게 촛불을 켜고 시권을 써야 했다. 임금은 잔치를 좋아할 뿐 아니라 과거도 유희의 한 가지로 생각하여 어느 달이고 과거를 안 치를 때가 없었고, 어떤 때는 한 달에 두 번 실시하기도 했다. 혹 수심이 들거나 무료하면 곧 과령(科令)을 내렸다. 서울 선비들은 서로 만나면 서먹서먹한 사이인 경우 으레 먼저 "오늘은 과령 없습니까?" 하고 물을 지경이었다. 이 때문에 지방에서 올라와 노니는 선비들이 오로지 관광을 하느라 해를 넘겨 쌀을 구하는 자도 있었다.) 참조.

14 朴殷植, 『韓國痛史』, 第2編 第25章 「內政腐敗之極度」, "自甲申變故以後 十年之間 內政之腐敗 愈趨極度. 戚畹憑勢 爭肆貪侈 宦竪窃寵 恣張威福 市井無賴 干預官場 競爲駔檜 巫卜妖賤 瀆褻恩澤 廣張淫祀 稱慶進饌 無歲不擧 長夜之宴 無日或輟. 倡優妓女 演呈百戲 酒池肉林 糜費鉅萬 而皆絞民血 以供之者也. 地方官吏 無不以銅臭得之者 故皆以網利 利職竭澤 而漁民皆失產 愁怨滔天" (갑신정변 이후부터 10년간은 내정의 부패가 극도에 이르렀다. 척완(외척)은 세력을 믿고 다투어 방자한 짓을 서슴지 아니하고 탐욕과 사치를 일삼으며, 환수(환관)는 왕의 고임을 도둑질하여 마음대로 위복(형벌·복을 주는 권력)을 펼치려 들고, 시정무뢰배가 행정관계에 간여하여 다투어 거간행세를 하였다. 무당·점쟁이 등 천한 부류들은 거만하게 은택을 믿고, 음사를 널리 확장하며, 경사스러운 일을 칭찬하고, 진찬을 거행하지 않는 해가 없으며, 긴긴 밤에 연회를 열지 않는 날이 없다. 혹은 창우·기녀들을 데려다가 온갖 잡희를 연출하고 주지육림에 허비하는 비용은 큰 액수

〈그림 41〉 매천 황현과 『매천야록』

고종의 이 궁중연회에는 '아리랑'도 중요한 곡목으로 들어갔다. 양반들이 음란하다고 비판하고, 민중들은 재미있다고 좋아하는 농염한 사랑의 가사를 담은 안성지방의 '아리랑'도 공연되었다. 매천(梅泉) 황현(黃玹)은 다음과 같이 기록하였다.

「승지 이최승(李最承)은 월사(月沙) 이정귀(李廷龜)의 후손인데, 오래도록 가주서(假注書)로 대궐 안에서 당직을 하였다. 나에게 일러주기를, 한번은 밤이 깊었는데 노래하며 악기를 연주하는 소리가 간헐적으로 들려서 하인을 따라 소리를 찾아서 한 전각에 이르러 보니, 휘황하기가 대낮처럼 밝은데 양전(국왕과 왕후)이 편한 복장으로 산만하게 앉아 있는 것이 보였다. 섬돌 아래로는 머리띠를 하고 팔뚝을 드러낸 채 노래하고 북 치는 자들이 수십 명인데 잡된 소리로 노래하는 것이었다. "오는 길 가는 길에 만난 정 즐거워라, 죽으면 죽었지 못 헤어지겠네."

였는바, 그것은 모두가 백성의 피를 빨아 긁어다가 공여하는 것이었다.
지방관리들은 돈을 바치고 관리노릇을 하지 않는 자가 없으니, 그러므로 모두 망리(이익독점)로 업을 삼고, 연못까지 다 차지하여 어민들은 실직자가 되어 근심과 원망이 하늘까지 치솟았다) 참조.

음란하고 비속해서 듣는 사람들이 모두 얼굴을 가렸으나, 명성왕후는 넓적다리를 치면서 "그렇지 그렇지" 하며 칭찬을 하였다.」[15]

이 때 명성황후가 자기 넓적다리로 맞장구를 치면서 '그렇지 그렇지' 하고 추임새를 넣은 아리랑은 내용상 다음과 같은 경기도 '안성지방' 아리랑으로 추정된다.

아리랑 아리랑 아라리요
아리랑 아리랑 아라리요

오다가다 만난 님을
죽으면 죽었지 나 못 놓겠네
아리랑 아리랑 아라리요

간다 간다 간다더니
오늘날은 정말 가네
아리랑 아리랑 아라리요

가기는 갈지라도
정일랑은 두고 가게
아리랑 아리랑 아라리요

민족과 국가의 위기에 국왕 고종이 '연독'에 빠진 것은 큰 잘못이지만, 궁중에서도 '연회'가 열리면 '아리랑'은 국왕과 왕후도 즐거워할 수밖에

---

15 黃玹, 『梅泉野錄』 卷1 上, 국사편찬위원회 판, 111쪽, "李承旨最承月沙(李廷龜, 편자주) 之後也, 久以假注書直闕中, 爲余言, 嘗夜闌聞有歌管, 隨掖隷尋聲而往, 至一處殿閣, 晃朗如晝, 見兩殿便服散坐, 階下帕首袒臂, 歌而詖者數十輩, 有唱雜調者曰, 來路去路逢情歡, 死則死兮難舍旃, 淫褻猥鄙聞者掩面, 而明成后搏髀稱善曰, 然哉然哉."참조.

없는 가요가 된 것이었다.

황현은『매천야록』에서 고종의 궁중연회의 노래가 '아리랑 타령'이었다고 다음과 같이 기록하였다.

「1월, 임금이 낮잠을 자다가 광화문이 무너지는 꿈을 꾸고 깜짝 놀라 잠에서 깨어났다. 임금은 크게 불길하게 여겨 이 해 2월 창덕궁으로 이어(移御)하고 즉시 동궁(東宮)을 보수했다. 이때 남도의 난리가 날로 급박해졌음에도 토목공사는 더욱 공교함을 다투었다.

임금은 매일 밤마다 전등을 켜놓고 광대들을 불러 '신성(新聲)의 염곡(艶曲)'을 연주하게 했는데 '아리랑타령'이라 일컫는 것이었다. 타령이란 부르는 노래를 일컫는 우리말이다. 민영주(閔泳柱)는 원임 각신(原任閣臣)으로서 뭇 광대들을 거느리고 아리랑타령 부르는 것을 전담하여 광대들의 실력을 평가해 상방궁(尙方宮)에서 금은을 내어 상으로 주도록 했다. 이 일은 대조규개(大鳥圭介)가 대궐을 침범할 때에 이르러서야 중지되었다.」[16]

위의 기록에서 고종의 궁중 연회에서 연주된 음악은 종래의 궁중 아악(雅樂)이 아니라, '신성염곡(新聲艶曲)'이었다. 여기서 '신성'은 나라와 세상에서 '새로 나온 소리'라기보다는, '안성 아리랑'의 경우와 같이, 나라와 세상에는 이미 널리 유행되고 있으나 '궁중'과 그 주변에는 새로운 노래(소리)라고 해석해야 할 것이다. 여기서 '염곡(艶曲)'은 남녀간의 '사랑노래'라고 해석된다. 고종과 민왕후는 1885년~1894년 동학농민혁명운동이 일어날 때까지 궁중 연회에 종래의 아악뿐만 아니라 사랑노래로서의 각종

---

16 黃玹,『梅泉野錄』卷2 (高宗 31년 甲午), 국사편찬위원회 판, 134쪽, "正月, 上晝寢, 夢光化門倒, 悽然驚悟, 大惡之, 以二月移御昌德宮, 卽繕東宮, 會南警日急, 而土木之巧愈競焉, 每夜燃電燈, 召優○奏新聲艶曲, 謂之阿里娘打令, 打令演曲之俗稱也, 閔泳柱以原任閣臣, 領衆優, 專管阿里娘, 評其巧拙, 頒尙方金銀賞之, 至大鳥圭介犯闕而止." 참조

아리랑 가요들을 주요 노래연주 곡목으로 부르게 했고, 유생 황현은 이 아리랑 가요 유형을 '아리랑 타령'이라고 넓게 범주화하여 '신성염곡'이라고 성격을 규정했던 것이다.

국왕과 왕후는 권력을 갖게 되자, 전담 관리까지 두면서 궁중 연회에서 '아리랑 타령' 경연회까지 열어서 우수자에게는 '상'을 내리고 즐거워했음을 알 수 있다.

⑬ 개화기에 조선왕조에 교사로 초빙되어 들어와서 체류한 외국인에게도 '아리랑'이 관찰 주목되었다. 1886년 육영공원(育英公院) 교사로 초빙되어 활동한 헐버트(Homer B. Hulbert, 1963~1949)는 한국 언어·문화·역사에도 큰 관심을 갖고 관찰 연구하였다.[17] 헐버트는 민요 '아리랑'의 뜻을 당

---

17 헐버트(Homer Bezaleel Hulbert)는 미국 버몬트 주 뉴헤이븐에서 출생하여, 1884년 다트머스(Dartmouth) 대학을 졸업하고, 다시 뉴욕 유니언 신학교(Union Theological Seminary)에서 2년간 더 공부하고 있을 때 조선왕조 정부에서 육영공원(育英公院) 교사로 초빙되어 조선에 건너왔다. 그는 서울에서 1891년 세계지리와 문화를 당시 한국인들에게 소개하기 위해 『사민필지(士民必知)』를 한글판으로 저술 간행하였다. 1893년에 배재학당 교사가 되고 삼문출판사(Trilingual Press)의 운영 책임을 담당하였다. 1895년에는, 이전 1892년 12월까지 발행되다가 중단된, 최초의 영문 월간지 『코리언 리포지토리(Korean Repository)』를 1895년 1월호부터 다시 발행하였다. 그는 이 잡지 1895년 10월호에 「한국의 왕비 시해(The Assassination of the Queen of Korea)」의 논설을 기고하여 일본 공사 미우라 고로와 일본 낭인배들의 명성황후 시해사건의 진상을 상세하게 폭로 보도하였다. 이어서 1896년 2월호에 「한국의 성악(聲樂)(Korean Vocal Music)」을 기고 게재한 것이다.
　헐버트는 서재필이 미국에서 귀국하여 1896년 4월 7일 『독립신문』을 발행하자, 서재필을 도와서 독립신문 영문판 편집에 협력하였다. 그는 1897년 5월 미국 북감리교회 선교사를 사임하고 일시 관립 사범학교 교장을 맡았다. 1901년 1월에는 월간지 『한국평론(Korea Review)』를 창간하여 편집인을 맡아서, 한국 문화와 역사를 서양에 소개하고, 시사문제로 일본제국주의와 일본인들의 한국 침략 실태를 세계에 알렸다. 헐버트는 한국 역사·언어·문화도 꾸준히 연구하여, 1905년에 『한국의 역사(The History of Korea)』(전 2책), 1906년에 『대한제국의 멸망(The Passing of Korea)』을 저술 간행하였다.

시 한국의 누구도 정확히 모르는 상태에서 '아르랑', '아라룽'의 발음으로 들으면서도 '아리랑'에 주목하며 다수의 '아리랑' 가사를 채록하였다. 그는 아리랑 '악보'도 하나 채보했으며, 민요 '아리랑'을 객관적으로 고찰하려고 노력한 주요한 논문을 『Korean Repository』 1896년 2월호에 「한국의 '성악(聲樂)'(Korean Vocal Music)」이라는 제목으로 게재하였다.[18]

헐버트는 한국의 성악을 ① 시조(時調, 고전적 양식의 시조창), ② 하치(Ha Ch'i)라고 불렀던 대중적 양식의 민요, ③ 그 중간단계에 있던 객실 양식(the drawing room style)이라고 부를 수 있는 노래(성악)로 구분하였다.

헐버트는 「한국의 성악」에서는 ① 시조를 몇 편 비교적 자세히 관찰 서

헐버트는 1906년 일제 통감부 설치와 강점 이후에도 한국 독립운동을 지원하여 주로 다음과 같은 많은 활동을 하였다.

① 1905년 12월, 일본이 한국 고종황제를 강박하여 을사조약 체결을 강요했으나 황제는 조인하지 않아 을사조약은 불성립·무효임을 미국정부·대통령, 세계에 알리려는 활동

② 1907년 7월, 헤이그 세계 평화회의에 고종황제의 이준·이상설·이위종 3특사 파견의 지원활동

③ 1912년, 미국에서 일제의 '105인 사건'(신민회사건)의 날조 고문 만행과 한국인 기독교도 탄압 고발 규탄 순회강연 및 논설 기고

④ 1919년, 3·1독립운동과 관련 김규식 특사 등의 파리평화회의 활동 지원을 위해 파리에서 합류, 활동

⑤ 1942~44년, 일제가 태평양전쟁을 도발하자, 미국 전국을 순회하며, 일제의 한국침략을 규탄하고, 미국의 승전 후의 한국 독립을 주장하는 내용의 『한국은 자유 해방되어야 한다(Korea Must Be Free)』라는 소책자를 집필 간행하여 순회강연

그는 1945년 8월 15일 한국이 해방되자 "한국의 해방은 정의와 인도주의의 승리"라고 기뻐하고, 1949년 8·15 광복절에 대한민국 대통령의 초청을 받아 한국에 왔다가 광복절 직전 서울에서 1949년 8월 5일 노환으로 별세하였다. 그는 한국 대통령에게 "나는 웨스트민스터 사원보다 한국땅에 묻히기를 원합니다"라는 편지를 썼으므로, 사회장으로 서울 양화진 외국인 묘지에 묻혔다. 한국정부는 1950년 건국훈장 독립장을 추서하였다.

18 Homer B. Hulbert, "Korean Vocal Music", *The Korean Repository*, February, 1896, pp.45-53 참조.

술하면서 시조창 곡조를 악보로도 하나 채록하였다. 이어서 민요로서는 '아리랑(아르랑, 아라룽)'과 '연평바다'를 채택하여 설명하면서 역시 각각 악보로도 한 곡씩 채보하였다.

⑭ 헐버트에 의하면 조선 민요 가운데서 으뜸가고 가장 뚜렷한 민요는 음조(音調)가 좋은 '아리랑(아라룽)'이라는 제목을 가진 민요이다. '아리랑' 민요에는 (그가 알기에도) 무려 782구절이 있다. 한국 사람들의 음악에서 이 한 곡 '아리랑'의 위치는 그들의 식생활에서 '쌀', '쌀밥(rice)'과 같다. 다른 모든 민요들은 부가물과 같은 것이다. 조선의 어디에서든 이 노래를 들을 수 있다. 오늘의 '아리랑' 노래와 한국인의 (애호)관계는 마치 약 5년 전 미국

〈그림 42〉 호머 헐버트

에서 '타라라·붐·디·아이(Ta-ra-ra-boom-di-ay)'의 인기 관계와 같다.[19] 물론 열광 정도는 미치지 못하지만 지속기간은 아리랑이 더 길다.

(2) 헐버트의 탐문에 의하면, '아리랑(아라룽)'은 약 3,520여일(약 10년)간 퍼져나가다가 1883년경 대중적 애창곡이 되었다고 한다. 그러나 이보다 더 오래인 것일 수 있다. 위의 햇수가 아리랑의 수없이 많은 구절들을 정확히 나타내는 것이라고 볼 수 없기 때문이다.

---

19 '타라라 붐 디 아이(Ta-ra-ra boom-di-ay)'는 세이어즈(Henry J. Sayers)가 1891년에 작곡하고 콜린스(Lotti Collins)가 부른 '턱시도(Tuxedo)'라는 유행가 속에 들어 있는 '후렴'으로서, "합창으로 8번"을 후렴으로 불렀다. 그 후 이 합창 후렴곡 "Ta-ra-ra boom-di-ay"가 여러 노래들에서 채용되어 전 미주에 퍼졌고, 프랑스에까지 유행하였다. 여러 가지 다른 가사를 지어 부르다가도 후렴으로 이 구절을 넣는 것이 미국 유행음악의 한 방식이 되기에 이르렀다.

필자의 생각으로는, 헐버트의 질문에 응답한 조선인들이 대원군의 경복궁 중건(1873년) 무렵에 아리랑 민요가 만들어졌다고 추정해준 것으로 보인다. 민요 '경복궁타령'은 분명히 이 시기에 성립된 것이므로, 민요 '아리랑'도 이 시기에 형성된 것으로 추정하여 헐버트의 탐문에 응답해준 조선 지식인이 있었던 것 같다. 헐버트는 이를 기록해 두면서도 이를 믿지 않고, 그러나 '아리랑' 가사의 헤아릴 수 없이 많은 숫자로 미루어 보아 그 훨씬 이전에 '아리랑'이 형성된 것으로 볼 수 있다고 시사한 것이었다.

(3) 헐버트는 '아리랑'의 하나를 택하여 이를 '합창 부분'과 숙련된 소리꾼의 '독창부분'으로 구분하였다. 독창부분 가사와 곡은 숙련된 소리꾼이 필요에 따라 무수히 수정 창작할 수 있다. 그러나 '합창' 부분은 변하지 않고 합창하는 것이라고 다음의 합창부분을 채록하였다.

「아르랑 아르랑 아라리오
아르랑 얼수 빗쎅어라」

그리고 숙련된 수리꾼의 수정 변동 창작할 수 있는 '독창' 부분의 사례로 헐버트가 채록한 가사와 악보(樂譜)는 다음과 같다.

「문경새재 박달나무
홍두깨 방망이로 다나간다」[20]

헐버트는 여기서 맨 끝의 '다나간다' 등은 풍부한 다른 말로 대체할 수 있다고 지적하였다.

필자의 생각으로는 헐버트가 '아리랑' 곡조의 구성을 '합창부분'과 '독창부분'으로 나눈 것은 예리한 관찰이라고 본다. '두레'에서 부르는 '아리

---

20 Homer B. Hulbert, op.cit. p.51의 악보의 가사 기술에서 떼어내어 옮긴 것이다.

〈그림 43〉 헐버트 채록 '아리랑' 악보

랑'의 구성을 보면, '앞소리(선소리)'라고 부르는 노래에 숙련한 선창자가 독창으로 자기식 가사 또는 수정한 가사를 불러 '먹이면(메기면)', 그에 응하여 모든 두레꾼들이 일제히 후렴을 함께 '합창'하는 것을 볼 수 있다. 헐버트가 예시한 위의 '아리랑'은 '경기 아리랑'의 일종으로 보이는데, "아리랑 아리랑 아라리요/어리랑 얼쑤 배 띄워라"가 합창으로 부르는 '후렴' 또는 '여음'이고, "문경새재 박달나무는/홍두깨 방망이로 다나간다"는 앞소리(선소리)의 독창부분이라고 볼 수 있다.

헐버트는 '아리랑(아르랑, 아라룽)'의 말뜻을 알고자 하였다.

그는 미국에 있는 동안 '아리랑'의 합창 부분의 번역을 요청받고, '헤이·디들·디들(Hey Diddle Diddle)'로 시작하는 영국 고전 민요와 동일 의미라고 대답하였다.

이것은 "아리랑 아리랑 아라리요"의 뜻을 모르는 상태에서 그 '음조'의 유려한 조화에 주목하여 흥을 돋우는 후렴으로 해석한 것이었다고 본다.

헐버트는 다수의 조선인들에게 '아리랑'의 정확한 의미를 물었다. 그러나 그들은 언제나 미심쩍어하는 미소만 보였다. 대답이 도출된 경우에도 너무 모호한 성격의 것이어서 정확한 뜻을 파악할 수가 없었다. 한 사람은 헐버트에게 매우 가까이 가서 '아르'는 러시아의 조선 호칭(아라사)의 시작말로서 조선국의 운명에 대한 아라사(러시아)의 영향을 예언한 것이라고 속삭였다. 다른 사람은 그것을 특정 중국 (한)문자의 조선말 번역인데, 그 뜻은 "내 남편을 사랑해, 내 남편을 사랑해, 그래 당신을 사랑해, 내 남편을 사랑해"의 의미라고 말하였다. 그리고 합창 가사 끝인 "얼쑤! 잔치배를 띄우자(Good! Let us launch the festive boat, 얼수 비씌어라)"로 끝나는 것이라고 하였다.

헐버트에 의하면, 이것은 조선 사람들이 좋아하는 형식인 강물에서의 뱃놀이의 풍속을 가리킨 것이다. 그러나 이것은 연회를 매우 좋아하는 취향의 사람들에 대한 것이고, 자기 판단으로는 약간 위험한 취향이라고 기록하였다.

헐버트의 진지한 노력에도 불구하고 당시 한국인들은 '아리랑 아리랑 아라리요'의 의미를 거의 모두 잊어버리고 잃어버려서 누구도 정확한 대답을 못 해준 것이었다.

헐버트는 '아리랑'에 대해 자기의 평가를 객관적으로 내리려고 시도하였다.

그는 먼저 아리랑의 곡조는 조선의 독특한 리듬이어서 서양음악에 젖어서 자란 자신의 논평과 범위를 넘어선 것이라고 지적하였다. 그러나 후렴 합창부문에 연결되어 불리는 그 가사(노랫말)의 범위는 놀라운 것이어서, 전설·풍속·자장가·권주가·가정생활·여행·사랑 등 모든 분야를 망라하고 있다고 설명하였다.

한국인들에게는 '아리랑' 가사는 서정시, 교훈시, 서사시가 모두 하나로 말려들어가 융합된 것이다. 그것은 전승동요 마더 구스(Mother Goose)임과 동시에 바이런(Byron; 영국의 시인), 흑인 동요의 주인공 엉클 리무스(Uncle Remus)임과 동시에 워즈워스(Wordsworth; 영국의 시인)이다. 이것도 매우 부족한 평가이다. 미묘한 떨림 소리말은 언급하지 않았지만, 이 시가의 한두 개만 알아도 그의 말이 틀리지 않았음을 바로 알게 될 것이라고 평가하였다.

필자의 생각으로는, 헐버트는 '아리랑'의 가사(노래말)를 수백 편 수집해 보고,[21] 그 다양성과 풍부성, 서정시이면서 동시에 서사시, 교훈가이면서 동시에 사랑노래로 통합되는 탁월한 노랫말에 감탄했던 것이라고 본다. 그가 일부 아리랑 가사들에 비유한 바이런(George Gordon Byron, Lord Byron, 1788~1824)은 풍자시·서정시·서사시에서 영국뿐만 아니라 세계적으로 명성을 휩쓴 뛰어난 천재적 영국 시인이었다. 또 워즈워스(William Wordsworth, 1770~1850)는 서정시의 장시(長詩)·단시(短詩)에서 불멸의 걸작을 많이 남긴 천재적 영국시인이었다. 헐버트는 그가 수집해 읽은 수백 편의 '아리랑' 가사들 일부에서 조선 민중의 앞소리 소리꾼이 창작한 천재적인 뛰어난 구절들을 발견하고 감탄한 것이었다. 실제로 '아리랑'의 노랫말에는 민중들의 소리꾼이 만든 것이지만 어떠한 뛰어난 시인도 넘지 못할 기막힌 걸작 표현들이 다수 담겨져 있다.

헐버트는 이어서 앞서 든 경기아리랑의 하나를 악보로 채록하여 한국어 발음을 달고, 별도로 영어 번역을 붙이었다. 그는 이어서 지금은 전해지지 않는 네 개의 노랫말을 소개하였다.

> On Sai Jai's slope in Mun-gyung town
> We hew the pak tal namu down
> To make the smooth and polished clubs
> With which the washerwoman drubs.
> > Her masters clothes.

---

21 헐버트가 그의 논문에서 아리랑의 가사가 '무려 782구절'이라고 끝자리 숫자까지 기록한 것은 그가 아리랑 가사를 그만큼 수집하여 갖고 있었고, 읽었음을 알려주는 것이라고 볼 수 있다.

(문경 새재 박달나무
주인님 옷 다듬질 빨래에
홍두깨 방망이로 다나간다
빨래 방망이로 다나간다)

I cannot from my good-man part.
To say good-bye will break my heart.
See here, I have him by the wrist.
However he may turn and twist
      I won't let go.
(내님과 이별이라니
가슴 아파 말 못 하겠네
님은 가자하고 돌아서지만
나는 허리춤 잡고 못 놓겠네)

I asked the spotted butterfly
To take me on his wing and fly
To yonder mountain's breezy side,
The trixy tiger moth I'll ride
      As home I come.
(호랑나비야 이 내 몸 날개에 실어
산 넘어 바람 부는 언덕에 내려다오
암 호랑이 되어서 내 님을 물어다
실어서 내 집에 데려오게)

The good-man lingers long away.
My heard is sad, I fear—but nay.
His promise, sure, will hold him fast.
Though long I wait, he'll come at last.
      Back! fruitless tears.
(님도 먼 길 떠나지 못하고

내 가슴도 슬퍼서 찢어지네
빨리 돌아온다고 다짐하니
하염없는 눈물의 긴 세월
돌아오는 날까지 기다리리)

헐버트는 '아리랑'의 위 가사를 영어로 번역하면 모두 슬픈 노래가 되어
한국어의 멋진 취향과 묘한 향기가 사라져 버리지만, 그 가운데 몇 구절에
서도 한국인의 환상적인 취흥을 볼 수 있다고 지적하였다. 또 그것을 서양
의 민요 또는 대중음악과 비교해 보면 인간 본성은 동일하며, 동일한 감정
은 비록 다른 옷을 입었을지라도 표현을 찾아낸다는 사실을 알 수 있다고
서술하였다. 헐버트는 이어서 민요 '연평바다'를 간단히 소개하였다.

9. 일제강점기의 '아리랑'

⑮ 일제강점기에 민요 '아리랑'은 처음에는 민중들이 구한말의 '아리랑'
을 그대로 이어서 부르다가 3·1운동을 전환점으로 '민족가요'의 측면이 급
속히 강화되었다. 그 결정적 계기는 '음악' 부문에서 나온 것이 아니라, 나
운규(羅雲奎, 1902~1937)의 영화 "아리랑"(1926년)이 제작 개봉되어 매우
큰 성공을 거두었기 때문에 성취된 것이었다.[22]

---

22 이광수, 「民謠小考(1)」, 『朝鮮文壇』 제3호, 조선문단사, 1924.12.
　　김소운, 『朝鮮民謠集』, 태문관, 1929.
　　김지연, 「朝鮮民謠 아리랑, 朝鮮民謠의 硏究(二)」, 『朝鮮』, 1930.6.
　　고정옥, 『조선민요연구』, 수선사, 1949.
　　성경인·장사훈, 『조선의 민요』, 국제음악문화사, 1959.
　　임동권, 『朝鮮民謠集』 I ~ VII, 集文堂, 1961~1991.
　　이두현, 『한국신극사연구』, 서울대출판부, 1966.
　　연규한, 『정선 아리랑』, 문화인쇄사, 1968.10.

나운규는 중학교에서 민족교육을 받은 애
국적 청년이었다. 그는 1902년 함경북도 회
령에서 태어나, 4년제 보통학교 졸업 후에
구 신민회 계통 기독교계 학교인 신흥학교
(新興學校)에 진학하여, 여기서 담임교사 박
용운(朴龍雲)을 만났다. 박용운은 북간도 용
정 명동학교(明東學校) 출신으로서 열렬한
민족주의자였다. 박용운은 나운규 등 학생들
에게 구한말 애국지사와 도산 안창호의 애
국활동 및 사상을 가르쳐 주었다. 나운규는

〈그림 44〉 나운규
(독립기념관 전시)

신흥학교 2년을 마친 후에 스승 박용운의 지도로 1918년 북간도 용정의 명
동중학교(明東中學校)에 입학하였다.

이듬해 1919년 3·1독립운동이 일어났고, 용정에서도 3월 13일 항일 독
립만세 시위운동이 일어났다. 나운규는 당시 18세의 중학생으로서 고향 회

이두현, 『한국연극사』, 학연사, 1973.

임동권, 『韓國의 民謠』, 一志社, 1980.

조동일, 『구비문학의 세계』. 새문사, 1980.

김연갑, 『아리랑』, 현대문학사, 1986.

김연갑, 『아리랑』, 집문당, 1988.

강동학, 『정선 아라리의 연구』, 집문당, 1988.

소재영, 『한국의 민속문학과 예술』, 집문당, 1988.11.10.

박민일, 『아리랑의 文學的 연구』, 경희대학교 박사학위논문, 1989.

이두현, 『한국의 공연예술』, 현대미학사, 1999.

박관수, 『어러리의 이해』, 민속원, 2004.

김연갑, 『아리랑 시원설 연구』, 명상, 2006.

정우택, 「아리랑노래의 정전화 과정 연구」, 『대동문화연구』 57, 한국학술진흥재단, 2007.

조규익·조용호, 『아리랑 연구총서』 I, 학고방, 2010.11.

김태준·김연갑·김한순, 『한국의 아리랑문화』, 박이정, 2011.

조용호, 『아리랑 원형연구』, 학고방, 2011.

국립민속박물관, 『아리랑』, 2012 등 참조.

령으로 돌아와 목사와 교사의 지도를 받으며 보통학교 동창 윤봉춘(尹逢春, 후에 나운규와 함께 영화배우가 됨)과 함께 1919년 4월 1일 회령 3·1운동을 준비하고 실행하는 데 주동자로 활동하였다. 독립만세 시위운동 후, 윤봉춘은 체포되어 6개월 징역형을 받았다. 나운규는 재빨리 피하여 러시아령 연해주 블라디보스토크로 망명하였다. 이때 나운규가 일제에 체포되었으면 6개월 징역형을 받았을 것임은 자명한 일이다.

나운규는 망명지 러시아에서 백군에게 체포되어 백군의 용병으로 입대했다가, 1920년 북간도 훈춘으로 탈출하였다. 나운규는 1920년 북간도에서 스승 박용운을 찾아가 독립군에 입대하였다.[23] 나운규 등 3명은 독립군 지휘부의 명령에 따라 철도 터널 폭파를 준비하다가 중단하고, 안도현 방면으로 이동 도중에 독립군 노병사가 "독립투쟁은 오랜 시일에 걸칠 것이므로 어린 너희들은 본국으로 돌아가서 학업을 마치고 반드시 조국 독립에

---

23 당시 나운규의 스승 박용운은 홍범도(洪範圖)가 지휘하는 대한북로제1군(대한독립군·국민회군·군무도독부군의 독립군 연합부대)의 휘하에서 도판부(圖判部)라는 단위 독립군부대를 편성하여 무장독립운동을 하고 있었다. 홍범도의 대한북로제1군은 독립군을 뒤쫓아 침입해 들어온 일본군 수색대를 왕청현 봉오동에서 1920년 6월 7일 대파한 '봉오동 전투'의 승리를 거두었다. 홍범도 연합부대는 뒤이은 국내 진입작전의 일환으로 회령 진입을 위하여 박용운이 지휘하는 '도판부'에 나남(일본군의 조선군 제 19사단 사령부 주둔지)과 회령 사이의 모든 철도·통신 연락망 시설을 파괴하는 임무를 부여하였다. 당시 19세의 나운규와 윤봉춘·김용국(金容國) 3인은 독립군으로서 회령과 청진을 연결하는 철도인 회청선(會淸線) 7호터널(무산령 터널) 폭파와 전선 절단의 임무를 맡아서 준비하였다.

일제는 서·북간도 일대의 독립군의 치성과 봉오동전투 패전에 놀라서 '간도지방 불령선인 초토계획'(間島地方不逞鮮人剿討計劃)이라는 독립군 토벌작전계획 실행을 위해 '훈춘사건'을 조작한 다음, 1920년 10월 일본군 5개 사단에서 차출한 약 2만 5,000명의 병력으로 북간도 지방 독립군을 포위 수색 공격해 들어왔다. 그들은 간도 조선인 마을들에 불을 지르고, 수많은 애국적 조선인들을 살육하였다. 나운규의 스승 박용운 선생도 이때 일본군에게 살해당하였다.

이에 한국 독립군 부대들은 근거지 이동을 감행하여, 홍범도 연합부대는 요령성 안도현 방면의 백두산 기슭에 새 근거지를 설치하려고 이동하였다.

진력하라"는 권고를 받았다.

나운규 등 3인은 조선으로 돌아와서, 나운규는 서울의 중동학교 고등에 비과를 졸업하고, 연희전문학교 문과에 진학하여 적을 두었다. 나운규는 이때 매일 영화관에 출입하면서 당시 '무성영화'(활동사진)의 새 분야에 빠져들기 시작하였다. 그러나 이것도 잠깐이었다. 1922년 나운규는 회청선 철도 터널 폭파 준비 등의 독립군 활동이 발각되어 일제 경찰에 체포당하였다. 나운규는 윤봉춘과 함께 1년 6개월의 징역형을 언도받고 함흥형무소에서 복역하였다.

나운규가 형기를 마치고 1923년 6월 일제 함흥형무소에서 출옥하여 바로 회령으로 귀향하였을 때, 함흥에서 조직된 예림회(藝林會)라는 신극단이 회령에 순회공연을 왔다. 나운규는 이 극단의 연극을 보고 감동하여, 이 극단에 들어가서 '배우'가 되었다. 예림회가 자금난으로 해산되자, 1924년 조선키네마주식회사에 입사하여 '배우'가 되었다. 그는 이 회사 시기에 스스로 '아리랑'을 구상했다가 이 회사의 두 번째 작품으로 직접 감독, 제작,

〈그림 45〉 나운규의 영화 '아리랑' 출연진

주연으로 출연하여 1926년 영화 "아리랑"을 만들어 내었다.[24]

---

24 나운규(1902~1937)는 함경북도 회령에서 대한제국 육군 부교(副校, 지금의 中士에
해당) 나형권(羅亨權)의 6남매의 셋째 아들로 태어났다. 영화 '아리랑'의 업적 이해
를 위하여 평생 그와 함께한 두 가지 기억을 주목할 필요가 있다. 첫째는 그에게
민족의식을 깨워준 신흥중학교 시절의 은사 박용운(朴龍雲)이다. 박용운이 소년
나운규를 민족을 사랑하는 소년으로 만들어 주었고, 실연으로 자살하려는 소년을
구출하여 명동중학에 입학시켜 주었으며, 독립운동에 참가시켰다. 나운규는 평생
박용운을 스승으로, 지도자로 간직하였다. 영화 '아리랑'에서 나오는 마을 어른 朴
선생이 박용운이다. 다른 하나는 신흥중학 시절의 첫사랑의 실연이다. 나운규는 신
흥학교 시절 보통학교 동창생 윤봉춘의 친척인 윤마리아라는 학교 동창 동갑내기
여학생을 사랑했다. 그러나 당시의 결혼 관습으로 아버지는 아들이 신흥학교를 졸
업하자 이웃마을의 부모끼리 약정한 배필에게 강제결혼시켜 버렸다. 결혼 이튿날
신부 집에서 탈출하여 산 속에 들어가서 자결하려고 약병을 든 채 폭음을 하고 행
방불명이 되어버린 나운규를 부모도 찾다 지쳤는데 박용운 선생은 학생들과 함께
그를 죽음 직전에 찾아내어 설득해서 간도 명동중학에 입학시켰다. 소녀도 몇 년 뒤
에 부모의 명으로 일본 헌병보조원에 강제로 결혼당하였다. 나운규가 평생 여성관
계에서 약간 방탕했던 것은 이 상처와 관계가 있다는 견해가 있다.

나운규는 회령 3·1운동을 주도한 후 홍범도 연합부대 휘하의 박용운의 독립군부
대(도판부)에 입대했다가, 1920년 독립군의 근거지 이동 때 행군에 따라 나섰다. 이
동 중 이때 "너는 아직 어리니 귀가하여 더 공부하고 민족독립에 헌신하라"는 선배
독립군의 권고를 받고 귀가하였다. 중동중학 고등예비과를 거쳐 연희전문학교 1학
년에 입학했을 때, 독립군 활동 사실이 발각되어, 1922년 일제 경찰에 체포당해서
1년 6개월의 징역형을 받았다. 나운규가 1923년 6월 출옥하여 회령에 귀향해 있을
때 함흥에서 조직된 신극단 예림회(藝林會)가 순회공연으로 회령에 오자 이에 가
입하여 연극배우의 길에 들어서게 되었다.

예림회가 재정난으로 해산되자, 나운규는 상경하여 연희전문학교에 복학했다.
이 때 무성영화가 새로운 장르로 서울에서 상영되었으므로 나운규는 이의 관람에
빠져 영화배우의 뜻을 키웠다. 1925년 '민중극단'을 조직했던 윤백남이 '백남프로
덕션'을 설립하여 「심청전」을 제작하게 되자, 나운규는 '심봉사' 배역에 발탁되었
다. 그는 실제 맹인을 찾아가서 맹인의 특징을 배우는 등 열정적으로 이 역을 훌륭
히 소화해내어 이름이 나기 시작하였다. 그는 이 무렵 영화 '아리랑' 제작을 구상하
였다.

조선에 와서 모자 상회로 성공한 일본인이 1924년 조선키네마회사를 설립하여
영화분야에서 창립 작품으로 일본 작품 「농중조(籠中鳥)」를 제작했는데 흥행에 실
패하였다. 이에 제2회 작품은 조선 배우 출연의 조선 작품으로 흥행 성공을 계획하

고 있는데, 이를 포착했는지 나운규가 자기 작품 '아리랑'을 제안하여 합의되었다. '아리랑'은 민족의식을 담은 작품이므로 일제 조선총독부의 검열 통과가 난제였다. 나운규는 일본인 영화회사에서 처음에는 제작자에 자기 이름 나운규를 넣지 않고 주연 배우로만 넣고, 제작자를 '김창선'(조선키네마회사의 사주 일본인 쓰가미의 한국 이름)으로 하였다. 일제 총독부는 일본인 영화회사가 허가신청한 영화 '아리랑'을 일본인 사주의 설명에 따라 일본인이 조선인 배우를 고용하여 흥행하는 치정살인 영화 정도로 알고 허가하였다. 나운규의 작전에 총독부 검열관이 넘어간 것이었다.

나운규의 1926년 영화 '아리랑'은 폭발적 성공을 거두고 나운규는 선풍적 최고 인기 배우가 되었다. 일본인 사주도 폭리를 얻었지만, 나운규는 이제 일제 검열통과수준을 일거에 넘어 버린 거물이 되었고, 영화 '아리랑'은 일제 조선총독부가 도저히 무력으로 탄압할 수 없는 명성 높은 조선 영화가 되어 버렸다.

나운규는 조선키네마회사에서 '아리랑'의 성공에 뒤이어, 1926년에 '풍운아', 1927년에 「들쥐」와 「금붕어」 등을 제작 출연하였다. 나운규는 「들쥐」 제작 때 죽마고우 윤봉춘을 출연시켜 성공을 거두었다. 그러나 「들쥐」에 출연한 윤봉춘과 조선키네마회사 소유주 일본인 측이 갈등을 일으키자, 단성사 사주의 권고에 따라 조선키네마회사를 나와서 1927년 「나운규프로덕션」을 설립하였다.

「나운규프로덕션」은 1927년 「잘 있거라」, 1928년 「옥녀」, 「두만강을 건너서(일제 검열의 불통과로 '사랑을 찾아서'로 개명)」, 「사나이」 등을 제작하였다. 이어서 1929년에는 나도향 원작의 「벙어리 삼룡」을 제작하였다. 이 영화들의 제작·감독·주연은 모두 나운규였고, 흥행에는 성공하였다. 그러나 나운규키네마프로덕션의 회사 운영은 순탄치 않았다. 일제의 간접적 탄압뿐만 아니라, 내분이 있었고, 나운규 자신의 약간 무절제한 생활방식 요인도 작용하였다.

나운규는 단성사와 손잡고 재흥을 위해 1930년 「아리랑 후편」을 제작·감독·주연하였다. 이때에는 카프영화부가 허무주의적 작품이라고 비판하였다. 나운규는 카프연극부 최승일과 손잡고 프롤레타리아 연극을 시도했으나, 카프는 부르주아적 연극이라고 비난하였다. 일본인들이 설립한 원산만프로덕션의 영화 「금강한(金剛恨)」에 주연을 맡았다가, 죽마고우 윤봉춘으로부터도 성토당하였다.

나운규는 토기영화(유성영화)로써 재기하려고 1931년 「임자없는 나룻배」와 「개화당 이문(異聞)」을 제작하다가, 후원자인 단성사 소유주가 별세하여 자금 부족으로 성공하지 못하였다.

나운규는 후원자가 없어 고민하다가 1935년 차상은의 자금 지원을 받아 「강건너 마을」을 제작해서 성공하여 재기하였다. 이 무렵 나운규는 '폐병'에 걸려 쇠약해지고 있었다. 그는 병든 몸으로 이태준 원작 「오몽녀」를 영화로 만들어 1937년 1월 단성사에서 개봉하였다. 그러나 이때는 그의 건강이 극도로 악화되어 1937년 8월

〈그림 46〉 나운규의 영화 아리랑의 선전 광고지 (출처: 한국민속박물관)

⑯ 나운규의 영화 "아리랑"의 플롯은 다음과 같이 정리할 수 있다.

(1) 주인공은 피압박자로 설정하여 압박자의 압제 침략과 타협하지 않는 대결구조를 갖는다. 압박자의 침략에 주인공 피압박자의 격렬한 저항과 반격을 설정한다. 피압박자는 반격 투쟁 과정에서 자기의 의식·정체성을 제대로 자각하여 회복한다. 자기의식·정체성 자각 이후에는 어떠한 고난도 이겨낼 수 있다. 이 모든 플롯을 조선의 전통민요 '아리랑' 노래와 결합시켜 이것이 조선민족의 이야기임을 알려준다.

(2) 영화의 주인공 영진은 가족으로 부채농인 늙은 아버지와 귀여운 누이동생 영희가 있다. 영진은 사립 전문학교에서 철학을 공부하다가 만세운동의 충격(3·1운동에 의해 고문당함을 암시)으로 약간 정신이상증이 생겨 전문학교를 중퇴하고 귀향하였다.

(3) 이 지방 지주 천가(千哥)와 마름인 오기호가 영진의 누이동생 영희를 탐하여, 천가는 영희를 소실로 들이려 하고, 오기호는 농가부채 채근을

9일 36세를 일기로 파란만장한 일생을 마쳤다. 그의 생애도 짧았지만, 그가 영화에 바친 시간이 10여 년에 불과한 것을 고려하면, 장백산 찾아가는 도중에 만난 늙은 독립군 병사의 권고대로 나운규는 영화 '아리랑'의 걸작을 비롯하여 참으로 많은 업적을 겨레에 바치고 떠났다고 말해야 할 것이다.

구실로 영진의 집에 출입하면서 영희를 빼앗을 기회를 노린다. 마을 농민들은 천가도 싫지만 일본경찰의 앞잡이노릇까지 하는 오기호를 송충이처럼 싫어한다.

(4) 이 마을에 영진의 보통학교 동창생 현구가 서울에서 전문학교 학생이 되어 여름방학에 그리운 고향으로 돌아온다는 소식이 왔다. 영진과 현구를 가르쳤던 박선생(朴先生)과 동네 사람들이 기뻐서 '아리랑 고개'까지 마중을 나간다. 현구는 영진의 누이동생 영희에 연정을 갖고 있다. 사각모를 쓴 늠름한 현구는 우선 친구 영진을 찾는다.

(5) 영진은 정신이상이 되어 현구를 알아보지 못하고 "아리랑 아리랑 아라리요"라고 노래만 흥얼거린다. 이때 멀리서 농악(農樂, 풍물)소리가 들려오자, 영진은 세숫대야를 두드리며 낫을 들고 담을 뛰어넘어 사라진다. 현구는 영진을 잡으러 뒤쫓아 나간다.

(6) 영진의 집에 영희만 홀로 남은 기회를 노리던 마름 오기호가 담을 넘어 들어와서 영희를 어르며 겁탈하려 한다. 영진의 친구 현구가 이 때 마침 돌아오다가 이 광경을 보고 돌격하여 현구와 오기호가 엎치락뒤치락 격투를 벌이게 된다.

(7) 이때 담 넘어 나갔던 영진이 여전히 낫을 들고 담을 넘어오려다가 이 광경을 보았다. 영화는 이때 몽타주 기법으로 아라비아 사막의 환상을 끼워 넣었다.

물을 가진 대상(隊商)에게 목이 타는 남녀가 물을 한 모금 달라고 애걸복걸한다. 이어서 대상은 오기호로 변하고 물을 찾아 애걸복걸하는 남녀는 친구 현구와 누이동생 영희로 변하여 중첩된다. 다시 환상이 와서 목이 타서 물을 찾는 남녀에게 대상이 여자가 남자를 버리고 자기에게 오면 물을 얼마든지 주겠다고 놀리며 물을 사막에 뿌린다. 분개한 남자가 대상과 격투를 벌인다.

(8) 사막에서 젊은 남자가 위기에 처함을 환상에서 본 영진은 남자를 구하려고 낫으로 대상의 목을 찍어 쓰러뜨린다.

현실로 돌아와 보니 눈앞에는 마름 오기호가 피를 흘리며 쓰러져 죽어 있고, 낫을 들고 있는 영진 자신의 옷도 피범벅이 되어 있는 것을 발견하게 된다. 이제 영진의 본정신이 회복되어 돌아온 것이다.

영진은 아버지, 누이동생 영희, 친구 현구, 스승 박선생을 모두 바로 알아보게 되고, 그들도 모두 영진의 본정신이 회복된 것을 반긴다.

(9) 영진은 일본 경찰의 수갑을 찬 채 끌려가고, 동네 사람들이 그 뒤를 따른다. 영진이 말한다. "박 선생님, 아버지, 영희, 현구, 동네 사람들, 내가 이 길로 떠나간다면 이것이 마지막 길일지 모르겠습니다. 나를 위하여 내가 미쳤을 때 항상 불렀다는 '아리랑'을 여러분 다 같이 불러주시면 감사하겠습니다."

이에 박선생이 앞소리(先唱)가 되어 동네사람들이 합창하는 '아리랑'이 구슬프게 울려퍼지는 속에 영진의 영상이 '아리랑 고개'에서 사라지면서 영화는 막을 내린다.

'영화 아리랑'의 주제가이면서 이때 합창한 '아리랑'의 가사는 다음과 같다.

아리랑
① 아리랑 아리랑 아라리오
아리랑 고개로 넘어간다.
나를 버리고 가시는 님은
십 리도 못 가서 발병 난다.

② 아리랑 아리랑 아라리오
아리랑 고개로 넘어간다.
풍년이 온다네 풍년이 온다네
이 강산 삼천리에 풍년이 온다네

③ 아리랑 아리랑 아라리오
아리랑 고개로 넘어간다.
산천에 초목은 젊어가고
인간에 청춘은 늙어가네

④ 아리랑 아리랑 아라리요
아리랑 고개로 넘어간다.
청천 하늘에 별도 많고
우리네 살림살인 말도 많다.

　일제의 검열을 고려하여 만든 작사이지만 일제는 제4절의 "우리네 살림살인 말도 많다"의 구절을 트집잡아 박해하였다

〈그림 47〉 영화 아리랑의 주인공으로
분장한 나운규

〈그림 48〉 1931년 발행된
『영화소곡집』에 실린 나운규의 아리랑
(출처: 한국콘텐츠진흥원)

이 '아리랑' 주제가는 매우 중요한 것이다. 일제강점기에 저항의식을 담아 가장 널리 불려졌을 뿐만 아니라, 광복 후 남북이 국제체육경기에서 '국가'(國歌)에 대신할 노래로서 '1920년대 아리랑'이란 표현으로 이 아리랑을 합의 채택했기 때문이다.

일제강점기 한국인들은 '아리랑'의 1절은 대체로 영화 아리랑 주제가를 그대로 따라 불렀지만, 2절부터는 자유롭게 가사를 창작하여 전국에서 널리 노래하였다.

제 2절부터의 몇 가지 아리랑 가사 사례
② 나를 데리고 가시는 님은 / 백리를 가도 날아서 간다.
③ 서산에 지는 해는 지고 싶어 지며, / 날 버리고 가는 님은 가고 싶어 가나
④ 청천 하늘엔 잔별도 많고 / 우리네 살림살이 말도 많다.
⑤ 나를 두고 가실 때는 밉살도 하더니 / 나를 찾아오실 때는 곱기도 해라.
⑥ 울타리 꺾으면 나오마 하더니 / 행랑채 헐어도 아니 오네.
⑦ 쓸쓸한 이 세상 외로운 이 몸 / 누구를 믿어서 한 백년 살까.
⑧ 청산녹수는 철 따라 변해도 / 송죽같은 이 내 마음 변하지 않네
⑨ 세상 민심은 무정도 한데 / 요 내 마음은 유정도 해라.
⑩ 딸가닥 게다 소리 성질만 나고 / 펄러덕 하오리 먼지만 난다.(검열 삭제)
⑪ 인천 제물포 살기는 좋아도 / 왜놈의 등살에 못 살겠네.(검열 삭제)
⑫ 말깨나 하는 놈 재판소 가고 / 일깨나 하는 놈 북망산 간다.(검열 삭제)
⑬ 아리랑 고개는 눈물의 고개 / 정든 님 이별하는 탄식의 고개.
⑭ 풍년이 온다네 풍년이 와 / 삼천리 이 강산에 풍년이 온다네.
⑮ 풍년이 들어도 먹을 게 없어 / 북국의 벌판을 찾아갔나.(검열 삭제)
⑯ 문전옥답은 다 어디 가고 / 동냥의 쪽박이 웬 일인가.(검열 삭제)

영화 "아리랑"의 주제가 '아리랑'의 곡조는 나운규 자신이 세마치 장단의 '경기 아리랑'을 바탕으로 약간 빠르게 편곡한 것을 이상숙(李上淑)이 부른 것으로 알려져 있다. (〈그림 50〉, '이 노래는 羅雲奎氏作品' 참조)

17 나운규의 영화 "아리랑"은 1926년 10월 1일 서울 단성사 극장에서 개봉되었다. 영화 "아리랑"이 상영되자마자 조선인의 반응은 즉각 폭발적이었다. 줄을 이어 '만원'이 전국에서 2년 이상 계속되었다. 전국 각지뿐만 아니라 일본의 한국인 거주지역과 중국 간도지방에서도 순회 상영되어 관객의 열렬한 호응을 받았다. 수백만 명의 한국인이 나운규의 1926년 영화 "아리랑"을 관람하고 열렬히 호응한 것이다. 나운규의 1926년 영화 "아리랑"의 대성공의 요인은 무엇일까?

첫째, 일제의 강점 압박 하에서 신음하던 한국민족의 저항 반격의 일단을 극적으로 묘사했기 때문이었다. 즉 항일 민족영화였기 때문이었다. 영화 "아리랑"에서 물을 가진 사막의 대상이 일제이고, 대리자가 지주이며, 마름 오기호가 그 앞잡이임은 영화를 관람하면 그 상징적 몽타주에서 바로 알 수 있다. 목이 타서 물을 찾는 남녀 현구와 영희는 압박 받는 조선인이고, 미친 청년학도 영진은 일제의 탄압과 고문으로 고뇌하다 미친 조선 지식인 청년임을 바로 알 수 있다. 영희의 정조를 요구하는 침략에 조선의 미친 청년이 형제를 구하기 위해 침략자에 반격을 가해 처단한 것이다. 일제의 압박에 극도의 고통과 설움을 받고 있던 조선민족에게 이 침략자의 처단이 얼마나 큰 카타르시스를 주었을 것인가 상상할 수 있다.

둘째, 항일 민족의식을 전통민요 '아리랑'에 결합시킨 것이다. '아리랑'은 이미 고대부터 시작되어 당시 전국에 널리 보급되어서 조선 민중들이 애창하는 민요가 되어 있었다. 주인공이 이 민요를 미쳐서도 흥얼거리고 부르며, 농악으로 이를 치고 부르는 음악배경을 넣었다. 뿐만 아니라 주인공이 일제 앞잡이를 처단한 후 본정신이 회복되어 마을을 떠날 때 주인공의 요청으로 박선생(나운규의 스승 박용운의 상징)의 선창에 따라 동네 사람들(조선민족)이 모두 '아리랑'을 합창하면서 송별하니, 이미 전통민요 '아리랑'을 아는 조선인들이 열광할 수밖에 없는 것이다.

셋째, 일제 강점하 조선농촌의 피폐한 현실과 밀착되어 사실주의적 묘사에 바탕을 두었다. 주인공의 아버지처럼 자작농이 몰락하여 소작농이 되고 부채농이 된 것, 지주가 고리대부까지 하고 마름을 부리면서 농민 수탈을 하는 것, 지주와 마름이 소작인의 딸을 소실로 넘보는 것, 소작농들의 소작쟁의와 반봉건적 지주제도·지주 마름에 대한 저항, 일제의 반봉건적 지주제도 및 지주층 엄호와 결탁 등은 일제강점 당시 조선 농촌의 실제 보편적 현실이었다. 영화 "아리랑"은 여기에 밀착하여 농민들의 항일·반지주 의식과 정서를 공유했으므로 한국인들의 열광적 환영을 받을 수밖에 없었다.

넷째, 나운규의 과감한 '영화의 기법'이 당시 조선인들의 호기심에 불을 댕겨 주었다. 1920년대 조선에는 '영화'가 '활동사진'이라고 불린 '무성영화'의 최초의 시기여서 그 자체가 호기심을 자극하는 장르였다. 나운규는 여기에 과감하게 당시 '몽타주'라고 불린 환상적 암시장면을 재빨리 삽입하여 스쳐가게 해서 의미와 속도를 가하는 첨단기법을 세 차례나 넣었다. 처음에 '개와 고양이'의 자막을 등장시켜서 조선인과 일제의 타협할 수 없는 '견원지간(犬猿之間)'의 대결관계를 암시하였다. 중간에 '농악(풍물)'장면과 민요 '아리랑'을 삽입하여 이 영화의 주제가 '사랑'이 아니라 '민족'과 '농촌'임을 암시하였다. 끝으로 사막에서의 물을 갈구하는 남녀와 무자비한 상인의 격투를 넣어 자유 해방을 갈구하는 조선인과 무자비한 일본 제국주의의 격투를 암시하였다. 이 기법은 일제의 검열을 피하면서 '영화' 아리랑에 민족저항의식과 함께 예술성과 첨단성을 불어넣는 데 크게 성공하였다.

나운규의 '영화 아리랑'의 대성공과 선풍적 인기는 모든 예술·문화 분야에 파급되었다. 연극, 음악, 무용, 희곡, 소설, 시가 … 등 모든 분야에서 각종 '아리랑'이 쏟아져 나와서 '아리랑'은 일제강점기 한국 문화 예술에서 중심적 위치의 하나를 차지하게 되었다.

[18] 또한 나운규의 1926년 영화 "아리랑"은 민요 '아리랑' 그 자체의 발

전에도 매우 큰 영향을 끼쳤다.

첫째, 민요 '아리랑'에 민족의식이 더욱 깊이 들어간 '민족가요 아리랑'으로 성격 변화를 일으켰다. 물론 '전통민요 아리랑'도 조선민족의 사랑노래, 노동노래, 뱃노래, 권주가, 자장가 … 등 민요로서 객관적 사실로서의 '민족가요'로 정립되어 있었다. 그러나 이것은 민족의식의 요소를 기준해서 보면 일종의 '즉자적(即自的, an sich, in itself)' 민족가요였다고 볼 수 있다. 한편 나운규의 1926년 영화 "아리랑"이 주제가 '아리랑'은 의도적으로 '민족의식'이 더욱 깊이 들어가 용해된 '대자적'(對自的, für sich, for itself) 민족가요로 발전된 것이라고 볼 수 있다.

둘째, 나운규의 영화 아리랑의 '주제가 아리랑'은 당시 한국민족 성원 사이에 열렬한 환영을 받으면서 어느 종류의 아리랑보다도 가장 널리 불리어서 아리랑의 새로운 기준이 된 '신 아리랑'으로 확립되었다. 아리랑 가사에서 〈아리랑 아리랑 아라리요 / 아리랑 고개로 넘어간다 / 나를 버리고 가시는 님은 / 십 리도 못 가서 발병 난다.〉의 가사는 新 아리랑의 표준(기준) 가사가 되어 전국 모든 분야에서 수용되고 사용되었다. 또한 나운규가 '경기 아리랑'을 바탕으로 약간 빠르게 편곡한 '신 아리랑'의 곡조는 '신 아리랑 곡'이 되어 전국 모든 분야에서 수용되고 사용되었다. '전통민요 아리랑'을 직접 계승하여 '신 아리랑'이 탄생한 것이다.

셋째, '아리랑 고개'의 개념이 정립되었다. 나운규는 '아리랑'의 뜻을 알지 못하여 해석하려고 노력한 흔적이 보인다. 경기민요에서는 "아리랑 아리랑 아라리요 / 아리랑 얼쑤 배 띄워라"로 '아리랑고개' 자체는 없다. 나운규는 '아리랑'을 고개 이름일 수 있다고 생각했다. 결국 그는 '아리랑'과 '아리랑 고개'를 노래 가사와 영상에서 모두 개념으로 정립해서 사용하였다.

특히, 영상에서는 마지막에 마을의 '아리랑 고개'를 수갑을 차고 넘어가면서 사라지는 주인공을 비추면서 상징적 '아리랑 고개'를 설정하였다. 영화 "아리랑"의 이러한 종결은 '아리랑 고개'의 상징적 개념을 관중들에게

〈그림 49〉 조선일보 1930년 2월 13일자 영화 아리랑 상영 금지 보도

〈그림 50〉 조선일보 1931년 5월 10일자 일제 '아리랑' 노래 탄압 시도

정립시켜서 '아리랑'을 상징적 고개 이름으로 해석하는 흐름이 정립되었다. 심지어 '아리랑 고개'의 실재를 상정하고 이를 한반도 지리에서 찾는 학자들도 나타나게 되었다.

나운규의 1926년 영화 "아리랑"과 그 주제가 '신 아리랑'은 가사, 곡조, 영향력에서 모두 '아리랑'의 역사에 혁명적 변동을 가져왔다. 나운규의 처절한 독립투쟁의 애국심과 천재적 구상 및 온 정성을 다한 열정적 헌신은 민족가요에 '신 아리랑 혁명'을 탄생시킨 것이었다.

[19] 일제는 한국민족 사이에서 민요 '아리랑'이 민족적 정체성과 자부심을 지키면서 사랑하는 노래가 되자, 이에 대한 탄압을 시도하고 자행하였다. 일제는 나운규의 '영화 아리랑'의 주제가 본조(신) '아리랑'의 가사가 불온한 내용을 담고 있다고 트집잡아, 1926년 10월 1일 단성사에서 개봉하기로 예정된 것을 하루 앞서 9월 30일 선전지 1만장을 압수하였다.[25]

뿐만 아니라 일제는 아예 '아리랑'이 불온한 노래라고 트집잡아 1929년 '민요 아리랑 금창령(禁唱令)'을 내렸다.[26] 또한 광주에서처럼 '영화 아리랑'을 상영 도중 일시 중지시키기도 하였다.[27] 당시 일간지에는 민요 '아리랑'을 가르쳐 주다가 징역형을 받은 사실이 보도되어 있다.

「영덕에서는 '아리랑'을 부르다가 징역을 두 번째나 갔다고 하야 모여 앉는 사람마다 설두(舌頭)에 오르는 사람이 있는 바, 이제 그 내용을 듯건대 영덕군 오도면 대부동(烏島面 大夫洞)에 있는 청년 권도숙(權道O) 군은 동리에 노동아동을 모아서 야학을 하여 오던 바, 어떤날 밤 담임 한 선생이 오지를 아니하야서 방을 빌려준 김상룡(金尙龍)은 아이들이 와서 기다리고 있음을 민망히 넉여 복습(復習)을 시키다가 '아리랑'이란 노래를 가르쳤는데, 그것이 불온하다는 이유로써 영덕경찰서(盈德署)를 거쳐 대구지방법원(大邱地方法院) 일심공판에 십개월 징역에 사개년 집행유예의 언도를 받고 지난 사월 삼일에 집에 돌아왔고, '아리랑'고개다(이하 六行略) 이라는 '아리랑'을 불렀다고 하야 지난 사월구일에 김상룡군을 구금하고, 또 일후의 그의 동무 박재술(朴在述)을 구금한 이래 월여를 두고 취조를 하는 중 돌연히 지난 이일에 대구검사국으로 송치되었다는 바 피고 두 사람은 끗끗내 문제되는 그 노래를 부

---

25 『매일신보』1926년 10월 3일자, 〈아리랑 宣傳紙押收, 내용이 불온〉「작일부터 시내 수은동(授恩洞) 단성사(團成社)에서 상연한 '아리랑' 활동사진 광고 팜후렛도 중에 '아리랑' 노래 중에 공안을 방해할 가사가 잇슴으로 경찰당국에서는 구월 삽십일에 선전지 일만매를 압수하얏다더라.」참조.
26 한국정신문화연구원, 『한국사연표』, 동방미디어, 2004, 596쪽 참조.
27 『朝鮮日報』1930년 2월 13일자, 「映畵上映中止, 광주서원이」참조.

르지 아니하였다고 하며, 또 증인으로 호출받아온 사람이 십여인이나 되어도 좌우간 증명될만한 답변이 업섰다 함으로 이제 그 사건의 전말이 자못 주목 중이라더라」[28]

일제가 한국 농민들의 민요 '아리랑' 교육과 보급에 가혹한 탄압을 가했음을 확인할 수 있다. 일제 조선총독부는 1933년 5월 총독부령 제47호로 "축음기 레코드 취체 규칙"을 제정하여 그 제 4조에서 "치안을 해하거나 풍속을 문란케 할 염려가 있는 것은 (일제가) 제조·판매·수여·연주를 제한 또는 금지할 수 있다"[29]고 하여 '아리랑'을 비롯해서 한국민족의 각종 민요와 음악의 음반제작과 사용을 검열 금지하고 탄압하였다.

일제강점기 한국민족·민중의 민요 '아리랑' 부르기는 일제의 가혹한 통제와 압박에도 불구하고 아리랑 애호가 넘쳐흘러서 도저히 통제불능의 민요였기 때문에 널리 애창된 것이었다. 일제는 고의로 '친일적 아리랑'을 작사·작곡하여 보급하려는 시도도 몇 번 실험해보았으나 모두 실패하였다.

10. 해외 민족독립운동의 '아리랑'

19 민족 가요 '아리랑'은 한국민족의 해외 민족독립운동에도 자연스럽게 애창되고 활용되었다. 그 대표적인 것이 "독립군 아리랑"과 "광복군 아리랑"이다.

독립군 아리랑

(1) 이조왕 말년에 왜 난리 나니

---

28 『朝鮮日報』1931년 5월 10일자, 「'아리랑' 가리켜주다가 징역을 해」.
29 朝鮮總督府, 『朝鮮法令輯覽』上卷 1, 第10집, 85쪽.

이천만 동포들 살 길이 없네
(후렴) 아리아리 쓰리쓰리 아라리 났네
　　　독립군 아리랑 불러를 보세

(2) 일어나 싸우자 총칼을 메고
　　　일제놈 처부셔 조국을 찾자
(후렴)

(3) 내 고향 산천아 너 잘 있거라
　　　이내몸 독립군 떠나를 간다
(후렴)

(4) 부모님 처자들 이별을 하고서
　　　왜놈들 짓부셔 승리를 하자
(후렴)

(5) 태극기 휘날려 만세 만만세
　　　승전고 울리며 돌아오거라
(후렴)

　"독립군 아리랑"은 작사자를 알 수 없다. 처음에는 음악작사에 뛰어난 민중의 하나가 작사한 것을 따라 불려지는 과정에서 여러 사람이 가사를 덧붙이고 다듬어 민중의 집단창작이 된 것으로 추정된다. 작곡자는 없고, 민요 '영천아리랑'과 '본조아리랑'의 곡에 맞추어 1920년대와 1930년대에 만주 일대와 연해주의 한민족 이주민들 사이에서 널리 애창되었다고 전해진다. 영천아리랑은 5/8박자의 상당히 약동적인 리듬의 민요로 빠르게 부르면 전투적 약동성이 생긴다. 본조아리랑은 여기에 약간의 애조가 더해진다. '독립군 아리랑'은 그 밖에 민중의 기호에 따라 여러 가지 아리랑 민요를 차용해 부른 것으로 해석된다.

'독립군 아리랑'의 곡조가 여러 가지 민요아리랑의 곡조로 불려진 사실 자체가 일제강점기 해외 한민족 독립운동에서 아리랑이 민족의 가요로 애창된 증거이기도 한 것이다.

20 '광복군 아리랑'은 1942년 광복군 제3지대장 김학규(金學奎)가 작사해서 민요 "밀양아리랑"의 곡조에 맞추어 부르도록 하여 보급한 광복군 군가의 하나이다.

광복군 아리랑

(1) 우리네 부모가 날 찾으시거든
　　광복군 갔다고 말 전해주소
(후렴) 아리랑 쓰리랑 아라리요
　　광복군 아리랑 불러보세

(2) 광복군 요리는 김치 깍두기
　　양요리 중요리 다 일이 없소[30]
(후렴)

〈그림 51〉 광복군 제3지대장 김학규

(3) 광풍이 분다네 광풍이 분다네
　　삼천만 가슴에 광풍이 불어요
(후렴)

(4) 바다에 두둥실 떠오는 배는
　　광복군 싣고서 오시는 배래요
(후렴)

---

30 張虎崗(광복군 대원)이 필사한 『광복군가집』과 각종 필사본 『광복군가집』에는 제2절이 없고, 당시의 원본에만 제2절이 수록되어 있다. 양지선, 「한국광복군가 연구」, 『한국근현대사연구』 95, 2020 참조. 간행 후 주로 제2절은 빼고 불렀던 것 같다.

(5) 동실령 고개서 북소리 둥둥 나더니
   한양성 복판에 태극기 펄펄 날리네
(후렴)

'광복군 아리랑'을 작사한 김학규는 1919년 신민회 회원들이 만주 유하현 추가가에 세운 신흥무관학교 장교반을 졸업하고 독립군 소위로 입대하여 남만주의 국민부 산하 조선혁명군 총사령 양세봉 아래서 조선혁명군 참모장을 맡았던 독립군 지장이었다. 중경에서 대한민국 임시정부가 1940년 9월 17일 한국광복군을 창군하고 총사령부(총사령 이청천) 휘하에 지대를 설치하게 되자 제2지대장 겸 참모장을 맡았다. 1942년 김원봉의 조선의용대가 광복군에 통합되어 제1지대가 되는 독립군 군사통일 실현으로 한국 광복군이 3개지대로 개편될 때, 김학규는 제3지대장에 임명되어 일본군의 후방 적지인 부양(阜陽)에 파견되어서 전투, 선전, 초모공작, 정보 수집 활동을 지휘하였다. 김학규는 음악전문가는 아니었으나 신흥무관학교 졸업 후 동명학교 교사도 지냈고 중국 황포군관학교에서 1년간 특수교육도 받은 지식인 장교였으며 음악에 조예가 있었다. '광복군 아리랑' 외에도 '광복군 석탄가(혁명의 불길)'도 작사하여 민요곡을 차용해서 부르도록 했고, '전우 추모가'를 작사·작곡했었다.[31]

31 金學奎는 1900년 평안남도 평원군 서해면에서 빈농의 아들로 태어나 5세 때 부친을 여의고, 1911년 가족이 李甲을 따라 만주 밀산현 밀산자에 신한민촌을 설치하는 개척농민으로 들어갔다. 1919년 3·1운동 직후 유하현에서 서로군정서가 설립되고 신흥학교가 신흥무관학교로 개편되자, 장교반에 입학하여 졸업하고 서로군정서 독립군의 소위로 임관되었다. 1920년 10월 일제가 간도에 침입해서 소위 '경신토벌'을 자행하여 서로군정서 독립군이 밀산을 거쳐 시베리아로 들어갈 때, 김학규는 영국인 목사 경영의 중국인 고등학교에 입교하여 졸업하고, 동포 경영의 동명중학교 교사로 근무하였다. 그는 이 때 여교사 吳光心(후에 광복군)을 만나 결혼하였다. 1929년 남만주의 독립운동단체들이 통합하여 國民府가 성립되자, 국민부 중앙집행위원에 선출되고, 국민부 산하 조선혁명당의 독립군인 조선혁명군(총사령 梁世奉)의 참모장으로 활동하였다. 일제가 1931년 9·18 만주침략을 자행하자, 중국

의용군의 李春潤·唐聚五와 연합하여 한·중 연합군을 편성해서 수십 차례 격전을 전개하고 新賓縣 待嶺과 永陵嘉에서 일본군을 대파하였다. 1932년 11월 일본군의 공세에 당하여 중국의용군이 중국 관내로 철수해버리자, 조선혁명군이 단독으로 일본군에 대항하게 되어 고난에 처하게 되었다. 총사령의 명령을 받고 임시정부의 지원과 병력 보충을 구하여 1934년 5월 김학규는 부인 오광심과 함께 농부로 가장해서 임시정부를 찾아 남경에 도착하였다. 이 때를 회상하여 오광심이 후에 작사한 노래가 "님 찾아 가는길"이다. 김학규는 남경에서 본부의 허락을 받고 조선혁명당의 대표로 민족주의 독립운동 정당·단체들의 남경통일회의에 참가했으며, 1937년 4월 남경에서 재건된 조선혁명당의 중앙집행위원으로 이청천·최동오·유동열·양기탁·현익철과 함께 선임되었다. 1940년 5월 임시정부 여당으로 한국독립당·한국국민당·조선혁명당이 합당하여 새 통일 신당으로 "한국독립당"이 창당되고, 이어서 1940년 9월 17일 임시정부의 국군으로 "한국광복군"이 창군되어 총사령부와 지대가 편성되자, 광복군 제2지대장 겸 참모장에 임명되었다. 1942년 김원봉의 조선의용대(1938년 창립)가 한국광복군 제1지대로 편입되면서 군사통일이 성취되어 광복군이 3개 큰 지대로 개편되자, 제2지대장에 이범석이 임명되면서, 김학규는 제3지대장에 임명되어 적 후방에 있는 阜陽에 파견 투입되어 최전선에서 활동하게 되었다. 김학규는 일본군에 포위되다시피 고립된 일본군 후방지역 최전선에서 일본군에 강제징집된 한국인 학병 등에 대원을 침투 접촉시켜 일본군 탈출과 광복군 입대 공작을 하고, 1943년 부양에 '한국광복군 훈련반'(통칭 韓光班)을 설치하였다. 그는 1기생 50명을 훈련시켜 광복군 제3지대 대원으로 편입시키고, 광복때까지 계속 이 작전을 수행하였다. 1945년 5월 미군의 OSS가 미군의 한반도 상륙 경우의 한·미 합동작전과 투입병력으로 광복군 대원의 훈련을 요청하자, 제3지대 대원의 희망자를 선발하여 제2지대에 파견해서 훈련시키다가 1945년 8.15 광복을 맞았다.

김학규는 8.15 광복 직후에 광복군 총사령부(총사령 李青天)으로부터 '주상해판사처'(駐上海辦事處) 처장에 임명되어 동포들의 생명과 재산 보호와 안전 귀국의 책임을 맡고 약 3만명의 동포 귀국을 보살폈다. 그는 다시 1946년 9월 임시정부 여당인 한국독립당 만주특별당 부위원장에 취임하여 재만 동포 약 1만 2천여명을 미군 비행기로 수송하여 천진경유 안전 귀국시키는데 성공하였다. 이러한 사업으로 늦어져서 1948년 4월에야 귀국하여, 백범 김구의 한국독립당에 복귀하였다. 그러나 이승만 정권에 항거하다가 백범 암살 후 누명을 쓰고 15년 징역을 언도받아 복역하였다. 복역 중 6.25 한국전쟁 시기에 미군 OSS가 그의 누명을 잘 알고 탄원하여 석방되자, 1960년 김구를 이어서 한국독립당을 재건하여 최고대표위원이 되었다가 1967년 별세하였다.

군 제1지대로 편입되면서 통일 한국광복군이 편성되자, 1992년 10월 개최된 제34회 임시의정원 회의는 "국가 및 군가 제정안"을 의결하였다. 이에 '국가'(國歌)를 대신하여 우선 (안익태 작곡의) '애국가'를 채용하기로 하고, 광복군 군가를 제정·수집하기로 결정하였다. 이에 김학규 제3지대장이 '광복군 아리랑'과 '광복군석탄가'를 작사하여 민요곡조를 차용해 광복군 군가로 부르도록 보급하고, "전우추모가"를 작사·작곡했으며, 만주에서 부르던 독립군가 '용진가'를 다시 채용하여 널리 부르도록 보급한 것이다.

'광복군 아리랑'에 곡조로 차용된 '밀양아리랑'은 각종 아리랑 민요 가운데 가장 약동적이고 흥겨우며 낙천적 무용곡이어서, 김학규가 '밀양아리랑'을 '광복군 아리랑'에 접착시킨 것은 참으로 탁월한 선택이었다고 생각된다. 한국민족 성원은 모두 "밀양아리랑"을 이미 알고 있으므로, "광복군 아리랑"은 전체 광복군과 동포들 사이에서 널리 애창되었다. '아리랑'이 민족독립운동에 적극 역할한 것이었다.

『독립신문』 중국어판 제7호(1945년 7월 20일자)에 의하면, 중국 화북지방에서 일본군에 징집된 한적 사병들이 일본군영을 탈출하여 광복군 비밀 공작원과 접촉하는 인원이 급증하는 중이고, "현재 화복에 거주하는 한국 청년 남녀들이 도처에서 경쟁적으로 '광복군 아리랑'을 부르면서 광복군의 비밀공작인원에 환영을 표시하고 있으며, 또한 암암리에 은근히 그들(광복군 비밀공작인원)을 초대하고 있다"[32]고 보도하였다. 여기서도 '광복군아리랑' 노래의 영향과 노력을 재확인할 수 있다.

21 독립운동 중에 '아리랑'이 또 하나 한국인의 사랑을 받고 독립운동에

---

32 『獨立新聞』 中文版 第7號, 1945년 7월 20일자, "蒸蒸日常的 韓國地下運動, 自由之花 開在血泊中 民族之光 善照三千里" "(…) 現在僑居華北的 韓國青年男女 到處競昭「光復軍阿里郎」歌 以示歡迎光復軍的秘密工作人員 普在暗暗裏 慇懃招待他們" 참조.

기여하면서 국제적 영향을 끼친 것으로는 한유한(韓悠韓)이 1939년 창작하여 보급한 "가극(오페라) 아리랑"과 『광복군가집』 편찬 보급이 있다.

한유한(본명 韓亨錫)은 1910년 부산 동래에서 태어나서 5세 때에, 독립운동을 하러 중국에 가 있는 아버지(韓興敎)를 찾으러 어머니와 형과 함께 중국으로 떠났다. 북경(北京)에서 중국 초·중등학교를 마치고, 1928년 상해 신화예술대학(上海新華藝術大學) 예술교육학과에 입학하여 전문 음악인이 되었다.[33]

---

[33] 韓亨錫(이명 한유한, 韓悠韓)은 1900년 부산 동래에서 양의사 아버지 한흥교(韓興敎)와 어머니 이인옥(李仁玉) 사이의 4남 3녀 가운데 차남으로 태어났다. 한형석이 5세 때 아버지가 독립운동을 하러 1911년 중국으로 망명하여 중국동맹회(中國同盟會)에 가입해서 조성환·신채호 등과 함께 독립운동에 종사했으므로, 한형석은 형과 함께 어머니를 따라 1915년 아버지가 있는 중국 북경으로 찾아가서 중국인 초등학교·중고등학교를 졸업하게 되었다. 한형석은 1929년 상해신화예술대학(上海新華藝術大學) 예술교육과에 입학하여, 1933년 졸업 후에는 산동성 제남무훈중학(齊南武訓中學) 등 중학교 음악교사를 하였다. 1932년 4월 29일 윤봉길 의사의 상해 홍구공원 투탄 의거 후 일제의 한국 독립운동가 가족에 대한 추적과 압박이 심해지자 그는 '韓悠韓'(또는 '韓惟漢')이라 가명을 써서 두 개 이름을 사용하면서 활동하였다. 이 시기에 작사 작곡한 첫 작품이 '신혁명가(新革命歌)'이다.

1937년 7월 7일 일제가 중·일전쟁을 도발하자 한형석은 한유한이라는 이름으로 항일전선에 참가하여 서안(西安)으로 가서 중국 국민정부 군사위원회 전시공작간부훈련단 (단장 蔣介石) 제4단의 중국 국민군 中校(중령에 해당) 음악교관을 맡았다. 이 무렵의 그의 작품이 '전사가(戰士歌)', '정의지가'(正義之歌) '중국적 노후' (中國的怒吼) 등이다. 1938년 서안에서 한국청년들이 독립군으로서 한국청년전지공작대(韓國靑年戰地工作隊, 대장 羅月煥. 이후에 광복군에 편입)를 창립하자, 한유한은 이에 참가하여 예술조장(藝術組長)을 맡았다.

대한민국 임시정부가 1940년 9월 17일 韓國光復軍을 창설하면서, 1941년 한국청년전지공작대를 광복군 제5지대로 편성하자, 한유한은 광복군 제5지대에 속하게 되었다. 1942년 4월 독립군의 군사통일이 실현되어 김원봉의 '조선의용대(1938년 창설)'가 광복군 제1지대(지대장 金元鳳)가 되고, 기존의 광복군 지대들이 제2지대 (지대장 李範奭)로 통합되며, 새로이 부양에 제3지대(지대장 金學奎)가 창설되자, 한유한은 광복군 제2지대 선전대장(宣傳隊長)을 맡아 활동하였다. 이 때의 대표적 작품이 '광복군 제2지대가', '압록강 행진곡', '조국행진곡' 등 다수의 작품이고, 그 일제가 1937년 7월 7일 중일전쟁을 일으키자, 한유한은 중국 군사위원회 전시공작간부훈련단(戰時工作幹部訓鍊團) 제4단 음악교관으로 초빙되었다. 이 단체는 1938년 9월 서안(西安, 장안)에서 장개석(蔣介石)이 단장을 맡아 전시 청년간부 육성을 위해 설립한 중국 국민정부의 군사·정치기구였다. 한유한이 중교(中校, 중령에 해당)로서 중국국민군 음악교관으로 있을 때 한국독립운동가들이 1938년 서안에서 한국청년전지공작대(韓國靑年戰地工作隊, 대장 羅月煥)를 조직하자 한유한은 여기에 참가하여 예술조장(藝術組長)을 맡았다. 이 때(1939) 한유한이 창작하여 성공적으로 공연해서 큰 영향을 끼친 것이 '가극 아리랑'이다.

한유한이 창작한 '가극 아리랑'은 4부로 구성된 대형 오페라였다. 이야기 줄거리는 한국 금수강산을 일본 제국주의자들이 침략하자 주인공인 목동(牧童)과 시골처녀(村女)가 중국으로 망명하여 한국독립혁명군에 입대해서 일제와 용감히 싸우는데, 두 독립군은 모두 장렬히 전사했지만 조국은 광복된다는 이야기를 음악으로 표현한 것이었다. 당시 음악전문가가 한국독립군에 거의 없었으므로, 한유한은 「가극 아리랑」의 작사·작곡·감독·남

중에도 특기할 것이 "가극 아리랑(歌劇 阿里郞)"인 것이다. 이 시기 「광복군가집」 제1집, 제2집의 두 책을 낸 것은 거의 모두 한유한의 노력에 의거한 것이었다. 한유한은 이 시기에 한·중 친선을 위하여 송미령(宋美齡)·등예초(鄧穎超) 등이 창립한 中國戰時兒童保育會의 예술반 초대 주임도 맡아서 중국 어린이들과 중국국민들을 위해 '小山羊'(작은 산양), '沒有家的孩子'(집 없는 아이) 뮤지컬 '勝利舞曲'(승리무곡), 역사 신화 오페라 '寶劍的故事'(보검의 옛이야기), '陝西省第二保育院歌(섬서성제2보육원노래)' 등을 창작하여 주었다.

1945년 8·15 광복을 맞아 그는 산동성에서 교포 귀국사업에 봉사하다가, 1948년 9월에 귀국하였다. 그는 부산문화극장 설립 책임자를 맡아 1950년 6월 18일 개관했으나, 1주일 후 6.25 한국전쟁으로 극장 자체가 미군에게 징발 사용되었다. 한국전쟁 중에는 전쟁고아 등 어린이들을 위하여 '자유아동극장' 및 '색동 야학원'을 설치해서 봉사하였다. 한유한은 1955년 6월 부산대학교 문리과대학 교수에 부임하여 1975년 2월 정년퇴임 때까지 교수로 근무하였다. 일생을 조국과 동포를 위해 일하다가 1966년 별세하였다.

자 주인공의 역할을 모두 담당하게 되었다.

「가극 아리랑」은 1940년 5월 22일 서안(西安) 남원문(南院門) 실험극장에서 첫 막을 올렸는데, 막이 오를 때마다 한유한이 다듬은 한국 민요 '아리랑 서곡'이 장중하게 울려퍼졌다. 공연은 대성공이어서 감동과 격찬이 쏟아져나왔으며 10일간 연속 성황리에 공연되었다.[34]

1940년 9월 17일 대한민국 임시정부의 독립군으로서 한국광복군이 창군되어 한국청년전지공작대가 광복군 제5지대로 편입되자, 한유한은 광복군 제5지대 대원이 되었다. 이듬해 1942년 한국 독립군들의 군사통일이 실현되어 김원봉의 조선의용대가 광복군 제1지대로 개편되었으며, 기존 한국광복군은 이전 제5지대까지 모두 합쳐져 제2지대(지대장 李範奭)로 개편되고, 새로 제3지대가 설치되었다. 이에 과거 제5지대에 속해있던 한유한은 광복군 제2지대에 속하게 되어 제2지대 선전대장(宣傳隊長)을 맡게 되었다. 그는 이 시기에 독립운동 고양을 위해 실로 많은 활동을 하였다.

한유한은 1944년 3.1운동 25주년 기념으로 서안 양부가(梁府街) 청년당(靑年堂)에서 다시 "가극 아리랑"을 공연하였다. 이번에는 중국 일급 오페라 가수들이 참가한 더 호화로운 출연진으로 대성공을 거두었다. 한유한은 서안 뿐만 아니라 1944년 3월부터 6월까지 섬서성 보계(寶鷄)로 가서 '가극 아리랑'을 수십회 공연하였다.[35]

그는 '가극 아리랑'의 클라이맥스마다 민요 '아리랑'을 합창 또는 독창으로 부르게 하여, '아리랑'은 중국 청중에게도 익숙한 한국 노래로 인지되었다. 그의 이러한 노력으로 약 20만명에 달했던 화북지방 한국동포들 뿐만 아니라, 수많은 중국 시민들과 군인들이 한국민족의 조국광복을 위한

---

34 『西北文化新報』, 1940년 5월 23일자, 「滿懷興奮看 '啊哩郎', 建民」
35 王梅, 「韓悠韓在中國西北地之的 藝術活動及影響」(한유한의 중국 서북지역에서의 예술활동과 영향), 광복75주년 및 개관33주년기념 국제학술심포지엄논문집, 『한국광복군의 일상과 기억』, 독립기념관한국독립운동사연구소, 2020. 8. 13. 참조.

불굴의 희생적 투쟁을 알고 실감하게 되어 한·중 항일연대에도 큰 도움을 주었다.

한유한은 '가극 아리랑' 뿐만 아니라, 이 시기에 '최후의 결전' '백두산 행진곡'을 공연하였고, '압록강 행진곡' '조국 행진곡', '광복군 제2지대가' 등 다수의 군가도 작곡하여 보급하였다. 그는 또한 중국군의 군가도 다수 작곡하였다. '전사가'(戰士歌), '중국의 노후'(中國的怒吼)', '정의의 노래' (正義之歌) 등이 그 대표작이다.

한유한이 한국광복군 제2지대 선전대장을 맡은 시기의 또 하나의 특기 할 업적은 『광복군가집』 제1집과 제2집을 낸 사실이다. 제2집은 아직 발굴 되지 않았고, 제1집의 수록곡을 보면 다음 표와 같다.[36]

〈표 4〉 『광복군가집』 제 1집 수록곡
(자료: 광복군 제2대 선전위원회, 『광복군가집』 제1집, 1943, 한유한 子 한종수 제공)

번호	곡명	작사	작곡
1	國旗歌	이범석	한유한
2	애국가	미상	안익태
3	광복군가(광복군행진곡)	이두산	이두산
4	광복군 제2지대가	이해평	한유한
5	先鋒隊	이두산	이두산
6	最後의 決戰	미상	윤세주 편곡
7	광복군아리랑	김학규	전통민요
8	新出發	신덕영	한유한
9	용진가	미상	미상
10	광복군석탄가; 혁명의 불길	김학규	전통민요
11	鴨綠江行進曲	박영만	한유한
12	祖國行進曲	신덕영	한유한
13	앞으로 行進曲	김의한	신하균

---

36 양지선, 「한국광복군 군가 연구」, 『한국근현대사연구』 95, 2020.

14	黎明의 노래	이해평	한유한
15	우리나라어머니	신덕영	한유한
16	흘러가는 저 구름	신덕영	한유한

〈그림 52〉 광복군 아리랑이 탄생한 한국광복군 제 3지대(출처: 독립기념관)

위의 「광복군가집」 제1집은 1942년 10월 제34회 임시의정원의 '국가, 군가 제정안'의 결정에 의거하여 광복군 제2지대 선전대(대장 한유한)가 1943년 10월 발행한 것이다. 여기에는 이범석 작사, 한유한 작곡의 '국기가'(國旗歌)를 필두로 하여 모두 16곡이 수록되어 있다.

이 중에서 김학규 작사의 '광복군 아리랑'과 '광복군 석탄가: 혁명의 불길'은 '밀양아리랑' 등 한국 전통 민요를 곡으로 부르도록 정한 것이 특징이다. 나머지 군가는 작사자에 이범석, 이두산, 이해평, 김학규, 신덕영, 박영만, 김의한, 이해평 등 8명이 기록되어 있는 반면에, 작곡자에는 한유한이 16편 가운데 8편이고, 그 밖에는 안익태, 이두산, 윤세주(편곡), 신하균 등 4명이 기록되어 있어서, 전문 작곡자가 한유한 뿐이었음을 시사하고 있다. 그가 얼마나 고군분투했는가를 짐작할 수 있다.

22 '아리랑'을 독립운동과 관련하여 세계에 알린 작품의 하나는 독립투사 장지락(張志樂, 일명 김산, 金山)의 구술한 것을 님 웨일스(Nym Wales, 본명 Helen Foster Snow)가 전기로 써서 1941년 발행한 『아리랑의 노래(The Song of Ariran)』이다.[37] 헬렌 스노우(님 웨일스)는 1937년 장지락을 면담

37 Helen Foster Snow(필명 Nym Wales)는 1907년 미국 유타주 세다에서 모르몬 교도인 부모의 3남 1녀 가운데 장녀로 태어났다. 유타대학에 입학하여 수년간 재학하면서 작가를 꿈꾸었으나 집안 경제형편으로 졸업 전에 미국은광회사에 취업하였다. 이 회사의 중국 상해지사의 책임자 자리가 비어 있어서 헬렌은 1931년 8월 상해로 갔다. 상해에서 이미 1929년에 중국에 와 활동하고 있던 신문기자 에드가 스노우(Edgar Snow)를 만나서 1932년 크리스마스날 결혼하였다. 남편 에드가가 연경대학(燕京大學) 저널리즘 교수로 초빙되어 부부는 북경으로 이사하였다. 1935년 12월 9일 연경대학생들의 항일시위운동이 일어나자, 스노우 부부는 학생들을 도와주었다. 남편 에드는 1937년 베이징에서 잡지 "Democracy"(民主主義)를 창간했는데, 바로 그 해 7월 7일 일본이 중일전쟁을 도발하고, 베이징이 일본 영향권 안에 들어가서 중단되었다. 1937년 남편에 뒤이어 중국공산당 통치지역인 연안(延安)에 들어가서 공산당 간부를 다수 면담 취재하였다. 이 때 연안에서 '조선민족해방동맹' 파견 대표로서 중국공산당에 가입하여 한국독립운동을 하고 있던 장지락(張志樂, 일명 金山)을 찾아 만나게 되었다. 그가 구술한 장지락의 투쟁기를 작품화한 것이 1941년 간행된 Song of Ariran: The Life Story of a Korean Rebel(아리랑의 노래: 한 한국인 반항아의 생애 이야기)이다. 중국공산당 모택동과 간부들과의 면담 기록은 Inside Red China(1939), China Builds Democracy(1941) 등으로 발간되었다.

스노우 부부는 중국 체류가 어렵게 되어 필리핀을 거쳐서 1940년 미국으로 귀국하여 캘리포니아주에 자리잡았다. 남편 에드가 스노우가 여배우 로이 휠러(Lois Wheeler)와 사랑에 빠졌으므로 1949년 이혼하였다. 그러나 이듬해 1950년 2월부터 극우 매카시 선풍이 불면서 에드가 스노우는 공산당으로 몰려 스위스로 추방당해서 1972년 그곳에서 별세하였다. 헬렌 포스터 스노우도 중국 공산주의 동조자로 몰려서 많은 고통을 겪었으나, 리차드 닉슨 대통령의 미·중 수교로 오해가 풀려서, 중국 정부와 단체의 초청으로 중국을 다녀왔으며, 중국 관계의 다수 저서를 출판하였다. 헬렌 포스터 스노우는 극동관계 저서의 탁월한 업적으로 두 번이나 노벨 평화상 후보에 올랐다. 그녀의 작품 가운데는 한국이 독립하여 세계에 부각됨에 동반하여 "Song of Ariran"이 크게 부각되어 세계적 칭송을 받았다. 만년은 족보연구, 소

〈그림 53〉 장지락(김산)　　　　　〈그림 54〉 헬렌 포스터 스노우
　　(출처: 독립기념관)　　　　　　　　　(님 웨일즈)

하기 전에, 1936년 한국의 금강산을 관광다녀온 일이 있었다.

헬렌 스노우는 연경대학 저널리즘 강사로 있는 남편(에드가 스노우)과 함께 북경에 체류 거주하다가 남편 에드가 스노우가 '1만리 대장정'을 거쳐 연안(延安)에 정착한 중국공산당 본부(연안)를 다녀오는데 성공하자, 1937년 7월 취재와 자료수집 목적으로 연안에 들어갔다. 그녀는 연안에서 영어가 전혀 통하지 않자, 영어를 말할 수 있는 사람을 구하려고 중국공산당 도서관인 노신(魯迅)도서관 영어 책 대출자 명단을 보았더니, 오직 한 사람이 영어로 된 책과 잡지를 여름 내내 수십권 대출해 가고 있었다. 그 사람을 물으니 도서관 사서는 "이 사람은 중화소비에트에 파견된 조선대

설 작품, 중국에서 경험 기록 등을 쓰면서 보내다가 코네티컷주 길포드에서 1997년 89세로 별세하였다.

　그녀의 귀중한 1930년대 중국에서의 각종 수집자료와 노트 기록들은 스탠포드대학교 후버연구소에 기증되었고, 그 밖의 귀중한 자료들은 브리검영 대학교에 기증되어 있다.

표입니다. 지금 군정대학(중국 공산당의 抗日軍政大學)에서 일본경제와 물리·화학을 가르치고 있습니다"라고 응답하였다.[38] 그 사람이 한국인 독립운동가 장지락(張志樂, 일명 金山)이었다.[39]

---

38 님 웨일스(송영인 역), 『아리랑』, 동녘, 개정3판, 2012, 26쪽.
39 張志樂은 1905년 평안북도 용천군 북중면(北中面) 하장동(下長洞)에서 태어났다. 장지학(張志鶴)이라고도 불렸다. 독립운동 과정에서 가명으로 유청화(劉淸華), 이철암(李鐵岩), 한국유(韓國劉), 유한평(劉漢平), 유금한(劉錦漢) 등의 이름도 사용하였다. 고향에서 고등보통학교에 다닐 때 1919년 3.1 운동이 일어나자 이에 참가했다가 3일간 일제 경찰서에 구류당하고 학교에서 퇴학당하였다. 압록강을 건너 유하현 삼원보의 신흥무관학교에 찾아갔으나, 15세로 나이가 어려 병사반에 들어갔다. 이듬해 일본군의 간도침입과 독립군 '토벌' 작전 때문에 신흥무관학교가 해산되자, 다시 귀향했다가, 1921년 대학 공부를 하려고 일본으로 건너갔다. 고학으로 대학예비학교를 다니던 중 1923년 9월 관동대지진이 일어났을 때 일본정부와 민간인이 조선인을 대량 학살하는 것을 보고 일본을 탈출하여 만주를 거쳐 중국 상해로 갔다. 상해에서 임시정부기관지 『독립신문』의 교정 일을 하면서 안창호·김성숙(金星淑, 본명 金忠昌)·오성륜 등을 만났고, 안창호와 김성숙으로부터 큰 영향을 받았다. 이 때 안창호에 따라 홍사단에 가입하였다. 또한 김성숙에 따라 고려공산당에도 가입하였다. 1924년 고려공산당의 잡지인 『혁명』 창간과 고려공산당 북경 지부 조직에 참가하였다. 장지락은 조선독립은 악질 일제에 대항하는 것이므로 공산당과 같은 혁명투쟁이 아니면 달성하기 어렵다고 판단하고 혁명적 무장투쟁노선을 지지하였다. 1925년 가을 중국혁명이 곧 조선독립에 직결된다고 보아 중국혁명의 근거지 광주(廣州)로 가서 중국공산당에 가입하였다. 1926년에는 한국 독립운동계의 파벌 청산과 통일을 위해 '조선혁명청년연맹'을 김원봉·김성숙 등과 함께 창립하여 중앙위원에 선임되었다. 그는 중국공산당 당원으로서 1927년 12월 섭정(葉挺)·장태뢰(張太雷)·서광영(徐光英) 등과 함께 중국 광주무장봉기를 주도하여 광동 콤뮨 건설에 참여했다가, 3일 만에 중국 국민당의 공격을 받고 해륙풍(海陸豊) 소비에트 지구로 철수했고, 이곳마저 국민당에 점령당하자 1929년 북경으로 탈출하였다. 1929년 말 중국공산당 북경시위원회 조직부장이 되어 학생운동과 노동운동의 조직화에 노력했으며, 길림과 안동(지금의 丹東) 지역의 한국독립운동가 청년들을 중국공산당에 입당시켰다. 중국공산당 활동으로 1930년 11월 북경 경찰에 체포되어 한국인이라는 이유로 일제경찰에 넘겨져서 서울로 송환되었다. 활동이 중국공산당의 일이었고, 가혹한 고문에도 조선독립운동 관계는 응답하지 않았으므로 1931년 4월 결국 석방되어 그해 6월 북경으로 돌아왔다. 1932년 고양소학교 교사와 보정(保定)제2사범학교 교사를 하며 은둔하여 생계를 유지했다. 이 시기에 소설 '기묘한 무기' '동지들이여 싸우자' '한해 동지를

님 웨일스는 두 차례 편지를 전달하여 꼭 만나기를 요청했다. 첫 번째 편지에는 반응이 없다가 두 번째 편지의 한참 끝에 나타난 장지락의 첫인상을 님 웨일스는 다음과 같이 묘사하였다.

"임시문으로 사용하고 있던 솜이 든 푸른색 커튼을 학자의 손처럼 야윈 손이 옆으로 밀어젖혔다. 그러자 실내의 조명을 받으며 크고 인상

조문하여' '해외 동포의 영상' 등을 써서 남겼다. 1933년 4월 또다시 북경 경찰에 체포되어 중국 공산당 활동에 대한 심문을 받다가 1934년 1월 탈출에 성공하여, 중국 공산당의 여성동지 조아평(趙亞平)과 결혼해서 철도노동자로 은신하여 가정생활을 했으며 아들을 얻었다.

　장지락은 1935년 5월 한국독립운동을 목적으로 상해로 가서 1936년 9월 김성숙·박근성(朴根成) 등과 함께 '조선민족해방동맹'(朝鮮民族解放同盟)을 창설하였다. 중국공산당이 국민당 군의 '토벌' 작전으로 쫓겨서 1만리 대장정을 하여 연안(延安)에 정착한 후, 홍군(紅軍)이 1937년 7월 7일 일제의 중·일전쟁 도발에 대응하여 중국공산당과 국민당의 국·공 합작을 요구하면서 연안에 항일군정대학(抗日軍政大學)을 설치하자, 장지락은 조선민족해방동맹이 연안에 파견한 대표로 선임되어 연안으로 들어가서 항일군정대학 교수를 맡고 있을 때 헬렌 스노우(님 웨일스)를 만나게 되었다. 헬렌 스노우의 요청에 응하여 그의 독립혁명투쟁의 줄거리를 말해주었고, 원 계획은 1939년에 만주에 들어가서 지하의 항일독립투쟁을 감행할 예정이었다. 그러나 중국공산당 간부 강생(康生)의 지시에 의해 '일본스파이' 죄목으로 체포당하였다. 그가 이를 부인하자 트로츠키파로 몰아서 처형당하였다. 만주에서도 스탈린의 일국일당주의 지시로 중국공산당에 편입된 조선공산당 만주총국의 청년들이 '일본스파이'의 혐의로 다수 체포되어 처형당한 소위 '民生團사건'이 있었다. 중국공산당이 조선인 공산당원을 참혹하게 박해 학살한 것이다. 장지락은 중국혁명과 조선독립혁명에 온 생애를 다 바쳤으나, 33세의 젊은 나이로 '일본간첩' '트로츠키파' 누명을 쓰고 중국공산당 극좌분자들의 망동으로 희생당하였다. 그의 중국인 아내 조아평은 아들이 고려인(한국인)이므로 '고영광(高永光)의 이름을 지어주고 숨어 살다가, 임종때에 가까워져서야 아버지의 억울한 누명과 출생의 비밀을 알려주었다. 고영광은 1978년부터 중국공산당에 아버지 장지락의 재심을 꾸준히 요청한 결과, 1983년 1월 중국공산당 중앙위원회 조직국은 장지락이 일본간첩 또는 사상변절자의 증거가 없고 올바른 인물이었다고 인정하여 복권을 승인하였다. 그의 억울함과 독립운동 공적은 대한민국 정부가 인정하여 2005년 건국훈장 애국장을 추서하였다.

적인 남자의 모습이 조용히 나타났다. 그는 당당하고 품위있는 태도로 인사를 하였으며, 악수할 때 주의깊게 나를 응시하였다. 밖에는 비가 억수같이 쏟아지고 있었고 창문이 종이로 되어 있어서 충분히 조명을 받지는 못하였지만, 윤곽이 뚜렷한 그의 얼굴은 묘하게도 중국인 같지는 않았고, 반(半) 스페인풍의 사람처럼 아주 멋이 있었다. 순간적으로 나는 그가 유럽인이 아닌가 생각하였다."[40]

첫 만남에 깊은 인상을 받은 님 웨일스는 장지락을 설득하여 그의 전기 겸 혁명운동을 책으로 쓸 의사를 밝혔고, 장지락도 약간의 망설임 끝에 이 용감한 미국 여기자 겸 작가에 탄복하여 구술작업이 시작되었다. 장지락의 서투른 영어 구술을 님 웨일스가 노트에 적어서 소재화하는 작업이 시작되었다. 3개월간 20여차례 만나면서 작성한 노트가 7권이나 되었다.

장지락은 구술하는 중에 민요 '아리랑'에 대한 이야기를 몇 차례 들려주었다. 그의 '아리랑' 이해는 나운규의 영화 '아리랑'의 직접적 영향을 받은 것이었다. 그래서 '아리랑'을 '아리랑 고개'라는 고개 이름의 하나로 생각하고, 서울 부근에 실재하는 고개를 상징화했다고 생각하였다. 장지락이 노래로 '아리랑'을 불러준 것도 10여 차례 되는데, 역시 '아리랑고개'의 아리랑이었다.

 (1) 아리랑 고개는 열두구비
   마지막 고개를 넘어간다
 (후렴) 아리랑 아리랑 아라리요
   아리랑 고개를 넘어간다

 (2) 청천하늘에 잔별도 많고
   우리네 가슴에 수심도 많다
   (후렴)

---

40 님 웨일스·김산, 『아리랑』, 동녘, 27쪽.

(3) 아리랑 고개는 탄식의 고개
       한번 가면 다시는 못 오는 고개
       (후렴)

  (4) 이천만 동포야 어데 있느냐
       삼천리 강산만 살아있네
       (후렴)

  (5) 지금은 압록강건너는 유랑객이요
       삼천리 강산도 잃었구나
       (후렴) (님 웨일스·김산 『아리랑』, 동녘, 5쪽)

장지락은 '아리랑 고개'를 민족에게는 시련기의 상징, 개인에게는 고난
의 고비를 상징화한 민요라고 설명하였다.

     "과연 극동에서의 이 전쟁이 마침내는 조선을 해방시키게 되지 않을
  까? 나는 해방시킬 것이라고 생각한다. 그렇기 때문에 나는 곧바로 내
  조국을 위한 활동을 재개하여 조국의 전진을 도와야 한다. 지금 우리는
  '마지막 아리랑고개를 넘어' 가고 있기 때문이다.
     조선에는 민요가 하나 있다. 그것은 고통받는 민중들의 뜨거운 가슴
  에서 우러나온 아름다운 옛노래다. 심금을 울리는 아름다운 선율에는
  슬픔이 담겨 있듯이, 이것도 슬픈 노래다. 조선이 그렇게 오랫동안 비극
  적이었듯이 이 노래도 비극적이다. 아름답고 비극적이기 때문에 이 노
  래는 300년 동안이나 모든 조선 사람들에게 애창되어 왔다."[41]

---

41 님 웨일스·김산, 『아리랑』, 동녘, 60쪽. 장지락은 이어서 서울 근처에 '아리랑 고개'
   가 실재하고 있다고 당시 나운규의 영화 '아리랑' 끝부분과 소문에 따라 착각해서
   말해주고 있다. "서울 근처에 '아리랑 고개'라는 고개가 있다. 이 고개 꼭대기에는
   커다란 소나무가 한 그루 우뚝 솟아있었다. 조선왕조의 압정 하에서 이 소나무는
   수백년 동안이나 사형대로 사용되었다. 수만명의 죄수가 이 노송의 옹이진 가지에
   목이 매여 죽었다. 그리고 시체 옆에 있는 벼랑으로 던져졌다. 그 중에는 산적도

장지락은 '아리랑'을 아름다운 선율이지만 슬프고 비극적인 노래라고, 나운규의 '아리랑'을 따라 해석하고 있다. 그는 '아리랑'을 슬픈 노래로 일면적 해석을 하면서도 최후의 희망을 잃지 않고 한국민족은 최후의 승리를 쟁취하여 다시 소생해서 일어설 것이라고 설명하였다.

> "이 오래된 '아리랑'에 새로운 가사를 붙이려는 사람도 있다. 그러나 마지막 한 구절은 아직 만들어지지 않았다. 수많은 사람이 죽었으며, 더욱 많은 사람들이 '압록강을 건너' 유랑하고 있다. 그렇지만 머지않은 장래에 우리는 돌아가게 될 것이다. (…) '아리랑 고개는 열두 고개'라는 구절이 있다. (…) 그렇지만 조선은 이미 열두 고개 이상의 아리랑 고개를 고통스럽게 넘어왔다 (…) 비록 정복된다 하더라도 조선은 일시적 지배자 밑에서도 자기동일성을 유지했으며, 절대로 굴복하지 않고 재기할 기회를 기다렸다. 19세기 이래 (…) 일본인이 우리 '2천만 동포'의 약한 성벽을 향해 끊임없이 밀려오고 있었다. 우리는 그들을 막아낼 수가 없었다. 오늘날에는 쇠못을 박은 장화가 조선을 무겁게 짓누르고 있다. 그러나 일본이 활보하지 못하게 될 때에는 어둠만 있었던 곳에 파란 새싹들이 눈부시게 돋아날 것이다 (…) 우리는 아직도 최후의 희생이 마침내 승리를 가져오리라는 희망을 간직하고 있다. 조선은 아직도 마지막 아리랑 고개를 올라가서 그 오래된 교수대를 때려부술 정도의 힘을 가지고 있다."[42]

있었고 일반 죄수도 있었다. 정부를 비판한 학자도 있었고, 반역자도 있었다. 하지만 대다수는 압제에 대항해 싸운 청년 반역자들이었다. 이런 젊은이 중의 한 명이 옥중에서 노래를 한 곡 만들어서는 무거운 발걸음을 끌고 천천히 아리랑고개를 올라가면서 이 노래를 불렀다. 이 노래가 민중에게 알려진 뒤부터 사형선고를 받은 사람이면 누구나 이 노래를 부르면서 자신의 즐거움과 슬픔에 이별을 고하게 되었다. 이 애끓는 노래가 조선의 모든 감옥에 메아리쳤다. (…) '아리랑'은 이 나라의 비극의 상징이 되었다. 이 노래의 내용은 끊임없이 어려움을 뛰어넘고 또 뛰어넘더라도 결국에 가서는 죽음만이 남게 될 뿐이라는 의미를 내포하고 있다. 이 노래는 죽음의 노래이지 삶의 노래가 아니다. 그러나 죽음은 패배가 아니다. 수많은 죽음 가운데서 승리가 태어날 수 있다."

42 님 웨일스·김산, 『아리랑』(개정3판), 동녘, 61~67쪽.

헬렌 스노우는 중·일전쟁의 악화로 더 이상 중국체류가 어려워지자, 1939년 필리핀의 바기오(Baguio)에 체류하면서 7권의 노트를 풀어 정리해서 '아리랑' 원고를 완성하였다. 그녀는 장지락을 보호하기 위하여 '김산'(金山)이라는 가명을 사용하였다. 아마 장지락과 헬렌 스노우 사이에 가명을 쓰기로 약속하고 헬렌이 한국에 가서 다녀온 '금강산'의 준말을 만든 것으로 추정된다. 헬렌 스노우의 필명은 님 웨일스로 하였다. 헬렌의 조상이 웨일스 출신이었기 때문에 남편이 지어준 필명이다. 출판은 중국에서 오래 활동하여 『대지』(The Good Earth)등으로 노벨상을 받은 펄벅(Pearl S. Buck) 여사와 그녀의 남편 월슈(Richard Walsh)가 설립한 출판사에서 1941년 간행하였다. 이 책은 간행 후 제2차 세계대전 말기 한국과 중국을 알고 싶어 하는 모든 사람들에게 상당히 널리 읽혔다. 당시 미국 대통령 프랭클린 루스벨트도 헬렌 스노우에게 친서를 보내어 이 책 '아리랑'을 통해서 한국에 대해 알게 되었음을 감사했다고 헬렌 스노우 자신이 밝혔다.[43]

---

43 님 웨일스(헬렌 포스터 스노우), '사랑하는 한국의 모든 독자들에게' 1991년 10월 26일자 서한, 님 웨일스·김산, 『아리랑』, 2012, 19쪽. 「당시 조선에 관한 최신 서적으로서 "아리랑"이 유일했고, 나의 태평양 관련 글 역시 마찬가지였다. 프랭클린 루스벨트 대통령의 자문인사들이 나와 접촉하였고, 나의 글을 주의깊게 읽으며 루스벨트 대통령에게 상세한 보고를 올렸다는 메시지를 보내오기도 했다. 후에 나는 루스벨트 대통령의 친서를 받았다. 서한에서 그는 나의 글을 통해 조선(Korea)을 알게 되었음을 감사하면서 시간을 내서 나와 만나고 싶다는 의사를 전달했다.」 참조.

11. 8·15 광복과 아리랑의 부활·개화

23 1945년 8·15 한국민족의 해방·광복과 함께 '아리랑'도 해방되었다. 그러나 동시에 남·북이 분단되어 새로운 민족의 고통이 시작되었다. 이 기쁨과 아픔이 민요 '아리랑'에도 즉각 반영되었다. 예컨대 진도아리랑과 강원도 정선 아리랑에는 옛 가락에 새 가사가 바로 등장하였다.

① 일본사쿠라 뚝 떨어지면
　　우리나라 무궁화 방그작작 웃는다.
(후렴) 아리아리랑 쓰리쓰리랑 아라리가 났네
　　　　아리랑 응응응 아라리가 났네
　　　　(진도아리랑, 최소녀 채록, 『아리랑』, 172쪽)

② 삼십육년 피지 못한 무궁화 꽃은
　　을유년 팔월 십오일 만발하였네
(후렴) 아리랑 아리랑 아라리오
　　　　아리랑 고개로 날 넘겨주소(정광옥 채록)

③ 삼십육년 묵든 무궁화도 피었는데
　　삼천만 동포야 태극기를 찾아라
　　(후렴) (정선아리랑)

④ 원수로구나 원수로구나 철천지 원수로구나
　　악마같은 삼팔선이 원수로구나
　　(후렴) (정선아리랑)

⑤ 반달같은 우리오빠 국방경비대 갔는데
　　샛별같은 우리 올케 독신생활 한다.
　　(후렴) (정선아리랑)

⑥ 난리는 난다구 신문에도 났는데
  우리야 삼천만동포 한데 모여 삽시다
  (후렴) (정선 아리랑)

⑦ 우리집 낭군은 삼팔선 전투 갔는데
  하늘님이 감동하서 몸 성히 댕겨오세요
  (후렴) (이상 정선 아리랑, 김연갑 채록)

'원한생'(怨恨生)이라는 필명으로 '아리랑 삼팔선'을 1948년『건국공론』
(제29호)에 기고한 아리랑 가사도 있다.

① 아리랑 아리랑 아라리오 / 삼팔선 고개에 가마귀 운다
  삼팔선 고개는 못 넘는 고개 / 삼팔선 원한이 사모쳤고나

② 아리랑 아리랑 아라리오 / 삼팔선 고개는 못 넘는 고개
  네가 잘나서 해방이든가 / 숫자가 나빠서 따라지로다

③ 아리랑 아리랑 아라리오 / 삼팔선 고개가 원수로다
  삼팔선 고개에 사라진 낭군 / 삼년째 들어도 소식이 없네
  (김연갑 채록)

④ 신든 보선에 꽃 걸어 신고 / 삼팔선 밑으로 임 찾아 가세
  (후렴) 아리아리랑 쓰리쓰리랑 아라리가 났네 / 아리랑 응응응 아라
  리가 났네
  (최소녀 채록)

통일을 기약하는 '아리랑'도 나왔다.

① 무궁화동산에 우는 새야

너 무슨 한으로 슬피 우나

(후렴) 아리랑 아리랑 아라리오 / 아리랑 고개로 넘어간다 (남원 아리랑, 김연갑 채록)

② 사발그릇 깨어지면 두세쪽 나는데

삼팔선 깨어지면 한 덩어리 뭉친다

(후렴) 아리랑 아리랑 아라리오 / 아리랑 고개고개로 나를 넘겨주게

(정선아리랑, 김연갑 채록)

③ 삼팔선 삼팔선 둘로 갈라진 삼팔선

언제나 평화되어서 하나가 될라요

(후렴) 아리아리랑 쓰리쓰리랑 아라리가 났네 / 아리랑 응응응 아라리가 났네

(진도 아리랑, 최소녀 채록)

④ 통일이 온다네 통일이 온다네

삼천리 강산에 평화통일 온다네

(후렴) 아리아리랑 쓰리쓰리랑 아라리가 났네 / 아리랑 응응응 아라리가 났네

(진도 아리랑, 김연갑 채록)

8·15 해방·광복 후 해방된 '아리랑'은 남과 북 모두에서 온 민족의 사회생활 전 분야에 걸쳐 사랑받으며 활용되었다. 민요로서만 아니라, 영화·연극·무용·창작음악·동요·집단체조·상표·학용품·담배갑 도안·의상·잡지 이름·소설·시·희곡·만화·화장품·공예품·라디오·TV 방송 프로그램·술 이름 등 사회생활의 모든 부문에서 애호되었다.

한국전쟁(1950~1953) 기간에 참전한 유엔군 병사들과 관련 음악 전문가들에 의하여 '아리랑'은 한국민족의 '대표적 민요'로서 세계에도 약간 알려졌다.

그러나 한국전쟁 후 '아리랑'이 세계에 널리 확고하게 알려진 것은 민족 통일을 위한 노력의 일단으로 각종 국제체육경기에서 남·북 단일팀을 구성하려고 활동할 때부터이다. 남과 북 체육 대표는 1963년 1월 스위스 로잔느에서 다음 해인 1964년 도쿄 올림픽 대회에 남·북 단일팀 출전을 위한 체육 회담을 갖게 되었다. 이 때 단일팀의 국기·국가(國歌) 문제가 논의되었는데, 당시 국제 올림픽 위원장은 동·서 독일의 예에 따라 남북이 각각 25초씩 자기나라 국가를 부를 것을 제의했지만, 남·북 대표는 이를 거절하고 '아리랑'을 합의 채택하였다. 국기(國旗)에서만 합의가 이루어지지 않았었다. 1963년 1월 '아리랑'이 한민족의 '국가'를 대신하도록 역사적 합의가 이루어진 것이다.

남·북 적십자사는 1971년 8월 광복절부터 남북 1000만 이산가족 상봉에 꾸준히 노력한 결과, 1985년 9월 20일~23일 3박 4일간의 '남북 이산가족 고향방문 및 예술공연단'의 동시 교환방문이 실현되었다. 이 때에도 '아리랑'이 주제 음악이었다. 그 후 계속 실현된 이산가족 상봉과 예술공연에는 '아리랑'이 중심에 있었음은 물론이다.

1988년 서울 올림픽 때에는 관중들이 1963년에 남·북 체육회담에서 합의된 "아리랑"을 응원가로 연일연속 불러대어, 전세계가 민요 "아리랑"을 알아듣게 되었다.

1989년 3월부터 1990년 2월까지 판문점에서 1990년 베이징 '아시안게임'에 남·북 단일팀 참가를 위한 다섯차례의 남·북 체육회담이 개최되었다. 이 때 호칭·단기·단가 문제 논의에서 단가는 1963년 합의에 따라 "1920년대 아리랑"을 채택하기로 1989년 12월 22일 재확인 합의되었다. 여기서 "1920년대 아리랑"은 나운규의 영화 "아리랑"의 주제곡인 "신(본조) 아리랑"을 가리킨 것이었다. 1990년 베이징 아시안 게임의 남·북 단일팀 구성은 실패했지만, 1991년 4월 24일 일본 지바에서 개최된 '세계청소년탁구대회'에는 남·북 단일팀 구성이 합의되었다.

〈그림 56〉 남북이 합의 교환한 '아리랑' 악보(1991)

(자료: 한국민속박물관)

1991년 세계청소년탁구대회의 남·북 단일팀의 단가와 응원가 '아리랑'
의 합의에 따라 남측에서 김희조가 채록 편곡한 "1920년대 아리랑" 악보를
북측에 보내자, 북측에서는 이를 검토한 악보를 1991년 1월 26일 남측에
보내왔다. 이에 1991년 2월 12일 판문점에서 개최된 남북체육회담에서, 앞
으로 올림픽이나 각종 세계선수권대회 등에서 남북공동단일팀의 노래는

〈그림 57〉 아리랑응원단의 벙거지(2002) (자료: 한국민속박물관)

이 합의된 "아리랑"을 부르기로 공식 합의되었다. 이 1991년 2월 12일에 합의된 1920년대 "아리랑"을 그 후 '의전용'으로, 약간 빠르게 연주한 것을 '행진곡'으로 사용하기로 합의되었다. 1991년 3월 20일 대한올림픽위원회 '악보결정을 위한 심의회'에서 이것을 추인 결정하여 그 후 남북단일팀 모든 체육행사에서 이를 사용하게 된 것이다.

1991년 세계청소년탁구선수권대회 여자 단체전에서 코리아 남·북 단일팀(현정화·홍차옥·리분희·류순복)은 우승하여 '아리랑'을 민족의 국가로 연주하였다. 1991년 포르투갈 리스본에서 열린 세계청소년축구대회에서 남·북 단일팀 구성에 성공하여 8강에 진출하였다.

2000년 시드니 하계 올림픽 대회에는 남·북이 하나로 공동입장하였다. 이 때 국기는 백면에 청색 한반도를 그린 '한반도기'를 합의 사용했고, 응원가는 물론 '아리랑'을 계속 사용하였다. 2002년 한·일 월드컵 세계 축구 경기때에는 아예 '아리랑 응원단'을 구성하여 공식적 '신(본조) 아리랑' 뿐만 아니라 관중이 각종 아리랑을 불러대면서 우렁차게 응원하였다. 한국은 이 대회에서 4위를 차지하였으며, '붉은 악마'의 독특한 응원으로 전세계가 한국 민족가요 '아리랑'을 알고 친숙하게 되었다.

2006년 독일 월드컵 때에도 한국 '붉은 악마' 응원단이 독일 경기장을 돌며 열렬히 응원하였다. 그 후 2018년 평창 동계올림픽에서 남·북 단일팀이 여자아이스하키에서 구성되어 참가하고, '정선아리랑' '문경새재 아리랑', '평창 아리랑'을 비롯하여 각종 아리랑이 응원가로 또는 행진곡으로 합창된 것은 이러한 연장에서 당연한 것이었다.

한국민족은 남·북 통일을 성취할 때까지 남·북 공동 행사에서는 "아리랑"을 한국 민요(The Folksong of Korean People)로서만이 아니라 일종의 한국 "민족의 국가"(National Anthem of Korean People)로 역할하도록 합의와 관행이 확립된 것이다.

12. 아리랑의 유네스코 인류무형문화유산 등재

[24] 최근 '아리랑'의 전승 발전에 하나의 획기전 계기가 이루어진 것은 2012년의 '아리랑'의 유네스코 인류무형문화유산(UNESCO Intangible Cultural Heritage of Humanity)의 대표목록(Representative List) 등재이다.[44]

우선 문화재청과 문화재위원회는 2012년 1월 민요 '아리랑'을 유네스코 인류 무형문화유산 등재신청 우선심사대상으로 선정하였다. 또한 2012년 6

---

44 한국정부 문화재청은 이에 앞서 2009년 8월 유네스코에 '정선 아리랑'의 인류무형문화유산 대표목록 등재 신청서를 제출한 일이 있었다. 그러나 유네스코 규정이 나라별 연간 신청건수를 제한하고 있었기 때문에 한국정부측의 우선순위에 밀려서 이때 제외되었다. 그 사이 유네스코 인류무형문화유산 등재에 열정적이었던 중국이 '조선족 농악무' '강릉단오제' '한의학'을 중국 유네스코 인류 무형문화유산으로 등재한 후에, 뒤이어 '조선족 아리랑'을 '국가급 무형문화유산'으로 등재시키고, 유네스코 인류 무형문화유산으로 등재시킬 움직임을 보였다. 이에 한국의 국내 여론이 정부 문화정책의 게으름을 질타하면서 채찍을 가하자 문화재청도 2012년 새해부터 '아리랑'의 유네스코 무형문화유산 등재를 적극 추진하게 되었다.

월에는 3년전의 '정선아리랑' 등재신청과는 달리 방침을 바꾸어 "아리랑 아리랑 아라리요"의 후렴구가 들어가는 전국 각 지방의 모든 '아리랑'의 등 재를 신청하기로 해서, 2012년 8월 〈표 2〉와 같은 신청서를 파리의 유네스 코 본부에 제출하였다. 유네스코에서는 중간심사를 거친 다음 2012년 12월 3일~7일 프랑스 파리에서 열린 제7차 '무형문화유산 보호 정부간 위원회' (Intergovernmental Committee for the Safeguarding of the Intangible Cultural Heritage)에서 24개 위원국 대표단 및 전문가 등 600여명 위원의 만장일치 로 한국민요 '아리랑'이 인류무형문화유산의 대표목록의 하나로 선정 채택 되었다.

뒤이어 북한도 〈표 2〉와 같이 2014년 북한지역 '아리랑'의 인류무형문화 유산 등재를 유네스코에 신청하여, 2014년 11월 27일 프랑스 파리에서 열 린 제9차 유네스코 무형문화유산 보호 정부간위원회에서 역시 만장일치로 선정·채택되었다.[45] 북한이 추가로 별도의 신청을 한 이유를 "이미 유네스 코 인류무형문화유산 대표목록에 등재된 대한민국의 아리랑은 조선민주주 의 인민공화국에서 연행되는 아리랑은 포괄하지 않기 때문에 조선민요 '아리랑'이 등재됨으로써 '아리랑'은 완전성을 갖춘 대표목록이 되었다"고 기록하였다. 매우 중요한 기록이므로 전재한다.

---

45 원래는 유네스코에 남·북이 공동으로 '아리랑'의 인류무형문화유산 등재신청을 할 계획이었으나, 당시 남·북 관계에 긴장이 발생하여 소통에 지장이 있었고, 중국의 등재 신청과의 경쟁이 있어서, 남·북이 급하게 각각 나누어 신청하게 된 것이다.

국가	대한민국(Republic of Korea), 2012	조선민주주의인민공화국(Democratic People's Republic of Korea), 2014
제목	아리랑, 한국의 서정민요	조선민요 '아리랑'
요약	한국의 대표적인 민요인 아리랑은 역사적으로 여러 세대를 거치면서 한국의 일반 민중이 공동 노력으로 창조한 결과물이다. 아리랑은 단순한 노래로서 '아리랑, 아리랑, 아라리오'라는 어음(餘音)과 지역에 따라 다른 내용으로 발전해온 두 줄의 가사로 구성되어 있다. 인류 보편의 다양한 주제를 담고 있는 한편, 지극히 단순한 곡조와 사설 구조를 가지고 있기 때문에 즉흥적인 편곡과 모방이 가능하고, 함께 부르기가 쉽고, 여러 음악 장르에 자연스럽게 수용될 수 있는 장점이 있다. 　전문가들에 따르면 '아리랑'이라는 제목으로 전승되는 민요는 약 60여 종, 3,600여 곡에 이르는 것으로 추정되고 있다. 인간의 창의성, 표현의 자유, 공감에 대한 존중이야말로 아리랑이 지닌 가장 훌륭한 덕목 중 하나라고 할 수 있다. 누구라도 새로운 사설을 지어 낼 수 있고, 그런 활동을 통해 아리랑의 지역적·역사적·장르적 변주는 계속 늘어나고 문화적 다양성은 더욱 풍성해진다. 아리랑은 한민족 구성원들에게 보편적으로 애창되며 사랑받고 있다. 그와 동시에 각 지역사회와 민간단체 및 개인을 포함하는 일단의 지방 민요인 아리랑 전수자들은 해당 지방 아리랑의 보편성과 지역성을 강조하면서 대중화와 전승을 위해 적극적으로 노력하고 있다. 　아리랑은 또한 영화·뮤지컬·드라마·춤·문학 등을 비롯한 여러 다양한 예술 장르와 매체에서 대중적 주제이자 모티프로 이용되어 왔다. 국내에서든 해외에서든 한민족을 하나로 묶고 소통을 가능하게 하는 힘을 가진 아리랑은 심금을 울리는 한민족의 노래이다.	'아리랑'은 구전으로 전송되고 재창조되어 온 서정적이며 대중적인 노래 장르이다. '아리랑'은 여러 전통적인 형태로도 전해지지만 교향곡이나 현대 음악의 형식으로 편곡되어서도 전해지기도 한다. 전형적인 아리랑은 부드럽고 서정적인 선율과 함께 '아리랑, 아리랑, 아라리요. 아리랑 고개로 가시는 님'이라는 어음(餘音)이 반복된다. 아리랑 노래는 이별과 만남, 슬픔과 기쁨, 행복 등에 대해서 이야기한다. 아리랑은 가사와 선율에 따라서 다양하게 분류되는데, 현재 알려진 것은 36개 버전으로 지속적으로 발전해가고 있다. 아리랑은 친지나 마을 내에서, 또는 공공 행사나 축제 등 다양한 현장에서 연행되고 있다. 어린이들은 부모나 이웃 주민, 학교 등에서 자연스럽게 아리랑 노래를 배우게 된다. 평양에서는 전문 공연단이 아리랑을 다양한 형태로 공연하고 있는 한편, 아리랑의 보존을 위한 여러 단체가 지역 아리랑을 규정, 보존, 전승함에 있어 중요한 역할을 하고 있다. 아리랑 민요는 사회적 관계를 강화함으로써 상호 존중과 평화로운 사회 발전에 기여하고 있으며, 사람들이 자신의 감정을 표현하고, 슬픔을 극복할 수 있도록 도와준다. 아리랑은 단합의 상징으로서 중요한 역할을 하고 있으며, 공연예술·영화·문학 그리고 기타 현대 예술 장르에서도 민족적 긍지와 자부심을 표현하고 있다.
영문명	Arirang, lyrical folk song in the Republic of Korea	Arirang folk song in the Democratic People's Republic of Korea
지역 정보	아리랑은 한민족의 가장 대표적 민요로서 널리 알려져 있다. 한국에서 가장 유명한 아	아리랑은 조선반도의 곳곳에서 폭넓게 가창되고 있을 뿐만 아니라, 조선민족이 이주한

| 지역
정보 | 리랑은 강원도의 '정선 아리랑', 호남 지역의 '진도아리랑' 경상남도 일원의 '밀양아리랑' 등 3가지이다.

아리랑은 해외에서도 널리 알려져 있어 세계 어디에 거주하든 한국인과 대한민국, 또 한국인과 다른 한국인 사이를 이어주는 문화의 탯줄과 같은 역할을 하고 있다. 이러한 감정적인 연결 끈은 특히 20세기 초 일제강점기에 이주하여 한국인들이 많이 살고 있는 일본·중국·러시아 및 중앙아시아 국가들에서 가장 뚜렷하게 확인된다. 아울러 비교적 최근에 이민을 통해 이주한 브라질·독일·미국·캐나다·오스트레일리아·뉴질랜드 등지의 한국인들 사이에서도 아리랑은 활발하게 전승되고 있다. | 지역인 동아시아, 중앙아시아, 북아메리카 등 세계 여러 지역의 여러 나라에서 폭넓게 가창되고 있다. 아리랑은 지역별로 다양한 종류가 있는데 조선민주주의인민공화국에서 아리랑 전통이 가장 밀집한 지역은 평양, 평안남도, 황해남도, 강원도, 함경북도 및 자강도 등지이다. 이미 유네스코 인류무형문화유산 대표목록에 등재된 대한민국의 아리랑은 조선민주주의인민공화국에서 연행되는 아리랑은 포괄하지 않기 때문에 조선민요 '아리랑'이 등재됨으로써 '아리랑'은 완전성을 갖춘 대표목록이 되었다. |
| 예능
보유자 | 아리랑은 한민족이 보편적으로 애창하는 곡이다. 그와 동시에 각 지역사회와 민간단체 및 개인을 포함하는 지방 아리랑 전수자들은 해당 지방 아리랑의 보편성과 지역성을 강조하면서 아리랑의 대중화와 전승을 위해 적극적으로 노력하고 있다.

이와 같은 공적·사적 영역에서의 노력은 동시다발적이고 열정적이며 또한 상호보완적으로 이루어지고 있다. 중앙 정부 및 각 지방 자치단체는 예능보유자 및 기능보유자 또는 단체를 국가무형문화재 예능보유자, 또는 시·도 무형문화재 예능보유자 ('인간문화재')로 지정하고 있으며, '문화재보호법'에 따라 이들의 기예가 전승될 수 있도록 전수교육을 지원하고 있다. 따라서 전수 단체 및 개인은 미래 세대에게 아리랑을 전승할 특별한 책임을 지고 있다.

아울러 지역의 많은 민간단체들은 해당 지방 아리랑의 보존을 위해서 헌신하고 있다. 대부분 해당 지역의 명창이 주도하고 있는 아리랑 보존회들은 전문 소리꾼, 그리고 특별 프로그램에 따라 훈련받은 연구자들이 있다. 아리랑 보존회는 공연, 전수교육, 홍보, 해당 지방 아리랑의 고유한 특징을 강조하는 등 다양한 활동을 수행하면서 해당 아리랑의 보존 및 전승에 힘쓰고 있다. 이들 단체 중에서도 특히 정선아리랑 보존회, 진도아리랑 보존회, 밀양아리랑 보존회 등이 대표적이다. | 조선 사람이라면 누구라도 아리랑을 알고 또 즐긴다. 가족 행사에서, 이웃이나 친구들과 함께, 공공 행사에서, 명절에 조선 사람들은 항상 아리랑을 부른다. 어린이들은 그들의 부모나 이웃 주민, 학교 등을 비롯한 다양한 사회적 환경 속에서 자연스럽게 노래를 배우게 된다. 평양에서는 전문 공연단이 아리랑을 다양한 형태로 공연하고 있는 한편, 각 지방의 아리랑 보존을 위한 여러 단체는 지역 버전의 아리랑을 규정, 보존 및 전승하는 중요한 역할을 하고 있다. 이러한 단체들은 유명한 예술가들과 주요 공연자들이 주축이 되어 활동하고 있다. 이들은 해당 지역 내에서 지방 아리랑을 보호하는 데 역량을 집중하며 공연, 교육, 전승, 배포 및 홍보 등을 포함한 다양한 활동을 이어나가고 있다. 한편, 평양에서는 전문 공연단이 아리랑을 다양한 형태로 공연하고 있다. 일반 사람들은 물론이고 전문적인 음악가들을 포함한 많은 사람들은 미래 세대에 아리랑을 물려주어야 한다는 공동의 소망과 깊은 책임감을 가지고 아리랑의 지속가능한 발전을 위하여 헌신하고 있다. 그들 중에서 특히 계춘희(74세), 조정림(73세), 최청희(72세), 박형섭(70세), 윤수동(65세), 석란희(45세), 황련희(40세), 김옥인 등이 두드러진다. |

무형 유산의 의미	2006년 6월 대한민국 정부는 설문조사를 토대로 한국을 대표하는 '100대 민족문화상 징' 중 하나로 아리랑을 선정했다. '시간적·공간적으로 가장 널리 불리는 민족의 노래'라는 것이 선정 이유였다. 　근대 이전의 아리랑은 전통 사회의 서민들이 느끼는 기쁨과 슬픔을 담고 있었다. 일제 강점기에는 한민족이 겪어야 했던 개인적·국가적 차원의 고난, 가슴속에 품은 독립을 향한 열망을 표현하는 수단이었다. 한국인들이 부르는 아리랑의 가락을 타고 전달되는 이러한 희망과 바람 덕분에 아리랑은 여전히 살아 숨 쉬는 문화유산으로서 현 세대에서 다음 세대로 면면히 전승되고 있다. 　오늘날 아리랑은 한민족의 통합에 있어서도 한몫 하고 있다. 2000년 시드니 올림픽 개회식에서는 남한과 북한의 대표팀은 올림픽 경기장에 공동 입장하면서 함께 아리랑을 불렀다. 2002년 한국 - 일본 월드컵 경기가 진행되는 동안 한국 축구 국가대표팀을 응원하는 열정적인 응원단체인 '붉은 악마'는 아리랑을 날마다 불렀다. 이처럼 국가적으로 매우 중요한 의미 있는 매순간에 한민족을 하나로 묶어 주는 힘을 지닌 아리랑은 심금을 울리는 민족의 노래라고 여겨져 왔다. 　해외에서 거주하는 한국인들이 아리랑을 함께 부를 때마다 그들의 민족 정체성을 재확인하는 한편, 고국의 동포들은 각 지방의 아리랑이 해당 지방의 정체성을 더욱 돈독하게 한다고 믿고 있다. 　아리랑은 또한 영화·뮤지컬·드라마·춤·문학 등을 포함하는 여러 다양한 예술 장르와 매체에서 대중적인 주제이자 모티프로 이용되어 왔다. 해외에서 일고 있는 한국 대중음악 열풍과 함께 오늘날의 아리랑은 한국을 가장 명확하게 대표하는 문화 상징이자 음악적 영감의 순수한 원천으로서 전 세계인에게 알려질 것으로 보인다.	흔히 조선민족을 아리랑 민족이라 부른다. 조선민족은 스스로 집단적으로 아리랑과 동일시하므로 이러한 표현은 적절하다. 아리랑은 사회적 관계를 부드럽게 하고, 사람들이 그들의 감정을 표현할 수 있도록 해주므로 기쁨을 표현하고 슬픔은 극복할 수 있도록 도와준다. 아리랑을 함께 부르면서 사람들은 서로의 감정을 공유하며, 어려운 때에 서로 도울 수 있는 힘을 얻는다. 20세기 초 조선민족이 시련을 겪었을 당시 아리랑은 새로운 차원의 의미를 갖게 되었다. 당시 아리랑을 부른다는 것은 조선민족으로서는 민족 정체성의 상징을 간직한다는 것을 의미하였으며, 아리랑이라는 노래에는 민족 해방에 대한 염원과 확신이 녹아 있었다. 아리랑은 조선민족이라면 누구나 공감하는 느낌을 표현하고 있고 상호 존중을 의미하고 있는데 이러한 사실은 2000년 오스트레일리아 시드니에서 개최되었던 제27차 올림픽 개막식에서 남한과 북한 선수단이 공동 입장할 때 선수들이 아리랑을 함께 불렀다는 사실에서도 드러난다. 같은 맥락에서, 수차례에 걸쳐 진행되었던 범민족통일음악회에서 남조선과 북조선, 그리고 해외 이주민 출신의 민속 음악가 및 가수들이 함께 아리랑을 부르며 민족 분단의 아픔과 통일에 대한 염원을 표현하고 있다는 사실도 주목할 만하다. 다시 말해서, 아리랑은 조선민족이라면 누구나 같은 언어를 말하고 공통의 문화를 공유하고 있다는 사실의 증거임 셈이다. 또 다른 무형문화유산의 시연에서 흔히 공연되는 아리랑은 이러한 유산의 지속적인 전승을 돕고 있다. 아리랑은 또한 근대 영화 산업, 전문 공연 예술, 문학 및 기타 현대 예술 장르의 다른 작품들 속에서도 두드러진 모습을 보인다.
전승 정보	한국인이라면 요람에서부터 아리랑을 배운다. 그러나 한국을 대표하는 민요로서 아리랑의 폭넓은 인기는 일상생활에서의 지속적인 노출과 광범위한 공교육 프로그램의 힘이 컸	서민적 형태인 아리랑의 전승은 우선 비공식적인 형태로 이루어진다. 다시 말해 집 안에서든 어디서든 불리고, 명절 때나 일상생활 속에서 부모와 이웃이 부르는 아리랑을 듣고

다. 명창, 각종 보존회, 전문 음악가, 초등학교·중학교 및 국립국악원 등은 아리랑의 보급 및 전승을 위한 여러 활동에 적극적으로 참여하고 있다. 아울러 이들의 노력 뒤에는 그에 상응하는 대중의 요구와 열정이라는 원동력이 존재한다는 점 역시 의심할 여지없는 사실이다.

국가가 지원하는 무형문화재 전수교육 및 전승 프로그램은 아리랑의 세대 간 전승을 위해 주력한다. 국가 공인 예능보유자들은 주민의 열정적인 참여 속에 1주일에 1번 또는 2번 단위로 정규 전수 교육을 실시하고 있다. 또한 매년 새로운 공연을 기획하고 선보임으로써 사회의 문화적 소외 계층에게도 다가가고 있다.

공교육 기관에서도 아리랑을 광범위하게 교육하고 있다. 아리랑은 초등학교·중학교 음악 수업 및 방과 후 활동의 의무 교과 과정에 포함되어 있다. 각 지방 자치단체에서 운영하는 지역 문화센터에서는 아리랑 보존회와 명창을 초청하여 아리랑을 교육하거나 관련된 문화 체험 프로그램을 운영하고 있다.

최고 기량의 한국 전통 음악인들의 전당인 국립국악원은 참신한 전통 음악 축제를 통하여 아리랑 홍보활동에 기여하고 있다. 그 분원인 국립부산국악원과 국립남도국악원(진도 소재) 역시 수준 높은 공연을 통하여 국내외 아리랑의 홍보에 있어 중요한 역할을 담당하고 있다.

자란 어린이들은 마음속 깊이 이 민요를 사랑하게 된다. 여기에 더하여 어린이들은 학교와 중학교, 그리고 예를 들어 대학교 필수 이수 과목에 속하는 아리랑을 배움으로써, 계속해서 아리랑 공연에 관한 훈련을 받으며, 학생들은 아리랑을 매우 즐겨 부른다. 한편, 전문적인 연행자들이 학교에서 정규의 수업으로 그들의 기예를 전수하여 교육하는 경우도 많다. 정부는 사람들이 민요를 배우고 부를 수 있도록 문화적 기회를 제공하고 있다. 1980년부터 김원균평양음악대학은 아리랑과 관련한 문화유산을 정기적으로 후원하여 왔다. 예를 들어 2012년, '아리랑의 전통과 쇄신'이라는 주제로 콘서트와 심포지엄을 개최한 바 있다. 현재, 다수의 기관이 조선민요 아리랑과 관련된 지식 및 기술을 헌신적으로 학생들에게 전수하고 있다. 해당 기관 또는 조직의 일부를 소개하면 다음과 같다. ●민족유산보호지도국 ●사회과학원, 민속연구소 ●조선민족음악연구소 ●조선음악가동맹 ●김원균평양음악대학 ●조선문화보존사 및 지역별 아리랑 보호회 등의 단체

| 본문 | 한민족이라면 거의 모두가 아리랑을 알고 즐겨 부른다. 아리랑은 단일한 하나의 곡이 아닌 한반도 전역에서 지역별로 다양한 곡조로 전승되었다. 전문가들은 '아리랑'이라는 제목으로 전승되는 민요의 수가 약 60여 종, 3,600여 곡에 이르는 것으로 추정하고 있다. 아리랑은 기본적으로 단순한 노래로서 '아리랑, 아리랑, 아라리오'라는 공통적으로 반복되는 여음과 지역에 따라 다른 내용의 사설로 발전했다. 가장 널리 알려진 대표적인 아리랑의 가사(사설)는 인간의 보편적인 감정을 표현하고 있다.

"아리랑 아리랑 아라리요 아리랑 고개를 넘어 | 아리랑은 수 세기에 걸쳐 입에서 입으로 전승되어 온 서정적인 민요로, 조선민족에게서 단 한 번도 그 인기가 시든 적이 없었다. 아리랑이 조선반도의 북서부 지역 사람들에게 불리기 시작한 시기는 14세기 후반까지 거슬러 올라간다. 오늘날 아리랑은 전국 방방곡곡에서 전통적인 형식으로 불리기도 하지만 교향곡이나 춤곡으로 편곡되어 연주되기도 한다. 아리랑은 일반적으로 5음을 포함하는 부드럽고 서정적인 선율을 띠며, '아리랑, 아리랑, 아라리요, 아리랑 고개로 가시는 님'이라는 여음(餘音)을 반복하여 부른다. 아리랑 노래는 이별과 만남, 슬픔과 기쁨, 환희 등에 대해서 이야기한다. 아리랑은 그 가사나 선율 또 |

간다. *(여음)*
나를 버리고 가시는 님은 십리도 못 가서 발
병 난다. (사설)"

아리랑의 사설은 특정 개인의 창작물이 아
니라 여러 세대에 걸쳐 한국 일반 민중이 공
동으로 창작한 결과물이다. 따라서 사랑, 연
인과의 이별, 시집살이의 애환, 외세에 맞선
민족의 투쟁 등 민중이 삶의 현장에서 느끼는
희로애락의 감정을 노랫말에 담았다.

아리랑에 대한 관심과 애정은 한국의 전통
음악이라는 영역을 넘어 초현대적인 한국 문
화의 모든 장르에서도 확인되고 있다. 아리랑
은 발라드·로큰롤·힙합 등의 다양한 현대의
대중가요 장르는 물론이고 관현악곡 등으로
도 편곡되어 폭넓은 청중에게 호소하며 한민
족의 심금을 울리고 있다. 이런 이유로 아리
랑은 한국의 비공식적 국가(國歌)로 묘사되기
도 한다. 올림픽 금메달리스트인 김연아 선수
는 2011년 세계피겨스케이팅 선수권대회에
서 아리랑 선율을 주제로 편곡한 '오마주 투
코리아(Homage to Korea)'라는 음악을 배
경으로 피겨스케이트 프로그램을 연기하기도
하였다.

한국의 가장 대표적인 문화 상징의 하나이
기도 한 아리랑은 영화·연극·텔레비전 드라
마의 소재로, 상품명이나 식당 이름, 방송국
회사 이름 등으로 폭넓게 이용되고 있다.

는 유래 지역에 따라서 여러 가지 종류가 전
한다.

조선민요 아리랑은 현재 총 36가지가 알려
져 있다. 가장 전형적인 아리랑으로는 서도아
리랑, 평안도아리랑, 전천아리랑, 해주 아리
랑, 강원도아리랑, 고성아리랑, 온성아리랑,
단천아리랑, 통천아리랑, 무산아리랑, 구아리
랑, 고산아리랑 등이다.

살아 있는 문화유산으로서의 아리랑은 오늘
날까지도 계속해서 지속적인 변화의 과정을
겪고 있으며, 언제나 그랬던 것처럼 조선민족
의 역사를 반영하고 있다. 예를 들어, 일제강
점기에는 민족 수난으로 인한 고통과 민족의
저항 정신을 표현한 아리랑이 폭넓게 애창되
었다. 최근에는 현시대를 반영하면서 '통일경
축아리랑', '강성부흥아리랑' 등과 같은 현대
적인 버전으로 작곡되기도 했다.

놀랍고도 당연한 것은 유네스코 인류 무형문화유산 대표목록에 등재된
남·북한의 기록이 표현 양식과 길이만 다를 뿐 내용은 거의 동일하다는 사
실이다. '아리랑'에서 남·북은 이미 통일되어 있는 것이다.

북한이 2014년 '아리랑'을 유네스코에 인류무형문화유산으로 신청할 즈
음에 한국 문화재청은 '아리랑'에 이어 2014년 '농악'도 유네스코에 신청
하여 2014년 11월 27일 제9차 유네스코 무형문화유산보호위원회에서 인류
무형문화유산 대표목록 등재에 만장일치로 통과되었다. 이에 북한의 '아리

랑'과 동시에 한국의 '농악'도 인류무형문화유산으로 등재되었다.

한국민족이 창조하고 한국민족이 가장 사랑하는 민요 '아리랑'은 이제 한국민족과 함께 온 인류의 사랑하는 합창 민요로 발전해 가고 있는 것이다.

13. 맺음말

25 지금까지의 고찰에서 우리는 다음과 같이 말할 수 있다.

아리랑은 한국민족의 가장 오래된 대표적 민요이다. 너무 오래되어 '말뜻'을 잃어버린 '아리랑'의 성립 기원은 삼국시대까지 거슬러 올라갈 수 있다. '아리'가 '고운' '아릿다운' '아름다운' '어여쁜' '가슴 아리도록 사무치게 그리운' 뜻으로 사용된 삼국시대 한국어이고, '랑'이 '님'의 뜻으로 사용된 노래가 많이 남아있는 시대가 삼국시대이기 때문이다. 『삼국유사』에 나오는 삼국시대 신라의 우물이름 '아리영' 우물(娥利英井)과 박혁거세 시조왕의 왕비 이름 '아리영'(娥利英)이 그 해답의 열쇠의 하나이다. 娥(아)의 훈독은 '어여쁠 아' '고운 아'이고, 英(영)의 훈독도 '꽃부리 영, 아름다울 영'이다. '아리'가 '고운' '예쁜' '아름다운'의 뜻임이 담겨져 있다. 『삼국유사』에 기록된 수많은 랑=님의 이름과 시가가 역시 그 증거의 하나이다.

민요 '아리랑'의 변하지 아니하는 후렴 '아리랑 아리랑 아라리오'는 번역하면 "곱고 그리운 님, 곱고 그리운 님, 가슴이 아리도록 (상사병 나도록) 사무치게 그리워라"의 뜻이다. 이것을 번역문으로 노래하면 멋이 없다. '아리'의 '고운'과 '그리운'의 합성어가 현대말에는 이미 분화되어 사라져 버렸기 때문이다. 역시 이것을 '아리랑 아리랑 아라리오'의 말로 노래해야 곱고도 그리운 님 '아리랑'을 '아라리오'의 동일 어조가 받아서 멋이 살아난다. 이 가사 어구는 현대말로 치환되지 않는 고대 멋쟁이 말이다.

'아리아리랑 쓰리쓰리랑 아라리가 났네'도 "곱고 그리운 님 곱고 그리운

님 사무치게 그리운 님 사무치게 그리운 님 상사병이 났네"로 번역해 보아
도 멋이 없다. 이것도 역시 '아리 아리랑'과 '쓰리 쓰리랑'을 상사병의 옛
말 '아라리'의 동일 어조로 받아서 "아리 아리랑 쓰리 쓰리랑 아라리가 났
네"로 노래해야 멋이 살아난다.

　아리랑의 이 두 여음(후렴구)이 말뜻을 잃어버리면서도 오늘까지 불려
지는 것은 이 멋있는 고대말이 현대말로는 도저히 치환될 수 없는 멋쟁이
대응 음가와 음율을 갖고 있기 때문이다. 민요 아리랑의 이 두 여음(후렴)
은 한민족과 민중이 발명하여 전승한 노랫말의 보배이다.

　삼국시대 이후 '아리랑'은 전민족 전국 방방곡곡으로 전파되고 각종 가
사(사설)와 곡조(가락)로 변용되면서 백성들 사이에서 널리 애창되었다. 고
려왕조시대와 조선왕조시대 기록에 '아리랑'이 많이 남아있지 않은 것은
문자 채록에 게을리한 것을 나타낼 뿐이다. 그러나 훈민정음이 발명되고
한자도 널리 보급된 조선왕조시대에 오면 임진왜란 때의 아리랑 가사에
"할미성 꼭대기 진을 치고/ 왜병정 오기만 기다린다/ 아리랑 아리랑 아라
리오/ 아리랑 고개로 날 넘겨주게"의 사설이 채록되어 있다. 고종임금과
민황후가 궁중 잔치에서 광대를 불러서 안성 아리랑 "오다가다 만난 님을/
죽으면 죽었지 나 못 놓겠네/ 아리랑 아리랑 아라리오"를 부르고 민황후가
'그렇지 그렇지' 하고 넓적다리 장단을 맞추어 쳤다는 기록은 백성의 민요
'아리랑'이 왕실과 궁중에서도 애청되었음을 알려준다. '무극관인'이라는
사대부가 '농부사'를 지으면서 후렴에 '아리랑 아리랑 에헤야'를 되풀이
한 것도 이미 양반 사대부들도 백성의 민요 '아리랑'을 흥겹게 노래했음을
알려주는 것이다.

　1890년대에 육영공원 교사로 초빙된 호머 헐버트가 한국 대표민요로
'아리랑'을 채록하면서 한국인에게 문화적으로 '아리랑'은 식생활의 쌀과
같다고 비유한 것은 참으로 적절한 표현이었다고 생각된다.

　민요 '아리랑'의 기원은 원래 남·녀 연인 사이의 노래였지만, 한국민족

이 긴 역사를 살아오는 동안에 '곱고 그리운 님'에 연인뿐만 아니라, 부모·
형제·친우·동포·조국·민족 ⋯ 등 모든 자기가 사랑하는 대상을 넣어 '아
리랑'의 내용이 크게 확대되었다. 아리랑에는 한국민족의 모든 사랑·그리
움·기쁨·슬픔·이별·상봉·한·탄식·원망·염원·행복·희망이 모두 담겨지게
됐다. 또한 '아리랑'을 부르는 곳도 모든 경우로 확대되었다. 잔치마당에서
만 '아리랑'을 부른 것이 아니라, 농사일이나 부엌일에서도 아리랑은 노동
요가 되어 불려졌다.

일제강점기에는 잃어버린 조국과 겨레가 '곱고 그리운 님' '아리랑'이
되었다. 이에 '독립군 아리랑' '광복군 아리랑' '아리랑 행진곡'이 나왔고
'아리랑'은 공식적 군가로도 합창되었다. 문학·예술가들은 영화·노래·무
용·시·소설·희곡 등으로 '아리랑'을 상징 표현하여 일제에 항거하였다. 일
제는 결국 '아리랑'에 금창령까지 내렸었다.

[26] 1945년 8·15 해방·광복으로 민족과 함께 아리랑도 해방되었다. 그러
나 광복은 분단을 동반해 와서 기쁨과 함께 새로운 슬픔이 동시에 찾아와
'아리랑'에 투영되었다. 광복 후 '아리랑'은 광복의 기쁨과 분단의 아픔을
함께 노래하였다.

주목할 것은 1964년의 동경올림픽에 남북단일팀 출전을 위해 열린 1963
년 1월 스위스 로잔느 남북체육회담에서, 국제올림픽 위원장은 국가(國歌)
문제에 대해 오스트리아의 예에 따라 남과 북이 각각 자기의 국가를 25초
씩 부르도록 제의했는데, 남·북 대표가 함께 이를 거절하고 '아리랑'을 한
민족의 '국가'로 대신하도록 합의 결정했다는 사실이다. 이제 '아리랑'은
분단된 남과 북을 하나로 단결 통일시키는 민족의 '국가'로 된 것이다.

1991년 세계청소년탁구대회에 임하여 남북은 1920년대 나운규의 '영화
아리랑'의 주제곡 아리랑(신아리랑)을 채택하여 의식용과 응원용 '아리랑'
의 악보 합의 교환과 실행이 이루어졌다. 이 대회에서 남·북 여자 단일팀
이 우승하여 민족의 국가 '아리랑'이 시상대에서 세계에 울려 퍼졌다.

대한민국 정부는 2012년 민요 '아리랑'을 유네스코 인류무형문화유산의 대표목록에 등재하였다. 뒤이어 북한도 2014년 '아리랑'을 유네스코 인류무형문화유산으로 등재했다.

이제 아리랑은 한국민족의 무형문화유산임과 동시에 인류무형문화유산의 하나로 세계에서 공인되어 한민족과 함께 모든 인류가 애창하는 노래로 더 널리 모든 인류가 사랑하는 노래가 될 큰 계기를 만난 것이다.

(新稿)

참고문헌

자료

三國志』『後漢書』『三國史記』『三國遺事』『英祖實錄』『備邊司謄錄』『承政院
日記』『英祖實錄』『東國歲時記』『列陽歲時記』『京都雜志』『農家月令歌』『續
陰晴史』『韓國土地農產調查報告』『朝鮮總督府月報』『朝鮮の聚落』『朝鮮の鄉
土娛樂』『朝鮮農村視察報告書』『朝鮮日報』『每日新報』『朝鮮法令輯覽』『西
北文化新報』『東亞日報』『韓國土地農產調查報告』『蔓泉集』『梅泉野錄』『韓
國痛史』『韓國民俗綜合調查報告書』『통일뉴스』『무형문화재조사보고서』『중요
무형문화재조사보고서』『중요무형문화재지정자료』『Korean Repository』

논문·단행본

강등학(1988), 『정선 아라리의 연구』, 집문당.
강등학(2014), 『아리랑의 역사적 행로와 노래』, 안트워프어소시에이트
강명관(2000), 『근대계몽기 시가자료집』 전3권, 성균관대학교 대동문화연구원
강명관(2010), 『조선풍속사』 전2책, 푸른역사
강무학(1981), 『아리랑의 역사적 고찰: 한국민족의 사상과문화』, 야보사
姜鋌澤(1941), 「朝鮮に於ける共同勞働の組織とその史的變遷」, 『農業經濟研究』
          제17권, 제4호 참조.
강춘화(2016), 『중국 조선족 농악의 변천과 음악적 특징』, 민속원.
강평원(2004), 『아리랑 시원지를 찾아서』, 청어
경기도박물관(1998), 『경기민속지』, 경기도박물관
고정옥(1949), 『조선민요연구』, 수선사.
고창농악보존회(2009), 『고창농악』, 나무한그루.;
고창농악보존회(2010), 『고창의 마을굿』, 나무한그루
곽동현(2015), 「'밀양아리랑'의 유형과 시대적 변천 연구」, 『음악문헌학』 제6집.

久間健一(1935),「勞動隊制度と雇只隊制度」,『朝鮮農業の近代的樣相』

久間健一(1935),「農民家族經濟と其の經營規模に關する研究」,『朝鮮農業の近代的樣相』

구희선(1985),『한국의 명무』, 한국일보사 출판국.

국립문화재연구소(2002),『충청남도 세시풍속』, 국립문화재연구소.

국립민속박물관(1997),『한국의 세시풍속』 전2책, 국립민속박물관.

국립민속박물관(2004),『한국세시풍속자료집성: 조선전기문집편』, 국립민속박물관

국립민속박물관(2012),『아리랑』.

권은영(2004),『여성농악단 연구』, 문예연구사.

김광해·윤여탁·김만수(1999),『일제강점기 대중가요연구』, 박이정.

김기덕(2006),『한국 전통문화론』, 북코리아.

김기현(2018),『아리랑과 지역문화』, 민속원.

김동권(2007),『아리랑 연구와 일제 강점기 공연작품연보』, 박이정.

김동욱(1977),『아리랑과 흰 옷 : 羅孫漫錄』, 개문사.

김두수(2017),『춘천아리랑』, 맑은샘.

김말복(2005),『우리 춤』, 이화여자대학교 출판부.

김매자(1990),『한국의 춤』, 대원사.

김명자(2005),『한국 세시풍속』 Ⅰ, 민속원.

김소운(1929),『朝鮮民謠集』, 태문관.

김수남(1986),『풍물굿』, 평민사.

김시업(2009),『근대의 노래와 아리랑』, 소명출판.

김연갑(1986),『아리랑』, 현대문예사.

김연갑(1988),『아리랑』, 집문당.

김연갑(2006),『아리랑 시원설 연구』, 명상.

김원호 외(2001),『경기도의 풍물굿』, 경기문화재단.

김원호(1999),『풍물굿 연구』, 학민사.

김원호·이한길·우용근(2012),『강릉농악』, 강릉농악보존회.

김월덕(2006),『한국 마을굿 연구』, 지식산업사.

김의숙(1995),『강원도 민속문화론』, 집문당.

김익두 편(2009),『풍물굿연구』, 지식산업사.

김익두(2015),『한국 농악의 지역성과 세계성』, 민속원.

김익두(2017), 『한국 공연문화의 민족공연학적 지평』.

김재식·김기문(1992), 『경주풍물지리지』, 보우문화재단.

김정헌(2009), 『한국 농악의 역사와 이론』, 한국학술정보.

김정헌(2014), 『남원 농악』, 민속원.

김중영(2021), 『항일 아리랑: 동학군, 의병, 독립군 그리고 아리랑』, 책나무출판사.

김지연(1930), 「朝鮮民謠 아리랑, 朝鮮民謠의 硏究(二)」, 『朝鮮』.

김진균(1970), 한국음악민요의 유형적 고찰」, 『동서문화』 제4집.

김태준·김연갑·김한순(2011), 『한국의 아리랑문화』, 박이정.

김필동(1992), 『한국사회조직사연구: 契조직의 구조적 특성과 역사적 변동』, 일조각.

김헌선(2006), 『제주도 조상신 본풀이 연구』, 보고사.

김헌선(2014), 『한국 농악의 다양성과 통일성』, 민속원.

김헌선(2016), 『금릉 빗내농악』, 민속원

김현숙(2003), 『진주삼천포농악』, 화산문화.

김혜정(2008), 『부평심산두레농악』, 부평문화원.

김홍규(1980), 『전통사회의 민중예술』, 민음사.

나운규(1930), 「아리랑과 사회와 나」, 『三千里』 1930년 6월호.

나윤규(1937), 「아리랑 등 자작 전부를 말함」, 『三千里』 1937년 1월호.

노동은(1995), 『근대음악사(1)』, 일조각.

님 웨일스·송영인 역(2012), 『아리랑』, 동녘, 개정3판.

大野保(1938), 「朝鮮農村의 實態的 硏究」, 『大同學院論叢』, 제4집.

문진수·남정숙(2020), 『남사당의 덧뵈기』, 아마존북스

文化公報部文化財管理局(1969~1982), 『韓國民俗綜合調査報告書』 1~13집.

박경수(2021), 『아리랑의 문학수용과 문화창출』, 민속원.

박관수(2004), 『어러리의 이해』, 민속원.

朴明圭(1980), 「일본제국주의하 자작농민층의 성격에 관한 고찰」.

박민일(1989), 『아리랑의 文學的 연구』, 경희대학교 박사학위논문.

박민일(1989), 『한국 아리랑문학 연구』, 강원대학교 출판부.

박민일(1991), 『아리랑자료집 Ⅰ』, 강원대출판부.

박민일(2002), 『아리랑 정신사』, 강원대학교 출판부.

박종원(2020), 『한국인 자부심 더 아리랑』, 맑은샘.

서득찬(1964), 『조선의 민속놀이』, 군중문화출판사.

서연호(2002), 『한국가면극 연구』, 월인.

서해숙·김만태(2010), 『세시풍속의 역사와 변화』, 민속원.

성경린(1979), 『한국 전통무용』, 일지사.

성경린·장사훈(1959), 『조선의 민요』, 국제음악문화사.

소재영(1988), 『한국의 민속문학과 예술』, 집문당.

손태도(2003), 『광대의 가창문화』, 집문당.

손태도(2013), 『한국의 전통극, 그 새로운 연구로의 초대』, 집문당.

송기태(2008), 「마을굿에서 풍물굿의 제의수행과 구조」, 『남도민속연구』 제17집.

송기태(2016), 『곡성 죽동 농악』, 민속원.

송방송(1992), 『한국고대음악사연구』, 일지사.

宋錫夏(1961), 『韓國民俗考』. 일신사.

송송범(1992), 「농악형식에 나타난 농무에 관한 연구」, 『예술원 논문집』 제31집.

송혜진(2001), 『한국 악기』, 열화당.

신경림(1985), 『민요기행』, 한길사.

신대철 편(2013), 『한국문화와 그 너머의 아리랑』, 한국학중앙연구원.

愼鏞廈(1982), 『조선토지조사사업연구』, 지식산업사.

신용하(1983), 「茶山丁若鏞의 閭田制 토지개혁사상」, 『奎章閣』 제7집.

신용하(1984), 「두레共同體와 農樂의 社會史」, 『한국사회연구』 2. 한길사.

신용하(1998), 「두레와 농민문화」, 서울대학교 사회학연구회 편, 『敬山 崔弘基 교
　　　　　수 회갑기념논문집, 현대자본주의와 공동체이론』, 한길사.

신용하(2016), 『신판 동학과 갑오농민전쟁연구』, 일조각.

신용하(2017), 『한국민족의 기원과 형성 연구』, 서울대학교 출판문화원.

신찬균(2001), 『아리랑, 그 영원한 민족 언어』, 인간과자연사.

심우성 편(2013), 『통일 아리랑』, 민속원.

심우성(1989), 『남사당패연구』, 동문선.

심우성(1998), 『민족문화론 서설』, 동문선.

심우성(2000), 『남사당놀이』, 화산문화.

양옥경(20110, 「필봉농악의 공연예술적 성격과 비교적 특성」, 『한국전통음악학』
　　　　　제12호.

梁柱東(1958), 「古語研究抄」, 『思潮』, 1958년 10월호.

양주동(1962), 「아리랑考」, 『국학연구논고』, 을유문화사.

양지선(2020), 「한국광복군가 연구」, 『한국근현대사연구』 제95집.

양진성·양독경·전지영(2016), 『임실 필봉 농악』, 민속원.

연규한(1968), 『정선 아리랑』, 문화인쇄사.

鈴木榮太郎(1943), 「朝鮮の村落」, 『東亞社會研究』 제1집.

鈴木榮太郎(1943), 「朝鮮農村社會瞥見記」, 『民族學研究』, 新제1권, 제1호.

鈴木榮太郎(1973), 『朝鮮農村社會の研究』.

王梅(2020), 「韓悠韓在中國西北地之的 藝術活動及影響」(한유한의 중국 서북지
　　　역에서의 예술활동과 영향), 광복75주년 및 개관33주년기념 국제학술심
　　　포지엄논문집, 『한국광복군의 일상과 기억』, 독립기념관한국독립운동사
　　　연구소..

유만공·임기중(1993), 『우리 세시풍속의 노래』, 집문당.

윤수동(2011), 『조선민요 아리랑』, 문학예술출판사.

李覺鍾(1923), 「契に關する調査」, 『朝鮮』.

이강렬(1995), 『한국 민속의 이해』, 경서원.

이강로(1988), 『세시풍속과 민속놀이』, 세종대왕기념사업회.

이경엽(2004), 『지역민속의 세계』, 민속원.

이경엽(2008), 『고흥 월포 농악』, 심미안.

이경엽(2008), 『구례 진수 농악』, 민속원.

이광수(1924), 「民謠小考(1)」, 『朝鮮文壇』 제3호, 조선문단사.

이두현(1966), 『한국신극사연구』, 서울대출판부.

이두현(1973), 『한국연극사』, 학연사.

이두현(1999), 『한국의 공연예술』, 현대미학사.

李丙燾(1954), 「古代南堂考」, 『서울大學校論文集』 제1집.

이병도(1956), 「'아리랑'曲의 由來」, 『斗溪雜筆』, 일조각.

이보형(1975), 「신대와 농기」, 『한국문화인류학』 제8집.

이보형(1981), 「마을굿과 두레굿의 의식 구성」, 『민족음악학』 제4집.

이보형(1984), 「농악에서 길굿(길군악)과 채굿」, 『민족음악학』 제6집.

이보형(1987), 「아리랑에 관한 음악적 고찰」, 『민학회보』 15.

이성진(2009), 『우리민요 아리랑』, 한솜미디어.

이소라(1985), 『한국의 농요』, 박영사.

이용식(2015), 『호남 좌도 농악의 역사와 이론』, 전남대학교 출판문화원.

이재곤(2021), 『세시풍속과 전통예술』, 백산출판사.

이호승(2019), 『전통연희·남사당패 어름줄타기 연구』, 월인.

이희병(2010), 『성남 오리뜰 두레놀이』, 민속원.

이희병(2013), 『광주 광지원농악』, 민속원.

印貞植(1943), 『朝鮮農村襍記』, 1943.

임동권(1961~1991), 『朝鮮民謠集』 I ~ Ⅶ, 集文堂.

임동권(1969), 「아리랑의 기원에 대하여」, 『한국민속학』 창간호.

임동권(1980), 『韓國의 民謠』, 一志社.

임재해(1991), 『한국 민속과 전통의 세계』, 지식산업사.

임재해(2006), 『민족신화와 건국 영웅들』, 민속원.

임진택(1990), 『민중 연희의 창조』, 창작과비평사.

장관진(1980), 「정손 아리랑고」, 『한국문학논총』 제3집.

張基昌(1917), 「農社に就て」, 『朝鮮彙報』.

장정룡(2003), 『강릉 단오제』, 집문당.

장주근(2013), 『한국의 세시풍속』, 민속원.

猪谷善一(1928), 『朝鮮經濟史』.

전보현(2021), 『삼도농악·삼도설장구·사물놀이』, 한림원.

정동화(1979), 「아리랑의 어원에 대한 연구」, 『국어국문학』 제81호.

정병호(1986), 『농악』, 열화당.

정병호(1992), 『한국의 민속춤』, 삼성출판사.

정우택(2007), 「아리랑노래의 정전화 과정 연구」, 『대동문화연구』 제57집, 한국학
　　　　술진흥재단.

정진영(1998), 『조선시대 향촌사회사』, 한길사.

조규익(2010), 『아리랑연구총서』 2권, 학고방.

조규익·조용호(2010), 『아리랑 연구총서』 I, 학고방.

조남현 외(1996), 『아리랑 연구』, 해냄.

조동일(1980), 『구비문학의 세계』, 새문사.

조동일(2006), 『탈춤의 원리 신명풀이』, 지식산업사

朝鮮總督府(1933), 『朝鮮の聚落』 中篇.

조용호(2011), 『아리랑 원형연구』, 학고방.

조춘영(2014), 『풍물굿의 원리와 미학』, 민속원.

주강현(1997), 『한국의 두레』 1·2, 집문당.

주강현(2006), 『농민의 역사 두레』, 들녘

지승(2018), 『민족의 혼 아리랑』, 우리책.

진도문화원(1991), 『진도 아리랑타령 가사집』, 진도문화원

진성기(1958), 『남국의 민요』, 제주민속문화연구소.

진용선(1999), 『동강아리랑』, 수문출판사.

진용선(2001), 『중국조선족의 아리랑』, 수문출판사

진용선(2004), 『정선아리랑』, 집문당.

진용선(2009), 『러시아 고려인 아리랑연구』, 정선아리랑문화재단.

최길성(1989), 『한국 민간신앙의 연구』, 계명대학교 출판부.

최덕원(1990), 『남도 민속고』, 삼성출판사.

최래옥(2009), 『한국구비문학론』, 제이앤씨.

최승희(1991), 『조선 민족무용 기본』, 동문선.

최인학(1994), 『한국민속연구사』, 지식산업사.

최창호(2003), 『한국영화사: 나운규와 수난기 영화』, 일월서각.

표인주(2000), 『남도 민속문화론』, 민속원.

豊田重一(1916), 「農社農樂に關する研究」, 『朝鮮彙報』.

한국문화예술진흥원(1978), 『한국의 민속예술』.

한국문화예술진흥원(1987), 『한국의 축제』, 한국문화예술진흥원.

한국민속박물관 편(2013), 『길 위의 노래 고개의 소리, 아리랑』 한국민속박물관
　　　도록.

한국민속학회(2008), 『민속놀이·축제·세시풍속·통과의례』, 민속원.

한국사회사연구회(1987), 『한국사회의 신분계급과 사회변동』, 문학과지성사.

한동엽(2003), 『진도아리랑』(상·하), 효일.

한명희(1985), 『한국 전통예술의 미의식』, 고려원.

한상복(1983), 「함께 일하고 함께 즐기던 두레」, 『한국인』.

한양명(2010), 「풍물 잡색놀음의 역사와 연행집단에 관한 탐색」, 『실천민속학연구』
　　　제19호.

행정안전부 국가기록원(2018), 『기록으로 만나는 대한민국』.

황병성(2000), 『남도 문화유산의 이해』, 경인문화사.

Schweinitg, Edmund de (Brunner, E. S.) 1928.. "Rural Korea: A Preliminary Survey of Economic, Social and Religious Condition", *The Christian Mission in Relation to Rural Problems*. New York,

Snow, Helen Foster, 1941, *Song of Ariran: The Life Story of a Korean Rebel.*

Snow, Helen Foster, 1941. *China Builds Democracy*, Modern Age Books, New York.

Snow, Helen Foster, 1939. *Inside Red China*, Doublday, Doran, New York.

Hulbert, Homer B., 1896. "Korean Vocal Music", *The Korean Repository*. Vol. 3. Seoul.

Hulbert, Homer B., 1905, *The History of Korea*, 2 volumes, The Methodist Publishing House, Seoul.

Hulbert, Homer B., 1906, *The Passing of Korea*, Doublday, Page & Company, New York.

Shin, Yong-ha, 2003, *Essays in Korean Social History*, Jisik Publishing Co.

Carles, William Richard, 1894, *Life in Corea*, Macmillan and Company London

찾아보기

ㅇ

신용하 愼鏞廈

서울대학교 문리과대학 사회학과 졸업
서울대학교 대학원 경제학석사 사회학박사
서울대학교 사회과학대학 사회학과 교수
서울대학교 사회과학대학 학장
한국사회학회 회장
한국사회사학회 회장
독도학회 독도연구보전협회 회장
한양대학교 석좌교수
이화여자대학교 이화학술원 석좌교수
울산대학교 석좌교수
현재 서울대학교 명예교수
　　　대한민국학술원 회원

한국문화의 설날·두레 공동체·농악·아리랑
The Folklore of New Year, Dure Community,
Nong-ak Folk Music Band and Arirang in Korean Culture

초판 1쇄 인쇄　2021년 10월 22일
초판 1쇄 발행　2021년 10월 29일

지 은 이　신용하 Shin Yong-ha

발 행 인　한정희
발 행 처　경인문화사
편 집 부　유지혜 김지선 박지현 한주연 이다빈
마 케 팅　전병관 하재일 유인순
출 판 신 고　제406-1973-000003호
주　　소　경기도 파주시 회동길 445-1 경인빌딩 B동 4층
대 표 전 화　031-955-9300　팩 스　031-955-9310
홈 페 이 지　http://www.kyunginp.co.kr
이 메 일　kyungin@kyunginp.co.kr

ISBN 978-89-499-4992-5 93910
값 25,000원